松陵文集

二

珍本南社舊著叢刊·第一輯

張夷 主編

陳去病 纂輯

上海大学出版社

卷九

邑後學　陳去病　纂輯

明一人

史鑑見前

運河志上成化十二年南京戸部王侍郎以漕艘稽程由運河之不治令各郡邑攷運河原流里數形勢具詳以憑蹏請專員巡視修治邑侯以水利過訪乃撰志三篇以進

按吳江縣運河之源有二一從杭州錢塘諸山發源下流爲西湖東出北關門又北逾仁和及嘉興之崇德桐鄉秀水諸縣至於王江涇而吳江運河起於此河之西爲石塘有橋曰閶店橋內爲市約千有餘家蓋秀水吳江之民雜居焉橋之下衆水奔湊東入於河自南徂北十里而至市涇又八九里而至於合路折而西流又一二里而至於黎涇又四里而至南六里舍皆有橋臨塘西南受穋溪之水而入於河溪之源則

出其東南曰睡龍灣宋高宗南渡時宿此故名下有泉騰躍上湧常混混波面也河由六里橋而西約四五里至於百星橋又西至於下湖橋折而北流數百步許爲平望鎮居民可三百餘家日集市中河西有驛名與鎮同是爲南塘之水也一源於湖州之天目山分爲苕霅二溪東北流至湖州復合爲一又東流爲荻塘經烏程過南潯鎮東一里入吴江縣界水東北流三里而至於曹村之駟馬橋又五里而至於蠡思橋又二里而至於楊定橋皆在河陽土塘上又三里而至於震澤鎮有巡檢司南臨之鎮之居民三四百家雖屋宇連比皆務於耕織而不互市蠡澤之水自河陰來會焉河之陽有四橋曰新興曰通泰曰曲橋曰張灣以分泄水勢中爲大石橋三皆横跨河上東曰底定西曰思范中曰慶源水由三橋下東行五里而至於雙楊村過柳塘之橋而河陽復有永安衆安斜路三橋又十八里而至於梅堰東吴西吴二橋在其北而

中濟一橋貫其中又十二里而至於平望鎭諸家六里泄水三橋界其側自曹村至此五六十里間凡橋在河陽者皆南受河水而北流入太湖而鶯脰一湖在其陰東納穆溪西通廁溪南呑爛溪諸水瀦而爲澤與運河合流而東有亭臨之名曰望湖稍東經太通橋又東逾巡檢司道安德橋下東出市中與南塘之會水爲一焉

運河志中

二塘之水既合北流至通安橋橋甚高大跨踞東西兩岸水從其下過循石塘北行經長老橋又七里而至于洪水橋國朝嘗有備倭船自太湖而來道經于此人因呼爲海船闕云又三里而至于盛墩有橋在河西曰梟腰又六里而至于瀠涇橋又四里至于八斥之塘居民纔二三十家南有橋曰廟涇北有橋曰大浦由大浦益北不及十里爲白龍橋又一里許爲徹浦橋又一里許爲龔家橋自此河折而西北流又四里

即甘泉橋也下有泉甚深味甚甘色湛湛寒碧唐陸羽嘗品爲第四故又呼爲第四橋橋之東有龍神祠邑中水旱必禱之國朝登祀典歲以春秋致祭又北行爲三山定海仙槎萬頃四橋河益折而西又六里而至于三江橋禹貢所書三江既入而吴越春秋又云范蠡乘舟出三江之口者疑即此處也蓋太湖之水東注吴淞而入于海實由於此太湖上承宣歙常蘇湖數州之水汪洋浩瀚不可涯涘故昔人有三萬六千頃之稱而吴江當其下流茫然澤國古無陸路非舟不通唐穆宗朝刺史王仲舒始擁土爲塘宋祥符八年知縣李問修之治平五年知縣孫覺累石爲固紹定五年知縣李椿添石重修元天曆二年知州孫伯恭加以巨石至正九年知州那海又大修焉疊石築土長二千八十丈廣一丈又四尺高如廣而殺其四尺又相度水埶鑿竇一百三十又六引水東泄於河潦則用平上流之埶旱則資以運舟歷歲既久濤衝水嚙

日就傾圮國朝永樂九年通政使趙居任治水東南始奏修之躬親督視灰石增崇築壘堅密視舊有加後工部侍郎周忱郡守邢宥雖兩修之不能復如疇昔之固隨葺隨壞竇有傾者輒隨而堙之加以沿河之人多種茭草淤而爲田而水道日微歲長月增其害將見甚於今日在上之人誠能不以近且小者爲利圖爲久遠之計疏而導之則匪獨吳江一邑蒙其惠矣

運河志下

河水自三江橋分而爲二一從長橋巡檢司關前北流可一里許入吳淞江折而西流又二里許經顧公廟卽陳之黃門侍郎顧野王祠也水由祠右西行至三里橋下橋爲知縣韓槃重建其堍以石犀四鎮之一入南津口西流其地曰江南水經醋坊橋大明橋過河之南爲巡撫書院河之北爲長橋巡檢司又西爲太湖廟中祀太湖之神又西爲松陵

驛又西爲儒學左文廟右學宫宋元以來廢建不一而國朝正統中侍郎周忱知府朱勝撤而新之又西爲三高祠祠臨釣雪灘中祀越上將軍范蠡晉東曹掾張翰唐右補闕陸龜蒙有石刻碑記乃宋參知政事范成大所作也由雪灘而西是爲長橋橋舊名利往東接江南西踞城東長一百三十丈横截江湖宋慶曆八年知縣李問縣尉黄庭堅新建然止用木爲之中搆一亭名垂虹元泰定二年判官張顯祖始以石易之上翼扶闌如其長下甃水竇六十有四三年達魯花赤完者於兩塊鎮以四石獅國朝洪武元年知州孔克中立吳相國伍員唐中丞張巡宋鄂王岳飛像于垂虹亭中名曰三忠永樂元年知縣蔣奎以磚砌橋面成化七年知縣王廸又重修焉河至橋下播而爲三一自垂虹亭前北流入吳淞江俗呼爲站船路一西流至縣城東循城址北行至三里倉一由福民橋西流入東門内過仙里橋察院臨其陽税課枕其陰又

西經縣治前道庶寧橋益西折而北流由新橋倉橋環濟農倉逾北門倉而出又折而東流出永濟橋下經邑厲壇至三里倉前會城東之水並趨而東又與關前之水會道三里橋北流入運河土塘在其左又二里有水自西來曰深港又三里而會七里港之水北流入長洲縣界中

龍墳志

成化二十一年冬十有一月望巡撫都御史廣東李公臨縣詣學宮謁先師孔子禮畢進諸生問曰昔大禹治水至震澤斬黑龍以祭天本朝永樂間此土大獲龍骨爾諸生有知之者乎可詳考其事以告僉以諉予予乃爲之志曰龍墳在今秀水縣伏禮鄉小律原北距太湖可六七十里初由村氓耕田往往得龍骨而未識也永樂間有一漁者始識之因潛持出以售於蘇州南濠徐氏藥肆中歲以爲常一日徐問有龍角否其人曰有乃以一稜遺徐有朱永年過徐肆中見之驚問何所得曰

適有人來售朱問其人去遠近曰未遠因急追及之蓋是時有左璫號李黄子者方受命求採珍異朱以買辦戶出入璫所欲以爲奇貨也遂偕其人告於璫璫檄郡縣調夫船具畚鍤躬往掘之初入深見有狀如浮屠氏所謂金剛神者數輩初尚儼然及見風隨化盡惟餘骨耳遂得龍骨角齒牙凡十數艦獻於朝竊取者不與焉時方貴龍角帶自非諸王勳戚不能得一銙直千餘金至是價爲之頓賤秀水在當時猶爲嘉興宣德間始分爲秀水今其田可六十畝許不加糞治而收穫倍於他田每歲大風雨則拔木發屋而禾稼反無損耕者猶時時獲龍骨於田中意當時已盡取不應有遺豈其地爲龍所窟而潛蛻其中歟然台諭有大禹治水至震澤斬黑龍以祭天之文不知出於何書歷考吴越春秋吴郡志蘇州志無所經見不敢强爲之説

菊花記

余友汝共通嘗言其鄰顧氏藝菊之盛約余往觀焉然各爲所役屢訂而屢廢也成化丁未歲十月乙亥始克往踐之顧氏喜客至以酒觴客俄而共通之厨饌繼至相與對花樂飲而醻之以詩主人曰今兹多雨且風大爲花病唉花無恙時君能再觀而記之否乎余曰諾後閲月以卷軸至弘治元年九月余家燬於火不及往且幷其卷亡去顧氏不以爲憾又從而繼之明年己酉秋共通舉於鄉將與計偕粤十月戊子余從賓客之後往與之别而顧氏之花方盛開因得以飫觀而徧識焉有花大瓣密而色黄者深曰赤金盤淺曰佛面金有花小瓣密而色黄者深曰黄木香毬淺曰白木香毬此花同而色有淺深之異其名有不同焉有色如荔枝而花瓣者曰荔枝紅花卷者曰荔枝毬此色同而花異其名不同焉有花瓣如爪甲而微黄色者曰黄金瓣瑩白者曰白玉盤有花圓瓣密而深黄色者曰金球瑩白者曰玉毬有心紅而花黄者曰

黃鶴頂白者曰白鶴頂有花大瓣鬆而黃色者曰黃鶴翎正白者曰白鶴翎有闊瓣線紋而深黃色者曰金芙蓉白者曰玉芙蓉有花瓣修索而深黃色者曰金絞絲正白色者曰銀絞絲有花大無心而黃色披拂者曰金絡索白色者曰銀絡索有花大心抽如臺而白色者曰白牡丹紫色者曰紫牡丹其花同而色異其名之又不同焉有花大無心而色黃鎣者曰御袍黃有花小而色深黃者曰黃羅繖有花小瓣密而色微黃者曰西番蓮有花大而色嬌黃者曰鶯羽黃有花小而色鎣黃者曰內家金有花大而色渾紅黃者曰黃玉蓮有花大而無心色正白者曰清心蓮有花小而色初紅後白者曰玉繡毬有花小而色皎白者曰賽月明有花瓣密而色鮮紅者曰狀元紅有花鞸而色微紅者曰金蓮寶相有花瓣密而深紅者曰大紅毬有花瓣密而色勻紅白者曰粉香球有花紅而心黃者曰錦香球有花紅而純以金線心黃而標以紅臺者

曰金帶圍有花小而淡紅者曰瑪瑙圍有花甚大而色紅嫩者曰佛座蓮有花小而色紅暈者曰醉楊妃有花小瓣密而嬌紅者曰勝緋桃有瓣少而色紫心黃者曰紫袍金帶有花大而色淺紫者曰紫寶相有花與色皆如瑞香者曰瑞香毬有花大而色兼紅紫者曰水戀紅有花深紫而純者曰雞冠紫有花紅紫相間者曰紫霞觴有花小而色渾紅白者曰檀香毬此花之與色俱異而其名益不同焉然其間有以形言有以蕊言有以香言有以色言有以風神言有以韵度言有以標格言或兼之以述其全或離之以舉其盛其亦善於取譬也夫最黃之色十有八白之色十有一紅之色十有二紫之色七亦可謂多且佳矣顧氏乃猶以爲未足父子恔皇皇焉以求而不得爲恨其用志不亦專乎且求觀之賓日盈其門而不厭有章縫之士輒畬花贈之無吝色其取之以貨者拒而不受率以爲常則其爲人又豈特藝夫菊也哉昔人推洛陽

牡丹、廣陵芍藥甲於天下，咸以爲由土之宜。今二郡之花無幾存者，而菊則隨人致力，不擇地而盛，然則在人而不在土亦明矣。因記其所寓目者如右，且爲更定其名之不雅馴者，竢其後有得當續爲之記。余又聞吏於蜀之威州者言：嘗以事至松潘，松潘之地甚寒，盛夏雨雪，諸花皆遲，惟菊先花於內地者十日。於是益信其傲風霜、秀搖落、耐荒寒，有非百卉之所能幾也，因併記之。

同里社學記

吳江之東有市曰同里，舊設征商之署。邑大夫金侯請諸朝，能之，因其址以建社學。弘治八年春，命里人顧寬董其役，越三月學成。壬子，侯帥博士諸生與大夫士之仕而歸、造而進者，釋奠於先聖先師，禮也。事竣，大合樂以落成之。邑人史某請紀其事，俾來者知作之所始。其詞曰：惟兹同里，距江帶湖，聚落廛居，實盛於厥初。商貨駢臻，肆爲賈區，開局置吏以籠商稅匪曰利之抑末攸宜盛衰靡常嗟日就於涼昔爲貨藏今爲牧場昔爲貿舍今爲草野凡厥吏胥求濟其稅率羣行匈取日罔於利抉剔剗刮利盡商徹川舟斷行市肆晝閉公私交病罔有攸濟維金令君聿有隱憂謂此不去民病曷瘳告於御史御史疏之以聞於天子天子曰都惟爾言是僉乃省吏函章還之於京以其廢址俾作學宮繚以周垣奐以講堂門廡齋舍靡不中程爰聘儒先以養蒙士俎豆於是詩書於是誦聲洋洋禮容蹌蹌侯來視學遠近咸作觀者從之塡郛溢郭謂昔之地惟利之計鉤錙較銖如火之方熾惟吾令君是芟於今茲邦向義之方誦詩讀書如水之成章惟吾令君是營吳江洋洋此特一方專而不咸民能亡望我告來者侯將徧舉舉必有初繼之以序伐石鐫詞其放於茲以亡忘緝熙侯名洪字惟深世家於鄞

誅巫序

吳俗信神人病卒不飲藥惟巫是聽記神禮巫之費不可勝記富者倒困囊貧者鬻田屋弗惜也故巫日肥而民日瘠雖衣冠之家亦習爲常莫有悟其非者成化戊戌馮侯朝京師歸知巫之病民也以爲不治則日深乃下令名捕其魁得若干人悉寘於法餘皆逃奔出境由是邑中之誑民者戢矣嗚呼自異端妖妄之說與蚩蚩之氓狃於耳目之習利害交戰其中膠膠擾擾其惑也固宜而高明宏博之士乃亦溺而信之又有口議其非躬蹈其迹者甘心而不悔良由不達死生之理不明禍福之機而天理卒爲人欲所勝故耳間有守道不惑者羣邪反從而姍笑之致父不得以慈稱子不得以孝名夫婦不得以義而與也其在民上者或昧而不知知而不卹卹而不能行宜乎其肆行而無所忌憚也斯正孟軻氏所謂作於其心害於其事作於其事害於其政者矣今侯之是舉蓋欲息邪說正人心哀民窮而憫天命其死生禍福之說一不

動於心豈不眞大丈夫哉諸凡長民者聞侯之風苟能充而廣之推而行之則天下生民之困庶幾瘳矣某成童時嘗聞諸長老言國朝將置衛太倉大爲屋以貯軍儲守期率民財有林推官者獨建議毀郡中淫祠足之有識者以為快嗣後數十年間惟陳侍御能去學宮之祀非以理者此外無聞焉然則豪傑非常之人世何其少也自非知足以不惑仁足以能愛勇足以有爲烏能寘於斯昔西門豹令鄴能投巫於河以破河伯娶婦之說鄴民與今受賜而褚先生記之亦得附太史公之後以傳今侯之視豹其有異乎其無異乎安知吳江之民受賜不自今日始也但無爲記而傳之者耳某故敘其事以俟有如太史公者焉去病案誅

巫慤災二序均記體也故編列於此

侍御劉公慤災序

江南在禹貢爲揚州之域厥土塗泥厥田惟下下自唐以來生聚漸蕃

人功既施地利斯盡司國計者惟取辦目前不究其本而操其末故其稅歲益月增固已不勝其多矣浸淫至於元季上弛下縱兼幷之家占田多者數千頃少者千餘頃皆隸役齊民僭侈不道本朝任法爲治而其徒猶蹈前轍不知自檢往往罹罪罟則戮其孥籍其家沒入其田令民佃之皆驗私租以爲稅之多寡在當時惟患其不多不復計其民爲害也且歲漕粟百數十萬石以給兩京又有加耗船傭車直之費一切取辦於民率常賦外橫增至相倍蓰然而地之所產不加於舊吳民竭力以耕盡地而取猶不能供而說者盛推財賦以相高爲淵爲藪之言不一而足不知吳民無窮之害正在此也宣宗章皇帝愍民之不堪詔減其什二三民乃稍得蘇息然較之舊額殊爲重矣往時水旱有司猶知矜恤隨以上聞請免其稅斯固明治體者之所當然蓋亦恤其本根不忍重傷之也成化十有七年春不雨夏又不雨地坼川涸垡燥而疏

膏液盡竭後稍得雨苗之植者勃然以興芃然以茂識者固已憂其將衰也亡何而向之勃然者萎芃然者槁及撥其根視之則已腐矣興之大者則大壞與之小者則小壞甚至盈丘徧隴蕩無根株人力糞治皆不能救也秋七月丙戌雨颶風大作拔木發屋八月戊午以往連大雨常州陽山崩蘇州洞庭東山崩太湖水溢平地深數丈蕩民廬舍九月壬申朔大風雨晝夜如注自此至十二月無日不雨向以禾稼僅存於腐爛之餘者悉漂沒無遺矣而有司之欲厲民以覬寵者建議以水不爲災既有以足稅餘尚可充民食也由是交相掩覆諱言災矣百姓陳乞萬端不見聽蓋是時吳江丞有王璡者倡爲此談而蘇州劉知府瑀信之故人言不復入也儒生趙同魯上書言狀則目爲辨士以爲人游說斥之於是監察御史劉公魁慨然上疏論之其略曰今天災流行害於禾稼年不順成江南之民大小咸病日瀕於死今不原其稅而使有

司督責以重困之臣懼其死亡略盡將來之稅從何而出也且國家之財賦莫盛於江南雖由天生地長然必資人力始能有成是則人者本也財者末也夫欲取其末而先絕其本假令盡得以快目前然後日之計固已索然矣又況未必得乎今民窮財匱相聚爲盜在在而有此亦理勢之必然萬一有狡焉竊發其間興兵誅討爲費必多恐不止所逋之稅而已臣待罪御史爲天子耳目之官民之疾苦耳所聞而目所見也臣若默而不言是爲壅蔽聰明曠廢職司罪孰大也伏望陛下上順天道下從人心愍斯民之顛連無告特詔有司驗其被災之稅而釋之更加賑恤以全其生則他日父而子子而孫相率供賦稅應徭役以奉聖朝於億萬年也豈儌倖於一時者所可擬倫哉疏上天子韙之詔戶部從其請戶部下郡縣覈實而劉公以任滿去矣繼公爲治者娖娖自守不復留意民隱由是一時羣有司堅守前說不變遂欲追取以實之

乃持其奏不上征求轉急民不堪命至賣田宅鬻男女不能償民死於杖下或自殺者不可勝計府猶以爲未足嘗攝一縣令與丞至責其慢令曰非敢慢也民有被某杖至死者丞曰此是某杖死令不與也兩人爭者久之令屈府大以丞爲能數稱之自是吏益務刑尙酷矣民謳吟思劉公之不能忘輒相驚曰天子遣劉公求活百姓今至矣則皆走往視之轉相告語道路成羣至寂不見乃還居數日復然東人而西其望南人而北其望曰庸撫我來明年大飢人相食斗米至百錢草根樹膚俱盡久之不復有人色饑死者滿道路或浮水蔽河而下緣林木間者纍纍然也是時秀水有楊姓者一日忽在家治湯餅里長來適見之謂曰年飢此饌不易得也今者當與我共飽此矣楊曰爾不可食我自度不能幾食此故賣家具爲之爾不可食里長不悟堅欲食之食竟楊舉家死里長亦死衆始知其先置毒餅中也長洲一人鬻其妻臨別妻脫

所服衫衣其姑姑曰爾去當須此婦曰彼既妻我當衣我矣姑服此勿辭也其姑服之悲咽因投水死婦大慟亦溺死水中買者與其夫索價夫又自沉死又有鬻妻者索錢五十文買者疑其少曰吾妻事我二十年今遭此凶荒不忍見其飢且死也故不須多錢耳其善遇之無虐也其人如數與之內二文惡將易之曰不須也足矣乃往酒家取醉逕赴水死餘可概見矣郡縣雖行賑濟之法或賫粥寺觀中聽人就食然飢者多又爲吏役所侵牟所得無幾死者猶然是年田不能辟蕪穢彌望稅不入有司復迫稔者代爲之輸於是民愈困矣父老泣曰劉御史若在吾屬當不至此極也天乎天乎劉御史今何處也劉御史今何處也淚下不能已者久之松陵野史曰嗚呼凶年常有也第有甚不甚焉又在當時爲民父母者能救之耳近世江南之災甚者無如景泰之甲戌成化之壬辰及今之辛丑甲戌慘矣當是時楊御史貢力請於朝原其

稅壬辰則知蘇州府丘霽實任之得從末減故雖災不害民至於今思之辛丑之災過於壬辰而不減甲戌然民死之多八九十歲老人以爲未嘗見者何也特係乎劉公之言用不用耳蓋彼二公者方在位力能行其志而劉公適丁其將去之時言而不及行也嗚呼公之心豈有異乎觀其所陳本末之言又何其詳且明也然民心之思劉公反有甚於二公譬猶赤子之去慈母罹飢寒者其情必切於飽煖者也嗚呼仁哉是以究其災害始終之變與公所以爲民民所以思公者著於篇

穀銘

維天降精地發靈假爾生德賦爾形春萌秋成實庚庚餱克致飽𧇊可盈林林之衆仰以生厥功直與元化并登爲粢盛暢潔精釀爲酒醴流冽馨薦之郊社享神明來歆來格致瑞禎雨暘以時水土平爾勳多有難具評有國監之爰作銘

菜銘

嗟爾菜山澤臞芳寂甚色病如子宜膏甲宜疏淹斯脆芼斯膚雋不足爽有餘儉可常飽無虞親俎豆遠苞苴見師贄享帝薤藜糝比玉食殊志士嗜貴介疎醉飫後或見須歲不熟饉乃書意有在形是圖告觀者毋忽諸

自贊

以爾爲山澤之儒則形容匪癯以爾爲干城之夫則才術又疎但見爛然射人者其目鬑然垂胸者其須身不少暫乎車馬口不絕誦乎詩書噫豈邯鄲排難之流抑大梁監門之徒也歟

惜愍賦 送莫景周赴新昌訓導

秋風蕭條夕起兮白露變而爲霜原野寂寥無色兮草木爲之不芳嗟夫君去國而遠逝兮將往邅夫行路謇徘徊而不進兮步十舉其九顧

望皇居而不見兮涕浪浪以霑衣情侘傺而莫釋兮何須臾能忘之繄願忠而慕義兮冀少伸其微志胡雍遏而不通兮曾不能以一試彼蕙纕與蘭珮兮宜旦切乎君身忽棄捐於山谷兮豈將惠夫南之人覩江湖之浩浩兮紛日夜而東流駐駟馬於山皋兮乘舲船而下浮去故鄉之日遠兮路險巇而多牾濟錢塘而上稽山兮跽陳辭於神禹慨聖功之無間兮民日用而至今仰昭回於上天兮儼光華之照臨入浦江以南徂兮眷新昌之所治俗儉嗇以憂勤兮乃風氣之所會山嵸寵以多雲兮晝一冥冥其若雨林幽深以行迷兮疑非人之所處虎豹穴處而咆嘷兮猿狖跳梁而嘯啼溪谷嶄巖而險阻兮草莽委被而萋迷苟衆芳之不乏君用兮雖僻遠其何悔也羌好修以爲常兮矢初心之靡改也昔賈誼以才見嫉兮卒遠竄於長沙何柔切終焉宣室之召對兮語前席而忘罷叶苟其言之見用兮身不必在乎君側繄貴寵與賤疏兮諒

由命之所作惟定心而廣志兮寧時俗之能從撟茲媚以潤身兮豈將愁苦而終窮亂曰鳳皇集於高崗兮世已見其文章固非時俗之所好兮然共以爲嘉祥托靈風而上浮兮俾翱翔於帝鄉

祭武功伯徐公文

維成化九年歲次癸巳冬十一月戊子朔越二十九日丙辰諸生長洲沈周松陵史鑑謹以柔毛剛鬣之奠敢昭祭於故武功伯天全先生徐公之靈曰嗚呼丙子丁丑之際天理亦幾乎熄矣惟公不顧殺身滅族之禍起而救之然後君臣父子兄弟之倫一反乎正此蓋天生我公以相皇明無疆之祚也功高受謗遠竄南服乃天下之不幸豈獨公之不幸也哉竊嘗論之自有生民以來撥亂反正之功惟唐之狄梁公與公而已然狄保其身公罹其禍此特出於身存身亡之異耳非智有深淺功有大小也使狄在當時與五王並存其能免於三思之殺否耶悠悠

之談論人已然之跡以爲監國病篤不日當薨神器自有攸屬何必公之生事邀功哉羣議附和如出一口嗚呼爲此說者其亦不仁甚矣夫大寶不可以久虚姦雄之人常利國家有釁當此之時歷月不朝中外危疑咸懼生變萬一有亂臣賊子窺伺其間則生民之禍未有涯也故公獨决大策翊戴先帝宗社危而復安彝倫斁而復正四海亂而復治三光晦而復明此所謂萬世之功也而談者反有以病之其亦不仁甚矣且唐之武氏年已八十旦暮入地中宗已正位東宫民無異望彼易之昌宗輩特狐鼠耳非有絶倫之才過人之力也張崔之流胡不待其自斃而奉之顧乃旦夕聚謀稱兵宫禁汲汲以迎復爲事哉蓋其所慮實有與公一轍者唐之諸臣既不見非於後世則公豈宜得罪於天朝哉今天不佑善竟奪公壽某等荷公之知痛公之歿用敢論公之大節侑此一觴靈其鑒之尚饗

柳棄疾云奪門功罪史家久有定論武功傾危之士明古譽之不容口嚮疑鄉曲愛憎之私過甚繼而思之南城復辟與北平靖難天然一反例而明古固讓皇帝從亡臣遺胤也英宗喪師辱國身爲俘虜宜無面目以奉九廟視惠宗之寬仁恭儉者如何代宗受命於胡虜俶擾中措宗社於苞桑磐石之安視燕王之篡盜殘賊又如何誠秋昔人所稱苟太祖之復生問神器其誰屬者革景泰而奉天順在上皇爲袗弟之愆在武功實無君必誅三尺童子知其不可而明古獨曰丙子丁丑之際天理亦幾乎熄矣惟公不顧殺身滅族之禍起而救之然後君臣父子兄弟之倫一反乎正夫明古此言寧爲武功發哉誠痛心切齒於革除靖難之役不忍不言而又不敢昌言特借此一泄之耳人杯已凷孤憤彌深已彼王褚下流詆致身錄爲僞書者每籍口明古撰忠獻行狀不一及從亡事清儒顧汧敍流芳錄獨曰

西村鴻冥有過偉元齋志不言蔘𦤎並廢孰謂其無隱痛於中者可謂識明古之用心矣余讀此文而益信其説不謬故錄而跋之非爲武功張目也

卷九 完

同邑 柳棄疾 鄭珙 校錄

卷十

邑後學　陳去病　纂輯

明四人

曹　孚字顒若自號楓江布衣平望人與同邑史鑑尹寬練塘淩震號四大布衣有平望鎭志楓江集今未見

與崔淵甫書

久不接顔色馳系不可言緬惟綵侍之餘進學之功駸駸也令祖令尊諒皆納福令閫斯時想亦勿藥矣區區自涉秋來小孫有疾纏緜彌月才可自身亦生瞖疽爲梗不良行者旬浹懷抱甚爲不佳筆硯荒落故於朋舊之閒絶於書問若受禁然況作詩也哉重九左右擬欲造環翠堂一笑以開伊鬱是期適有龎山龎氏喪護之責事畢與或前矣良會之難致如是耶頃見葉黄門在江上道盛德云九月初北上然未可必

謨公韻書可致畫一幅來易之爲美社中諸君乞上覆尤幸言不盡意

惟心察不宣寓充溪曹孚東淵甫上舍文學八月廿日

去病案右書墨跡予見之邑人沈廷鏞家云自黎里得之箋廣尺有一寸縱六寸強上印梅竹隱然可辨末蓋顯若章因亟錄之

仁濟渡記

頔塘之水其源先出宣歙經苕霅東注於塘至平望乃折而北循塘而南爲鶯脰湖去西百餘武爲仁濟渡焉舊有谿橋亙於南北圮自六朝時兵燹而行者始病涉矣然谿南一帶地方數里居民稠密貿易於市者必由於此往來繹絡非舟不渡里中施君憂人之憂建舟而渡置田以食司者且剏草庵供奉眞武其旁卽居渡人而深厲淺揭之患無有矣昔子產濟人溱洧孟子曰惠而不知爲政此渡非溱洧比而施君又非爲政者其一念可謂濟人而及物矣成化乙巳春立石曹孚記

尹　寬字孟容自號易齋居士黎里人與郡人杜瓊陳寬等齊名人稱江南布衣有易齋稿今未見

哀桂軒史隱君辭

萬竅噫氣兮天柱摧殘海若號咷兮尾閭滃翻大梁之不支兮棖闑其[illegible]哲人其萎兮吾心孔酸固彼蒼之覆罔私兮幹維陰陽而橐籥被無垠之坱圠兮德厚載而旁礴何黔嬴之宰頗兮予畀不平致夭壽之差兮若將褫而斂焉同途而殊軌兮九五又尠得其全抑亦人之自戕兮無乃其然於乎哲人兮壽乎斯止也吾維造物者之苟仁仁兮僅夫三百二十四甲子也衆方希其杖於鄉而登耄兮膺多福而享（叶）之當遯之上九兮無所疑而慶（叶）之夫何咎而不利兮乃溘然而殂落想意氣之揚兮儼湖山之如昨曰孟陬之紀令兮斗還杓而建寅陬太乙以瑤席兮盍弭節而委蛇物維育而長養兮適將均序乎南訛策火龍以驅

魃兮餙纕幃而彷彿陂陁蓐收之不閔而反虐兮肆肅殺以㰠威鵾鴂復鳴而蟋蟀宵征兮聊哂睞而欷歔厥民隩而昆蟲閉蟄兮候維司乎玄冥虎豹九關之不可達兮叵耐飛雪之與增冰既忽忽之代謝兮又伊誰而少停苟長逝而莫知所之兮抱鬱悒乎靡寧雖小山之植而連蜷兮盲風爲之不芳維茲金粟之堆言言兮過者必式而蠹傷吾將薦丹荔之羞兮採瓊枝而藉以椒蘭遺巫陽而載歌兮歌有既而情無殫許曰仁而壽下兮吾維其悼也厥後昌兮吾維幸其克紹也名其不死兮劖諸翠珉以永賁墓道也

黃　著字誠夫震澤人成化五年己丑進士仕至監察御史巡按山西廣東以母憂歸卒

筠隱史先生墓表

先生姓史氏諱旻字原直筠隱其號故清遠公之次子也秉性沈厚寡

言笑慎交游生平不一入公府人以是高之以耕讀爲業晚歲用薦充邑庠生兄姪倡和有稿若干卷藏於笥邑人夏尚忠序之曰詩似宋人語蓋國初文氣未開牽於習故也而詞勝之蓋亦實錄云生於洪武年月日卒於成化年月日越明年葬於黃溪杭字圩之新阡爲表之曰明故庠生筠隱史公之墓

吳　洪字禹疇號立齋縣市人成化十一年乙未進士南京刑部尚書贈太子少保

吳江續志序

余友莫先生景周昔在庠序時嘗纂吳江志二十二卷垂三十年縣尹華州孫君顯始刻以傳今又二十年先生以南京國子學正致仕家居再閱前志謂舊事有失收者新事有未備者宜加續入方欲舉筆適太守四會林公思紹聘纂孝宗敬皇帝實錄實錄既成乃取事蹟有關于

吴江者爲續志三卷新舊畢錄可謂備矣余嗣子山以鄉舉待年於家謂不可以不刻也乃請於學諭柘城梁君集略加校正而邑之好義者咸樂爲貲助遂命工鋟梓與前志並行焉山以書來京師請文爲序蓋吴江爲姑蘇大縣數千百年之事得以遠播而廣傳者皆吾學正先生之功也然此特其著述之一耳此外又有大明一統賦學業須知等作蓋已名重士林久矣今也年躋八旬老而彌健書曰天壽平格豈虚言哉余與先生交游幾四十年相知最深故僭言如此以爲序云正德二年丁卯春王正月人日賜進士出身嘉議大夫工部右侍郎邑人吴洪書

沈孺人墓志銘

史母沈孺人諱素瑛太學松丘公配諸生儀卿母也沈在長洲爲著姓世以詩文名而史在吴江爲著姓亦世以詩文名石田先生與西邨先

生望重一時尤爲交好遂締姻焉孺人生而朗慧自幼習孝經小學女誡諸書能通其意指雖蘇若蘭璇璣諸圖孺人一見卽以硃分畫其界縱橫曲直讀之自然成文蓋若嘗所習焉至閱忠孝傳與夫古人嘉言懿行能歷歷道說其故實字畫楷法不草剪製縷結描畫纂組聯詩鼓琴頗皆能之比其歸也西邨先生文章德義翼然史氏儀表其家矩之嚴匪直難爲子姓雖姻內女婦亦槪乎其難爲也孺人本之以貞淑加之以恭敬隨所寓盡道事姑舅以孝處妯娌如處姊妹視二姪如子而加愛焉太學公力學不問外事凡田廬之經紀戶役之節制與夫賓客饋贈之往來孺人百方應之太學公擇名流爲兒輩師模孺人手自釃醪擊鮮焉孺人之爲婦道爲妻道爲母道如此年非德永竟以正德之丁丑五月廿五日暴疾而卒上遡其生成化丙戌僅五十有二傷哉子男二曾懋先殤鴻逵縣學生娶賀氏女二適吳觀適薛案以明年戊寅

十二月葬思賢村之新阡太學率其子徵銘于予予惟孺人之歸予偕匏庵吳公成齋陳公爲柯氏而今又銘之耶然具知孺人賢敢不述德作銘銘曰

睦睦令人受質自天壼內不驚室外亦兼壽不因德福不偏賢芝玉焚摧傷復何言引紼同嗟生順死全昭茲令名億萬斯年

處士愚閒顧公墓表

古稱鄉先生者不皆必其道之行也惟修身謹行德足以師世範俗則其名可稱矣吾邑同里古鉅鎭也里中顧氏古右族也顧有愚閒翁古稱鄉先生者庶幾其人也翁歿矣子纓爲今大冢宰水村公之壻旣詣京館丐公誌銘以葬復要予言以表諸墓門之石按太學徐君珩狀云翁名宏字惟德別號愚閒裔出越世家上自祖考伯振皆居邑之陳思村考東明贅同里李氏因家焉伯兄惟仁少秉家政翁業儒爲邑庠弟

子員有志用世既而惟仁任公府賓燕弔賀事於外翁遂謝歸養親用耕稼課僮奴歲計嬴羨相度營治產業以遺子孫各不私斗尺之嗇兄弟友愛同居共絕食至白首無閒言初惟仁當壯無子立翁子綱爲嗣翁始難曰是兄忍絕宗也耑置側貳以祈繁昌惟仁竟如翁志生二男子翁以兄暮年兒也撫愛篤至不以猶子視鄉黨義之家有塾聚子姪以受訓常曰少子方學如金在鎔師範可弗慎耶故在席者必當世碩彥仍揭箴詩於壁以示規警語多可法惟仁好施凶年有售子女以爲養者翁必厚畀之且戒子孫曰毋淩若亦人子也鄉人某嘗稱貸于翁得數金歸而不知其道亡也失措欲自引决翁聞而召之與如數得不死已巳歲湖冰大合舟膠里中久饑得食翁以新米量日給之凍解遂皆得達庚午繼多疫作棺以凾貧不能斂者若干人橋梁危阽必助貲建葺遇有厄於險者必力拯之而族黨疏近俟以舉火者至數十家云

吴俗尚華侈翁舉事一遵古家禮曰同俗吾豈不辦由此則道可久耳前後邑令君多賢其名禮致鄉飲僅一預後每延以賓介則曰如其人吾豈可久忝而不以讓賢者否又豈宜與之共瀆盛制卒不赴夫君子之道不行於時所貴乎有可傳於後也翁之歷履如此儀其仁澤顧不可廣乎式其儉業顧不可久乎諗其教子孫顧不多賢矣乎嗚呼璧矣翁生于正統戊午卒于正德戊寅得年八十有一配何氏鄉先哲方伯源之女孫先十六年卒子男六綱即後惟仁者娶商氏紀娶徐氏經太學生娶夏氏綸閩縣知事娶盛氏紳娶龎氏皆早世所存惟纓即冢宰壻也今爲太學生翁自何孺人沒即均貲與諸子孫而獨安纓養以老孫男文衡太學生文林文淵文海文鳴文樞文機文翙文潛文翰文翥文墨文筆文策文鑑凡十五人女四人曾孫男九人女如之纓以歲己卯九月十五日葬翁先塋之穆兆與何孺人合予不文特雅知翁因參

緝狀語遺纓刻而樹之隧間後之人倘其毋忘先德而思所以尊式之哉

重建獬豸橋銘 有序

吳江尹陳侯秉鈞來涖吾邑之三年政平而人愛悅邑衙之前有橋名州橋久圮行者病之侯乃以豐歲勸衆有力者爲之民不勞而功倏成惠於民也實多其橋名未易也成化癸卯五月六日夜風雨交作侯二鼓就寢夢神人衣冠偉然揖而進曰子爲斯邑令一下車民無凍餒百廢具修是橋之建爲民千祀之利也但橋名當易吾爲子告焉子嘗覽郡志乎是邑儀門舊有亭名獬豸廢久而名存子以斯亭名名橋不亦美乎侯答曰獬豸乃神羊能觸邪古人取以爲御史章服之飾是邑鴻碩顯榮之多將兆於兹也神人聞之大喜而去侯覺驚異筆其說以書來京囑予銘之余邑人也知侯爲詳侯以鄉貢進士除是官有淸白操

毅然有爲人不可干志在爲民省力屢遇威權不少避侯之大節不可及矣士論偉之咸以遠大望侯也況今聖天子簡賢任使凡在郡邑有異能者悉詔補侍御侯之建橋而神假夢如此固爲吾邑之禎超遷將先符於茲乎神之靈不妄也今特爲銘以鑱諸石使後人知是橋之名由茲而立是橋之建由侯而始侯之澤茲邑將與橋同久矣肇工於成化某年春某月畢工於某年某月侯名堯弼太和人銘曰

猗歟吳江鉅於吳東陳侯之來憂民若恫室家胥悅歲屢獲豐乃鑿白石乃建飛虹民不告勞千夫卒從神乃假夢話言從容有亭獬豸載郡志中乃爲神羊一角如龍無邪不觸無佞不攻易此名橋足振儒風侯乃稽首禎兆是崇橋由此名沄沄朝宗乃期是邑俊髦烈轟致身執法接武登庸孤忠直節咸躋孤公我侯超擢兆先此逢神之嘉惠亦罔有窮

贈兵部員外郎竹隱汝公像贊

秀幹凌雲隱于竹階下森森兩枝玉汝氏因之大其族

卷十完

女兒緐祥校録

松陵文集三編

百尺樓叢書

卷十一

邑後學 陳去病 纂輯

明 一人

趙寬字栗夫號半江一都人成化十七年辛丑進士第一官廣東按察使有半江集十二卷今存

玉延亭賦 有序

春坊吴先生所居崇文街第有園一區名曰亦樂中有亭曰玉延玉延今山藥也寬辱從遊門下屢登斯亭見所謂玉延之美遂爲先生賦之其詞曰

伊園居之蕭爽並東郭之靑陽惟春坊之多暇爰日涉以徜徉有亭玲瓏立乎中央掖若翬飛翕若雲翔磬若孟縣軒若蓋張通豁無外空同無旁遐瞻爲圓近視成方粤斯亭其何有四環植兮芬藭有藥物兮一

種獨策名而擅場蓋化工之佳蒔拔衆卉之尋常資裔佺之服餌經炎農之口嘗爾其茁發墳壚蔓延藩籬布護苾茀蔓蔚葳蕤承檐榮而蔭敷緣薄櫨而芳襲紫莖纏綠葉葺珊瑚掩映玻璃潤浥赤瑾青琅水蒼碧琳交加陸離鬱鬱森森雨濯露浣風揚日暴炎景鑠兮花繁萏颸飛兮實熟琪璠瑣屑以如浣玫瑰的皪而可掬扶疏幡纚旖旎背向峙垣垝開屏幃秀色散餘香咢蕩搖軒楹之間披拂几席之上旦暮殊態紛不可狀若乃深藏厚蘊靈根獨存惟土之膏惟坤之珍條達矢矯盤糾輪囷孕天地之和氣葆陰陽之淸酷如璧如瑜如珙如璞朝采璘瑸琬琰卓犖不璺不瑕可治可琢剖之兮爲璜束之兮成轂既柔粹以靡曼亦郁淑而精確短銛荷長鑱斸覓藍田之舊種試昆吾之新握但嘿然勿諤諤須臾盈筐磊砢錯落黃壤破浮裔剝金銚沸竹爐煿酥酪謝其英華霜雪避其鮮馨不臙脂而映不資餌而膩不蘅蕪而馥不果蓏而

脆抱溫平之至性全沖融之正味復含章而可貞美在中而緇表養精安神外衛內保輕體骨以飛步延壽齡於難老此其功用之絕倫又何羨乎仙家之瑤草於是春坊公退禁直收金蓮高幘岸野服便登斯亭而大嚼貯腹笥之充然攸饗晨兮餐夕引公年兮三千

瑞蓮亭賦 有序

明府孫君植蓮盆池一莖雙花侍御王君題其亭曰瑞蓮余過而樂之即席援筆爲賦其詞曰

笠澤水遠吳松景幽花封陋河陽之小邑盆沼溢若耶之清秋金塘分內園之太液玉井酌太華之靈湫祥煙縕結瑞日凝烈翠蓋兮高張紅妝兮成列大喬小喬兮矢媚五郎六郎兮奇絕十丈如船千疊如錢拔錦纈兮可擷濯玻璃兮逾鮮魚戲兮欲動龜巢兮末顛試潘妃之微步載太一之眞仙東林社兮生白廳姑壇兮呈碧乃方外之殊風非　間

之正色豈若張翰遺墟鴟夷故國本姿態之天然去塵凡之雕飾香紛披而四敷影亭亭而淨直周子沒兮人文荒光風霽月空寒塘恐年歲之將暮思採擷而爲裳有美一人來自西土岢嵐萬尋汾沁千古豪傑將種風流藝圃淤泥不染蘅蘭爲伍飛青天之玉凫撫掖月之絲桐卓茂魯恭邈焉萬風豈意於今我民親逢閶闔紛兮萬井淑氣煥兮嘉靖甘泉湝兮澄清沆瀣零兮涼冷桃李兮春華松菊兮秋姸誰似夏景江湖田田桑緊緊兮馴雉柳陰陰兮鳴蟬南薰動北陸轉麥兩歧野蠶繭阜財解愠布濩流衍令君循行兮阡陌修汀洲容與兮駐蘭舟草木滋兮膏潤斑白娛兮歌謳覩菡萏之千頃超衆妙而獨整既不蔓而不枝亦色莊而性靜堪君子兮比德謝游俠之浮驕爰命健步移之縣齋雙花駢蔕嫣然並開掩映簾箔飄揚庭臺仁化所鍾猗歟休哉君自公兮退食據胡牀兮偃息微涼隱隱神怡體適徜徉兮流芳藕雪兮含液瑩

如玉兮潤如酥發精英兮蘊元和供儒林之勝賞痊蒼生之沈痾階前止水深盈於咫尺天光雲影浮動於檐阿鐵冠柱史東吳彥登堂一笑風生面開拈彤管試新題五色淋漓綵雲絢綵雲兮綵雲結蟠蚪兮盤繡紋楣閒兮砌下照映兮氤氳日長避暑兮文字飲百里絃歌兮歲年稔報丹鳳兮飛來銜天章之片錦徵還君兮入紫清調玉燭兮登昇平分天橫之嘉植散九澤之根莖杵實兮爲糧削蕊兮爲餳頤養萬姓延壽考何須昌陽與青精浩蕩無懷氏逍遙太和羹君不見商家鹽梅和九鼎此物與之誰重輕

絃歌成績序

論守官者曰廉曰能廉以行檢言能以職業言二者之義簡而要約而博天下古今士君子立身爲政之善無出于此者矣然人之才有大小之不同人之所守亦不能不移于時變處簡陋之鄉治瘠土之民物產

薄而風俗儉貧用乏而苞苴寡如是而以廉稱無難也使置之蕃殷華盛之地則廉否未可必也治小邑守常政地僻而民少事民淳而訟簡如是而以能稱無難也使置之繁劇盤錯之場則能否未可必也惟當可取之時而有所不取當難治之地而有以治之貨賄載塗珠玉滿前苟一措手所得不貲而吾之自守泊如也政務煩多案牘塡委紛紜轇轕雜於吾前而吾之應之裕如也斯之謂廉斯之謂能若吾侯孫君微之於斯二者可謂兼之矣侯古華人也以科第發身來宰於吳江吳江東南大邑當南北往來之衝轄五百餘里人數千萬歲賦六七十萬獄訟錢穀庶事之繁殆亦未有加之者也而吾侯治之政以清民以寧四境晏然雞犬不驚可不謂之能乎夫以人民之衆如此賦稅之夥如此加之大家鉅室羅列其間厚產而廣積好奢而善賂而吾侯居之常俸之外不加秋毫其門如市其心如水可不謂之廉乎今年春之季月視

事滿三載將上最京師適都憲王公出撫東南與侍御王公世瞻交章薦於朝侯之茲行受旌命膺超擢可立竢矣邑貳尹張君朝宗喜侯政績之有成也謀諸同寅暨邑之士大夫相與作爲詩歌餞且頌焉間以示予予邑人也知侯爲深不可以默默遂爲題其首曰絃歌成績而序之秉鉷案此文本集不載今從莫旦吳江志錄出文係弘治初年戊申作其結銜爲賜進士出身奉訓大夫刑部員外郎趙寬云

遊西湖詩序

東南山水之勝惟杭州西湖爲稱首凡居於錢塘武林之間者宜若朝夕與湖接也而士大夫宦其地或終歲不能一至焉蓋政務之拘纏官職之界限出入有度期會有程固不得以盡如其意之所欲爲矣況聖天子勵精於上百官奉職於下罔不夙夜匪懈以承休德則遊宴之樂無益之事不惟不暇抑亦不屑爲也吾嘗觀唐宋諸人若白樂天蘇子瞻輩賦詠文字之間初疑其近於盤遊無度廢時玩日者由今觀之蓋

非事實特寓言耳意者當時國憲之不嚴士範之不立而搢紳大夫競相流連光景陶寫性靈於煙霞詩酒之間以爲高乎則非盛世事矣是以治日恆少亂日恆多我朝教化行風俗厚紀綱正禮樂明豈有是哉民部田君景瞻來視商税于杭淸通簡要精愼勤恪四民便之士林重之既期年受代將還曰吾嘗聞西湖之勝茲少間可以造乎其鄉友憲副林君舜舉門生水曹鄭君志尹聞之告諸部使者洎藩臬諸君設祖道供帳於孤山六橋之間餞焉羣英咸會冠蓋四集魚駭而淵藏鳥驚而林投田氓野叟黄童稚齒或懽而呼或恐而啼以爲希世曠見之盛事諸君周覽林壑載登丘隅盪胸兩峯之雲滌耳三竺之梵謁鄂王之舊隴弔逋仙之遺墟感離合之不常嗟浮生之若夢引物連類敍别言懷斐然成章爛其盈帙天機浮動妙不容聲得七言四韻凡若干首而推余書其篇端余謂茲遊也有名茲詠也有爲非荒于嬉娱廢務妨要

之比可書也田君文足華國道足濟時不可不書也遂卽席援筆不敢以不文爲辭

書東村卷後

凡有家者孰不欲傳之子孫爲千百世之計哉然有傳不傳其傳也有永不永不可預料也蓋懸乎天焉若夫子孫能保其家之與否則在乎其身之所自爲而不當歸之于天吾嘗見吳中大家第宅田園不一再傳已爲他人之有未嘗不爲之太息也而吾綺川莫氏昔者刱立之人或既其於身失之矣而後之人乃能盡復其故而有之至吾外舅鱸鄉先生有能以道德之實文章之美增飾而光顯之而數百年世家之風不墜而益著故寬登東村之墅以撫先侍郎之遺蹟縱觀綺川之上以弔國初所謂張氏李氏者之故墟而重有感焉莫之世業暫廢而尋復之而益昌豈非其先積德累仁根深源遠有以致之哉彼其故墟寂然

跡滅響絶者獨何歟然則傳諸後者其數雖懸于天而實本乎人承其先者其責雖存乎人而實懸于天嗚呼可以鑒矣於是書之東村卷後以示鱸鄉之後人使益勉脩焉

書莫氏先德卷後

外舅鱸鄉先生以篤行碩學名重士大夫間平生著述日不足而尤致意於家乘之事廢者興之失者復之敝者新之凡其先人一言語一行事一瓶罍之有可稱述者以至一瓦一石一草一木出於其家之舊莫不蒐輯而洗刷之以使之煥然於耳目之間若東村若綺川亭若壽樸堂詩文卷若重脩莫氏族譜若貞孝録皆是也而其間記載之備而可該乎數十世之蹟者則有莫氏先德之編焉蓋莫之先自宋歷元以至于今名德之士前後相望可謂盛矣然上世鼻祖相去既遠而聲光寖微及是編出而遂以大彰莫氏吳中世家之望也而吾鱸鄉眞孝子慈

孫也哉

遊鶯湖詩引

弘治初元孟春廿有二日，覓從外舅鱸鄉先生南遊，平望道遇楓江曹君顒若、涬溪崔君淵甫，遂與共載泛鶯脰湖。楓江詠李賦方禎伯送行之作，其韻爲衫帆銜緘凡五字，余因用韻爲汎湖一首，楓江從而和之。既渡鶯湖，遂如涬溪崔氏之尊曰環翠翁，年七十餘矣，鶴髮鳩杖，出候於門。其冢子友文、季友于，實從延入環翠堂，至蕭閒齋，觀古圖籍法書名畫。登堂張宴，鱸鄉即席有作，余與楓江繼之。明日，友文之中表澹居錢君某邀至其家，遂至友于溪西別業，酌觴既酣，楓江得銜字一語，余爲屬對，因相與足成之。又明日，余辭歸，友文、昆季、洎淵甫復具舟餞於溪上，淵甫席上見贈，余亦留別。既而放舟金魚漾，余與楓江又各有作，遂至南潯而別。前後凡得近體十首，皆用禎伯韻也。淵甫有請，遂錄而歸之以紀歲月第以余之譾鄙廁於羣玉爲可愧耳淵甫具目也自當辯之鱸鄉先生字景周爲新昌縣博楓江名爭以能詩名邑中環翠翁字望宗篤行君子也好賢樂善老而彌篤友文名文號水南友于名于號眞野淵甫名澂水南之冢子也爲太學生端謹好學工篆隸能詩文而楓江實典崔氏塾事云是集也鱸鄉有重過滏溪敍舊二十韻余亦有環翠堂近體五十六字眞野堂集句四十字及題畫三絕句皆別用韻故不錄棄疾案此文從半江裔孫亨衢所刊鶯湖唱和卷中錄出字句與本集稍異

卷十一完

同邑柳棄疾鄭璞校錄

卷十二

邑後學　陳去病　纂輯

明一人

趙寬見前

送龐元白詩序

龐君元白來視余於京師將歸鄉之縉紳及凡交游諸大夫相與爲詩贈之而謂寬宜爲之敍寬之伯姊適君君天性孝友好學多能自予童髫時君日提攜之相與周旋善則引之過則規之勉其能輔其不及同其憂樂而通其有無內有兄弟之親而外兼朋友之誼如此者十有餘年矣歲庚子余始别君來京師既而繫官於朝歸期遂淹言念疇昔未嘗不慨然興懷也今年夏君乃不遠千里而來倏爾相顧驚定而喜慰窮愁於羈旅復疇昔之歡娛情之所極胡可云喻京師之寓長安塵土

之衢求如故鄉之樂不可得也然環堵之居庭有杞菊座有圖書亦聊足爲君玩而都會之地城郭宫殿之壯麗衣冠禮樂之清華國體之尊人文之美則君之所景仰而快覩者也於是相游處相談敘相勸勵而慰恤者兩閲月矣金商氣至炎火暫息而君撫時念鄉歸思勃然卬首側足不可挽止夫以契闊之久望思之深幸相聚而復相違有情者之所不能堪也而况肺腑之親哉然始者之合初不虞中間爲别之久也中間之别亦未知有今日之會也故别不能不悲而會爲可喜若今之爲别則初至之日而慮已及之矣蓋事勢之必然而志念之所素定者又何必戚戚戚於其間哉而况會而别别而會乃人事之常乎吾所喜者君之歸也有庭闈棠棣之歡有林泉耕讀之逸而所悲者身繫一職碌碌塵土當官蒙素餐之羞懷歸存觭書之畏耳遂承諸公之意聊僭序之以道余情焉

送趙縣丞序

古今稱民生之艱難者莫甚於稼穡之事然特謂其身跰胝之勞冒水火之毒以竭力於鎡基耒耜之間而又有旱潦之不常蟲蝗稊稗之爲害耳嗚呼亦孰知稼穡之後而有賦稅之艱賦稅之後而有轉輸之艱哉禾黍未登場圃方築而催科之吏已在門矣掊克誅求雜沓交至鞭撻以威之拘囚以要之不剝其肌膚而竭其膏髓不已也是故終歲力作而不免於饑寒此賦稅之艱也舟楫之運載牛馬之驅馳費亦甚矣水陸之播遷鼠雀漁獵之侵竊耗亦多矣輸之庾藏則必取盈焉取盈可矣又將倍而征之也是故必稱貸而足之稱貸也又必倍而償之至於破田宅傾產業鬻子女者衆矣此轉輸之艱也是二者天下之通患也而東南爲甚東南之郡吾蘇爲甚蘇之屬邑吳江又其甚者蓋吾蘇田賦甲於天下雖有大藩省轄數十州郡者不能及也而吳江一邑秋

糧粟米凡六十餘萬其他枲麻金帛庶物之征猶未可勝計也况其地卑濕瀕下水潦之患莫先焉而租税之科特重於他縣其轉運也每歲蓋船數千百艘役徒數萬戶夫掊克誅求之弊不免也而税且獨重費耗稱貸之患不免也而役且獨繁民將何以堪之哉將盡轉而之溝壑散而爲逋逃爲餓殍而已矣然則爲有司者其可不加之意耶寬吳江人也居京師五六年矣見鄉人之轉運至者皆顰蹙憂悴若不能自生問之則虧損之數什輒五六既而逋負動萬計留滯連歲月蓋未有能免於稱貸之累者及今年鄉之人來者皆歡忭相慶無有怨嗟未幾事竣而歸過余告别皆欣欣然喜也問之則曰此吾侯之惠也吾侯勤恤吾人處之當其宜督之有其法能足其用而省其費也蓋邑貳尹趙侯某實典運事來京師嗚呼若侯者其可謂能矣哉其可謂賢矣哉推此道也治邑事理賦税吳民蒙福多矣侯將行余以其事稱諸鄉人之在

朝者皆曰願書以贈侯也遂書之

送吳汝礪序

予自年十二三時與君之弟汝器同硯席相善也因得從君游當是時余始知學而君兄弟皆已有成君思致淵澈詞藻遒麗時發奇論出人意表汝器則高步遠攬超然塵埃之外而雄逸橫放不可羈縛予以無似朝夕周旋其間所得於麗澤者甚厚嘗竊論之以爲伯之業精而仲之才大皆非人之所能及也歲丁酉辱與君同鄉薦余既得仕而君兄弟久未第今年春汝器始以丙午鄉薦與君偕至京師蓋余別汝器將十年君亦中間一再會而已一朝復合恍若疇昔敍論往復達旦不寐則汝器之大就繩墨之華而精君之精加積累之力而大予固謂其並駕而進頡頏清朝之上可必也既而君果得之汝器乃復不偶予固深惜之然猶喜君之得以爲他日將繼進也及汝器別去則又惜之然猶

幸君之留也君既登第試政冬官有詔賜諸進士歸鄉里聽取者若干人而君與焉余始聞而爲君喜之既又不忍君之行蓋方幸其留以相慰也而又去之固人情之所不能恝然者也雖然君之尊翁暨母夫人在堂年老矣而君適成名則兹行也實人情之所榮而君之所謂莫大之願也而余又奚以不能恝然爲君之歸日偕其弟登堂以稱壽也暇時相與尋理舊業必有念我者幸毋曰塵泥之人不可復教矣

送吴江令孫侯被命趨朝序

漢卓茂以密令拜太傅封侯晉夏侯湛以野王令除中書侍郎吾嘗疑之夫令卑官也太傅三公中書相臣二代之任官不亦凌躐無敍矣乎既而考之愛民如子吏不忍欺教化大行道不拾遺卓之善也急於隱恤緩於公調政務清閒優游多暇湛之賢也於是嘆曰嗟乎名之盛者實之隆也賞之厚者功之優也是故仕學之士無患乎聲聞之不彰惟

患治道之不脩無患乎超遷之不崇惟患治效之弗臻余來浙土去鄉邑不數百里日聞明府孫侯循良之風卽卓之愛民如子吏不忍欺也卽洪之急於隱恤綏於公調也松陵無夜戶之警縣齋有雙蓮之瑞教化大行政務多暇可知也又嘗一接見侯而察知其爲人忠信敏達休閒雅光風霽月之晬於面盎於背也醇酎之醉人良玉之潤而確也蓋來治吳江再期年矣問其履歷則以進士宰陝之咸寧者三年余於是竊怪夫封侯之命侍郞之拜之不至也未閱月有自京師來者報曰朝廷嘉侯異政詔銓曹移檄徵之且將有臺憲之命矣余聞之不自覺其齒之粲然手足之翩然也誠喜其億而中也喜吾君吾相之明於知人果於用賢也喜吾侯之志遂將大行於天下不但一邑之蒙其福也蓋國家之制凡大邑用進士爲宰政有異績則徵入爲監察御史暨六曹之屬今廟堂之上巨公良輔出其選者爲多侯之還朝也司風紀陟

端揆登台衡駸駸然進未可量也雖然卓及夏侯盛德雅望垂於竹帛至於今不朽也豈直當時三公之尊相臣之榮而已吾侯其懋明之哉侯駕車將行貳尹孔君倘君于君縣簿王君呂君幕僚王君相與繪圖賦詩爲贈命之曰垂虹別意而走書來杭屬余書其事於篇端

送周方伯擢任廣東序

甚哉才之難全也有政事者有文藝者有行實者長於此或短於彼得其一或遺其二何也資性之蔽也學術之偏也蓋自夫世道既降光嶽氣漓聖賢之道不明於天下士各以其所長自名立身之體用制事之本末孰能一以貫之會而通之哉故才之難全也尚矣惟我國家百數十年盛明廣大之化磅礴甄陶漸摩涵養之久人才之生稟於天者純脩於已者備所以輔贊亨嘉之運藻飾太平之美者一本於躬行心得仁義禮樂之奧卓卓乎無遺憾矣寬寡陋不足以盡知天下之士若大

士民不宜使一方專之也未幾有詔擢公廣東左布政使於是大方伯進賢湯公與藩臬諸僚樂公道術之大行而惜德音之暨遠賦詩餞之寬聞嶺海之間夷獠雜處弄兵潢池所在有之吏不能舉其職民無以安其生將使威以鎮之仁以綏之革挂牛佩犢之俗興作息耕鑿之利非公其孰任之是命也固公大拜之權輿抑亦聖天子階前萬里知人善任之大略哉

送河南憲使文公之任詩序

聖天子御極撫世萬機所先惟籲俊立賢以綏萬邦股肱心膂之重寄自朝廷公卿而下蓋莫有踰於藩臬之臣者其長則九卿之亞也而兩浙中州天下諸藩之首天子尤注意焉我寅長文公天爵以才望久任執政以名薦屢矣輒報罷人或疑之識者曰此非靳公也蓋吾君吾相知公之深待公之厚將以近地劇務委之也至是果有河南憲使之擢

方伯廬陵周公時可豈非其人哉公早從事於濂洛關閩之學以文學行誼知名登進士第歷官選曹分司南都居職無事益得大肆其力於道德性命操存踐履之地業既成被薦擢按察僉事副使按察使以言者舉擢浙江右布政使提學則士有楷範提刑則獄無冤民司牧則惠浹黎庶化宣百蠻而吾嘗望見公於人人之中而出乎尋常以爲不可易而親也及承其顏色而接其言論春陽和風其可悅而不厭也琲璋琬琰其儼然可敬而重也蒼松勁柏其有恆守而不變也有德者固如是哉徐而觀其馭吏民應事幾畫經定制運用剸裁無巨無細有倫有理通方合變目無全牛暇而發爲詞章形諸撰述以鳴國家之盛渢渢乎洋洋乎黃鐘大呂之音也簡嚴體要西京先秦之遺則也每竊嘆曰聖代之生賢其類如是乎其亦間見而不偶矣乎如以爲間見也請薦而登之廟堂之上鼎彝之間輔一人以康九有經緯乎元化而模矩乎

公器識宏達文武具備初以乙未進士知蘇州吳縣廉正明恕政教大行淸聲令譽著滿三吳間寬在隣邑蓋稔聞之入爲監察御史嘗巡按河南摧奸凶遂善良蟊蠹滌除惠利並興汴洛之民至於今稱之還臺掌三法司十三道會議奏牘事立朝謇諤不畏彊禦風裁凜然邦憲益張輿論方以廟堂屬公旣而有浙按察副使巡視海道之命蓋雖小詘公實擇而任之公旣至簡將校練兵戎繕城堡稽儲積號令嚴而明聽斷公而允風行雷厲威讋遠夷鋒燧假熄海邦乂寧在海道凡七年巡按御史干公時俊以才優行端薦馮公良玉以才兼文武薦吳公道夫以才能超卓堪任西北巡撫薦南京大理寺卿呂公秉之又以文武全材堪以統御一方薦然公自處惟盡其在我無所求於人故陟明之典久而未行而聲光日積自有不可抑遏者河南命下識者有以知公之遂將柄用而此行爲之階也中州之思公非一日矣今之往蓋不言而

喻不怒而威者也綱紀之布信義之孚威德之流行夫豈待歲月哉郭伋先生幷州素結恩信及再至也老幼扶攜竹馬迎拜陶侃再爲荆州刺史楚郢士女莫不相慶蓋赤子之所慕者慈母也魚之所歸者淵也鳥獸之所趨附者林藪也遺愛舊德既浹洽於既往仁聲義聞自流動於方來民之忻戴豈有既哉則其順令從化將爭先疾趨之惟恐後孰得而禦之哉且今之制藩臬之長治效既成入而爲九卿者比比也公之治效不日而成則超遷將不日而至况公生長遼戍少習邊事文武之任已略見於兩浙海道之間而數受廷臣部使者之薦矣進位内臺總握兵符爲北門之鎖鑰掃胡虜之氛祲其在茲行哉棨戟戒途熊車北轅盡長德興孫公重合轡之情展彈冠之慶倡於僚衆諸公抽思騁辭歌頌盛美爲公贈而命寬書其首簡

送冬官副郎張君良貴詩序

今日征商之制自鹽課外惟竹木之税爲重荆襄蕪湖杭州諸處皆冬官卿遣其屬開分司理之蓋利之所聚啓貪召姦亂之所生也苟委非其人鮮有不損國蠹民者先是管付之郡邑矣侵漁掊剋狼藉汙穢前覆後踵弊端日滋於是乎有分司之制歲庚申副郎華亭張君良貴實來浙上君博雅濟令富於詞藻對客賦詠援筆立就而贍麗警拔出人意表士林共所推重至於操檢之嚴醞藉之厚顒顒焉侃侃焉清廟之器鵷鷺之姿也是行也人或謂小務不足以煩名士而君領檄欣然不以爲嫌既至視事日夕勤瘁罔敢怠遑抑末游息壟斷抽斂惟平寧縮不贏凡物之入操其數之多寡而已有司者受之已無所與焉由是鼠盜不生駔儈無所施商益進物益聚千章萬木所以供將作之用者鱗擁翼附彌滿江之皐海之滋矣使事告成期當及瓜釋米鹽之瑣屑復羔羊之委蛇縉紳賦詩爲贈而謂余宜書其端余知君之文素矣至是

而後知君之器度政事出于尋常遠甚漢兩府高士不爲主簿而孫寶爲之徒舍甚悦曰士安得獨自道高不可詘身詘何傷時人稱其賢宋韓魏公琦之筮仕也時方貴高科多徑去爲館職公獨滯筦庫不以爲卑宂盡心職務無所苟卒爲一代名臣君奉使分司固非府簿筦庫之匹然所涖龐雜則無太相遠者夫致身於君隨所用之不自揀擇而惟求其職之能盡此古達士之節而君能之其所蘊豈易量哉而况通方具宜游刃盤錯尤士之達材者也孫寶之明經脩行固君之能事而魏公之勳名吾方有望於他日矣

送民部田君景瞻序

均之爲進士也均之列於朝也均之爲任職居官也而所司不同有兵戎有禮樂有銓選有錢穀刑獄有典文翰者有司諫諍者有司風紀者固不能無緊慢清宂之不同矣夫鳥一也或集於芳園或集於荒林花

一也或墜於几席或墮於庭砌雖所遇小有不同而其類則未嘗不同也亦安知在几席者不拂而委之塗泥在荒林者不遷而歸于喬木哉而世之士往往視之以爲輕重或沾沾焉以自喜悻悻焉以驕人或委靡而不振悒鬱而不樂雖旁之人亦從而輕重之豈不惑甚矣哉夫士在自立何如耳豈官職之足道哉制行之高存心之正則在下位而名益彰道之弗脩身之弗檢則據高位而穢益闇晉江田君景瞻閩南偉人也有俊逸之氣有堅定之守有宏遠之量有敏達之才以進士官民部來征商於杭舟車緡錢之算米鹽之政甚不足以煩君也余謂君將不樂于此而君安焉居之不以爲鄙僕僕焉爲之不以爲勞余因戲謂之曰高才卓犖之士亦俯從事於斗筲尺寸之閒乎將促辦以取最捂克以求贏乎君怫然不悅曰何吾子之陋也吾謂子差強人意乃未脫乎流俗也夫官無崇卑蓋職爲賢政無大小利物爲貴吾在此日以便

商旅通懋遷爲務易以盡職易以利物昔吾初登第也惟欲爲縣令爲其可以親民也惟懼入臺諫懼不能盡職也子何見之陋也余愧謝曰世方慕臺諫君顧不願爲之世所重君所輕君之所自立豈可以常情窺哉既數月君受代還朝余同官林君舜舉君鄉人抽分鄭冬官從君學者也來謁余言爲行李贈余嘗記與君往復之言不忘于懷因感世之妄有輕重者之爲惑也遂述而書之

送徐德瀾冬官詩序

事有細而關於國計者茶鹽竹木車船諸稅課特命監察御史或部僚監臨之君相不以爲細而略之士大夫受其任者不以細而不屑何也天下之事爲之在人不得其人則事僨而弊生天下之民受其害矣得其人則弊革而政舉天下之民蒙其惠矣蓋不獨軍國之輸賴之農工商賈皆賴之是故雖細務而所關者重也冬官主事徐君德瀾以部檄

來蒞錢塘抽分政平而禁嚴往時巨筏聯纜泝江而下怒濤崩之散而不收瀕江豪右及市井無賴紛然攘之莫敢誰何君下車廉得一二尤者治之自是浮江之木雖竟日漂蕩波濤間無敢拾片根寸篠者於是人知君之嚴今年春初不雨水澤涸嚴徽諸郡商人皆重費以濟曰不及我公稅之恐後無如公者故雖江流如帶而行桴不絶於是人知君之平嗚呼爲政之要平與嚴而已非至公不能平非無私不能嚴然則君之所學所蘊豈易量哉他日立廟堂宰天下亦惟嚴與平而已君受代還朝藩臬諸君繪圖賦詩贈之寬君邑人也爲之序

送周伯震詩引

嘉興爲吾蘇隣郡地壤相連接凡其民之習俗好尙生業苦樂無不同者大抵江湖之間風氣淸英而秀發土物豊饒而姸華爲東南望然民之勞止則有不可勝言者矣蓋觀其山川城邑則水木掩映而雲霞吐

吞萬戶森羅而百貨駢集如圖畫如錦繡察其村野閭閻則衡茅廢頹而風雨莫庇藜藿不給而煙火蕭條終歲沾體塗足而未嘗獲一飽之樂者十室而九也究其所以良由夫税太重役太繁旱潦之相仍公私之逋負誅求漁獵靡有孑遺嗚呼何以使吾民遂其生哉余友周君伯震之被命出守嘉興也余聞之喜而不寐伯震賢士也其識遠其度弘吏而文和而剛不畏彊禦不虐無告其將有以甦吾民哉甦民亦有術矣天時旱潦之能備也徵科之能節也胥徒輿隸之能約束也權要豪右兼并武斷之能斂其跡也如是而民有饑色野有餓莩吾不信也雖然是數者言之易爲之難伯震其致思焉伯震之之任也與寧波守伍朝信偕行留別諸同官有聯句之作余與諸公既相與次韻餞之副郎彭君濟物復請余引其篇端

壽徐粟夫詩引

同年友徐君渠夫以禮部主事移疾歸田至于今二十年矣索居離羣上不問朝廷之政事下不蹴州邑之門閾而高風雅望隱隱動縉紳間莫不聳丹崖靑壁之仰至於其鄉之人貧乏待以舉火患難待以解紛學道者軌範其行質疑者蓍龜其言後生小子激勵而思齊邪慝姦宄恥愧而知所懲艾蓋雖丘壑之深林莽之幽而山輝淵媚煥不容掩同年之士三百人登廟堂位通顯者多矣究其無愧於俯仰有益於名教殆未有過於君者也君生正統孟秋之閏蓋生二十年而遇生朝又若干年至於今弘治辛酉爲再遇生朝也而君壽五十八矣鄉閭族黨咸爲君賀同邑工部副郎致仕祝君惟貞君姻友也謂大凡人生之歲大率七八十其生朝歲歲有之君既艾耆始再逢耳天於德人固將壽之豈以生朝吝於君哉亦必將數十遇而後止則君之壽豈有涯哉喜不自任操舟來杭語余以故且乞言余之知君不減惟貞欣忭又當何如

也而同年友之在臬者憲副張君應祥林君舜舉憲僉蕭君凌漢聞之莫不騰躍倡于同官諸公爲詩壽之余遂爲之引其篇端惟貞篤學至行博雅孝義年未四十抗疏乞身以養其親與君實同志操時人多之謂海寧二高士云

林玉汝于成字說

好逸而惡勞豈非人之情乎然天下之事以勞而成以佚而廢士君子之德以勞而脩以逸而喪今夫日而乾乾夕而惕若苦其心志疲其筋力胼胝其手足耗敝其精神視彼高居而簡出飽食而安寢逍遥優游無思無爲者何如也塞而通之溷而澄之下愚而高明之憤悱於迷暗之地屈蠖於閉蟄之鄉勇邁奮發於木鑽石鑿之日視彼得於天性之自然不煩繩削而自合者何如也負百鈞之器以行乎千里之途輓鹽車而登羊腸之坂力則不任行則不逮假蹇危殆雖重而不辭雖難而

必欲進焉視彼駕輕車而騄康莊揚巨帆乘長風而放乎大江之中流者何如也其勞逸之相去較然也世之人溺於情而不能節於義故往往廢而喪君子則能以義而制乎情故往往脩而成宋儒張子有言富貴福澤將厚吾之生也貧賤憂戚庸玉汝于成也所謂勞者非貧賤憂戚之謂乎余同年友林君舜舉名其家器曰玉汝將冠字之曰于成君蓋有得于張子之旨而深於義方之訓者矣君世其家學起自儒素致位通顯平生勞逸備嘗之矣于成今日之居之養非若翁比也處逸思勞之道可不勉乎必日乾夕惕勿高居勿安寢而後德可成也必通之澄之高明之至於不煩繩削而自合而後器可成也雖重不辭雖難必進至於康莊輕車長風巨帆之地而後名可成也三者成而士君子之學無餘事矣于成勉之哉余於林君有同年同寅之契其子則通家也故爲釋名字之義以相其成

王說商臣字說

聖天子夢想賢豪于九重之上爲天下得人之盛心也士君子賾勉問學于蔀屋之下輔世長民之大業也傅巖之野版築之間沾體塗足木石與居衣食自力終歲勤動自常情觀之豈有用世之具哉帝賚良弼審象旁求王人下臨璧帛陸離獸羣潛伏人迹罕至自常情觀之豈有將引之媒哉然而雲龍風虎水濕火燥默契冥會自有不謀而合不約而同者雖要荒之外葑菲之賤固將網羅之必將採擷之靡遺是故不患其不爲吾用也患求之不得其道耳不患其不吾用也吾所以適用之術有未至耳余姻家月湖處士王君隱居行義不求聞達其仲氏侍御君既以效用爲廟堂之望其主器茂才績學尙志將克鳳麟之選而其冢孫名說者年且弱冠矣深潛純粹嶷如老成人以世業之饒思賑貧乏之輸粟縣官官授以章服非其志也恆靜處一室藏焉脩焉耕道獵

德曰乾夕惕所就未可量也今年冠且昏月湖言於余曰吾孫有成人之義師友命之字曰啇臣願一言勗之余辭不獲進啇臣而告之曰若知而祖父師友所以命名若字之意乎今天子勵精圖治纘傍立賢啇之高宗也今天下之士沐浴淸化共惟帝臣人入有傅巖之想然而所得有淺深所蘊有厚薄而聖明之甄拔隨之棟梁榱桷充滿朝著將必有眞傅說者出以對揚休命矣傅之言曰學于古訓乃有獲又曰惟學遜志務時敏然則學也者傅所以爲良弼之道也遜志時敏傅所以爲學之術也由傅之言進傅之道舟楫霖雨豈獨專美於有啇也哉余與而祖有通家之義知啇臣之可與人道也故敢進其狂言

卷十二 完

女兒緜祥校錄

卷十三　邑後學　陳去病　纂輯

明一人

趙寬　見前

樂善堂記

漢東平憲王之論處有曰爲善最樂天下後世遂相傳誦之至以爲恆言由今觀之爲善之人安土敦仁心恬體寧無天菑無物累無人非無鬼責天下之樂誠孰有過之者哉雖然爲善而至於樂也則其人於善也亦深矣蓋凡有所勉強矯制而爲之者皆非樂也必優柔涵泳與之俱化而後謂之樂必無所待乎物而自足乎其中而後謂之樂必求之專爲之久功深力到而豁然貫通焉則吾之一心與天者游休休焉由由焉舉天下不足以加之而後謂之樂爲善而至於樂也豈一朝一夕

之故哉是故享爲善之樂非難爲善而致於能樂爲難耳吾鄉王公天祐以樂善自號且以名其堂吾嘗過而見之嘆曰賢哉公也昔也躬爲善之難而今也享爲善之樂矣蓋公之平生吾嘗知之矣數歲而孤門閥蕭然先世之業居廬數楹田數畝書數十卷而已公嗣而有之伶仃孤苦以自卓立經傳諸史多所涉獵春秋耕稼之暇未嘗廢書也尤善治生動不失時薄種厚穫力多食寡居積貯儲日以益嬴田且數十頃僮僕千指蓋既富矣同時富人大率皆奔走權貴出入州縣以有所憑藉以肆其所欲爲於鄉聚歛侵奪無所不至然其子弟習於富驕往往失教競以美飾淫僭相高坐是雖富而其貧亦易也獨公閉門自守不近末利不逐時好不通功而易事足跡未嘗至公府之門教訓諸子惟勤惟儉方公之壯時而諸鄉人皆已賢之矣今年且七十好德康寧優游無爲四子長曰思善孝友篤誠以承宗事次曰思德舉進士爲監察

御史又次思誠太學生將授官矣最幼思學亦克其家家孫恩受業邑庠曾孫亦數歲而公夫婦齊壽以綏榮養一家四世藹如也茲非善之福耶然則公之樂豈有既哉余既以是稱諸鄉人思善聞之請記遂書之以勵爲善者

重建綺川亭記

有能生乎百世之下追仰乎百世之上脩其遺蹟導其流風使之既廢者復起無聞者有聞茲豈非尊德樂善忠厚之至而有益於鄉邦有補於名教者哉吾鄉莫舍村爲吳中勝處石湖湯湯匯乎其左橫山蜿蜒環乎其右故其間人物之美亦有非他處所能及者宋參知政事范文穆公成大之別墅在焉知某軍事莫公子文世居之元則有兵部員外郎竹堂先生薛公某國朝則有蘇學訓導寄翁先生朱公應辰知軍七世孫戶部侍郎禮荊州知府張公瑾瑾弟南村處士璹禮部主事李公

鼎侍郎從孫延平府同知由庵先生震仕者聞於朝隱者聞于鄉信所謂地靈而人傑者哉村有綺川亭文穆所建也文穆號石湖孝宗嘗御書二大字以寵之於是繞湖俱築亭館名重于時綺川其一也廢已久矣今國子學正鱸鄉先生旦由庵之子侍郎之四世孫也父喪既除以年之將至也遂有終焉之志俛仰桑梓出入丘麓訪逸而搜奇撫今而懷古慨然嘆曰山川如故也四時日月如故也而昔人安在哉其負大名者固不朽然其間赫然于一時泯然於後世者比比也百年之餘簡册不紀鄉里不知不幾於草木同腐者乎而其所居之地雖人所共知指爲勝蹟者亦且鞠爲黍田蔬圃荆榛瓦礫之場可不大哀耶於是即亭之故址廓而新之鄉之好事者多樂助焉既落成遂以次序列文穆而下諸賢設位奉之蓋略取古者祭鄉先生於社之義且圖所以可久者謂寬辱在門下宜有記焉嗚呼若吾鱸鄉豈非所謂尊德樂善而忠

厚之至者哉蓋不獨前人賴以自見而後之學者亦有所感發而起焉表章乎既往所以激勵乎將來先生之用心不既深矣乎遂礱石而書之用以昭示乎後之人弘治六年四月二日記

盛用敬醫效記

舍弟受夫嘗爲余言盛君用敬之醫之良也曰吾妻之母病鬲氣積數年矣既又病傷寒羸瘠甚遂至不復飲食臥則著席處輒痲痺而冷用敬治而愈後又病虛嘔血幾殆矣用敬治之又愈吾兒患痘久不發用敬投之藥一夕而發痘愈而目翳人皆謂不可治矣用敬藥之翳遂去余聞之曰用敬之爲醫若是哉是特其常事爾又有奇者甚衆西門金堂之妻小產病數月日厥去者數四見鬼自頂而出自口而入用敬珍其脈曰牆而弦血少有痰鬼自頂門出此元神也出而不進者死出而復進可活也藥之去痰椀許以愈有陳傑者妻患痢數月昏厥六日矣

所下若屋漏水棺斂已具用敬胗之曰無慮且有胎藥之痢止而胎動越數月生子矣有婦病卒厥昏昏若醉夢手足筋攣用敬胗之六脈俱脫病不可測忽有麻服者在側問其人則病者之壻也問其服妻之服也問其妻之死僅半月問其死之故產後症也用敬遂悟曰此病必憂鬱所致以木香流氣飲畀之一服而愈儒學姚汝明內傷新愈又病食傷他醫皆用下藥病益甚小便閉中滿腹堅如石用敬胗其脈曰此不可用分理藥也宜有參蓍以運其氣升麻以提其氣氣升則水自下矣加以益腎之劑如是數服腹和氣平而愈道士顧本初病失音他醫皆以厥陰傷寒治之用敬切其脈曰內傷外感疾已亟無可爲者某日當汗某日死既而果然人問其故答曰肺金而主聲肺敗則失音且面黧黑腎氣竭矣某日屬火火乘金位眞陽既奪不死何待又嘗遇一僧無病時方春初胗其脈曰至秋八月不起矣僧愕然怪之八月僧果病膈

氣而死其他治效率類此不可殫述也余聞之益驚嗟夫用敬之醫之妙乃至是哉既而嘆曰是誠宜然也吾嘗聞其大父起東有名宣宗朝其尊鈍庵以術聞吳中可謂世醫矣用敬又少業儒且明晤甚夫以儒者之學致力於累世之習而加之以明晤之資其所得豈易量哉循是而往仲景思邈之祕將必有默契焉者遂書以記之

吳江縣重修廟學記

國朝之制縣必有學學必有廟天下皆然然有脩飭者有荒陋者各視其地之文獻及任興之人何如爾學所以明人倫育英才欲其寬閒靜深以爲士君子進德脩業存心養性之地廟所以尊祀聖賢報本追遠欲其高明嚴肅然後人望而敬有以興起夫景仰企慕之心吳江廟學自宋元有之正統中巡撫少司空吉水周文襄公始拓其基宇而改剏之規模宏敞他邑莫及也歷歲既久日以頹廢弘治戊午春寬奉使湖

南便道鄉閭祇謁先聖廟廷顧瞻宮牆周覽區宇輪焉奐焉鳥翼翬飛丹雘焜煌照映雲日殿曰大成門曰列戟曰靈星祠曰鄉賢曰去思堂曰明倫齋曰日新曰時習以及神庫膳堂射圃學官之居諸生肄業之舍倉庾庖湢之屬昔之卑庳者今則增以崇昔之毀敗者今則完而新昔之污漫者今則潔而明衿佩之士絃於斯誦於斯藏修游息焉於斯皆得以安其居靜其慮大肆其力於詩書禮樂之場而無喧囂之雜湫隘墊濕之憂余喜而問曰孰爲之哉何若斯之盛也衆咸曰此吾邑侯之嘉惠也吾侯下車首務斯文近日司宰牧者所未見也余因問繕工之始末曰侯以丙辰之冬來至任經始於明年暮春之初訖工於孟夏之終問經費之所出曰取財於官而役力於民民忻然趨之命陰陽訓術吳鎣敦匠事鎣公勤有幹略長於料理學諭高君督視之尤加意焉故其成速而精余聞而嘉之侯之政豈不異哉侯以名進士釋褐來宰

邑視事之初錢穀獄訟案牘山積宜若不遑他務者乃能從容有餘以從事於教化之地其才力優於人遠矣世之好興事者厲民惡勞民者廢事今也有子來之樂而無疾首蹙頞之怨此何以致之哉秉彝好德人之同心矧吾邑故文獻地侯因民所欲而使之宜奔命之易也教化行而風俗美思樂之風作而棫樸之士興焉必自今日矣高君與司訓林君陳君聞余言請書之將刻貞石詔來者余辭不獲遂書以歸之侯姓郭氏名郛字于蕃廣平肥鄉世家也嚴明廉恕達於政體治邑一年良法善事具可稱述不獨興學之美云

資仕堂記

孺子而慕聖賢之道匹夫而懷天下之計不致力於學莫之能有爲也居職臨政考故實酌時宜辯幾微於兩可之間決狐疑於造次之際不資於學未有能濟者也學亦多術矣有全體之學有一事一物之學有

終身之學有隨遇而爲之之學綱常性命之理體而行之矣詩書六藝之術習而通其故矣然後達諸家邦施諸政事無不各得其當此全體之學也五方之俗四民之務不可不知也鳥獸草木之名不可不多識也物理之糾紛人情之反覆閱歷之多聞見之博也思慮之熟區畫之周也此一事一物之學也仁爲已任斃而後已終身之學酬酢運用日有新功隨遇而爲之之學道無窮學豈有窮哉浙江按察司治所故宋太學也在元爲肅政廉訪司其西南隅曰西湖書院則廉訪使徐琰所建也入國朝每憲臣巡歷還臺則寓以聽政有木榻二及諸碑刻皆先朝故物云歲久而敝殆不可支今憲副三山林君舜舉居之哀痔積歲始克撤而新之門廡棟宇煥然改觀顧而嘆曰吾其可懈吾學以虛吾書院哉吾始者由學以得仕今也由仕而得學又由學而有以資吾仕也題其堂曰資仕君警敏好古通而能介器局宏博可任大事始舉進

士治獄吾蘇已有能名以御史巡按廣西克平蠻寇其才力過人遠矣浙藩人民之衆財賦之雄獄訟之繁聞天下且當南北要衝往來逢迎蟬聯日夜君處之裕如每少息未嘗廢書也每丙夜而寐雞鳴而起未嘗不凝神澄慮於檢身之法應世酬物之務也君可謂有志於道而達於爲政者矣夫績藝纂文章而習之非不專且精也一旦得志於時力能有爲則盡棄其舊而新是圖戰鬬於智巧之場傾奪於名勢之途横奔疾馳不儨不已昔之所學安在哉簿書盈前却去不視斷編殘楮剔奇剽姸曰將以求道也廢務而妨要養高而盜名以言則迂而誕以行則濡而緩學果何益哉是二者皆非吾所謂學也吾所謂學者全體之學給其身爲之所以立也一事一物之學隨遇而爲之政之所由通也君惟有志於道故仕而能學君惟達於爲政故學而有資於仕後之繼君而寓斯堂者其將有感於予言

重修靈衛廟記

亡身禦難志士所以成仁酬功顯忠國家所以立政至於位卑力微欲障橫潰用一命之殞全萬民之生事之難爲者也興廢起墜鼓舞作興彰往烈於寖微激淸風於末俗知政之先務者也維昔宋室不競金胡假擾完顏之寇直闖臨安事出倉卒人無顧計守臣棄城而鼠竄敵兵乘勢而獸突林林赤子陷危塗炭錢塘令朱公蹕慷慨士也愍元元之無辜憤封豕之肆毒志激氣揚奮焉揮戈鳩疲羸之鄉丁衝兇威以赴闞肉投餒虎蓋所不惜於是公之屬尉曹將金公勝祝公威咸負勇烈實同心膂編竹葛嶺則羣虜大蹈當關西隅則萬夫莫踰雖以衆寡不敵相繼頗殞然閭閻遁逃咸得自脫蒼生獲全奚啻萬計三君子者誠所謂以一身而易一邦之人者也夫狼瞫之馳秦義則義矣而無益於民諸葛瞻之陷陣忠則忠矣而無濟於事視三君子者優劣何如也且

人孰不愛其身特赤手而拒猛獸孰不知必害於其身然則爲之不顧其精神之所運用肝膽之所蘊蓄殆將徹星辰而鑠金石夷泰華而隘滄溟者也況乎爵祿不登於廟堂聲譽不留於縉紳平時泯泯無異庸俗一旦遭遇變故磊磊落落傑出一世之上挺立千仞之表豈非天地至大至剛之氣而孔子所謂志士仁人者哉故在當時陳安之歌與哀於隴上巡遠之廟食報於睢陽歲時伏臘牲幣交集非過也宜也堂廟在錢塘門外淳祐十年賜額靈衛元及國朝祀事不絕蓋酬功顯忠政之大者歷歲既久祠廢弗治鎮守太監麥公巡按監察御史鄧公任公咸奉帝命康濟一方感陳迹於延覽欽仰止於流風懼無以妥神靈徽民福崇名教而勸來者思欲撤而新之於是錢塘令胡道出自甲科勤慎明達有志治本毅然以營葺爲已任遂建白以從事爲聚材用儲餼糧度地勢計工役仍廟舊墟基益厚以崇宇益廣以高有臺有廊高門

翼然齋宿庖宰之所畢具經始於弘治己未九月畢工於明年二月費不出官斂事不傷民力可謂能且勞矣落成之日士民父老奔走萃集瞻望咨嗟咸曰三君子勳德在吾鄉炳炳如此其忠謀壯節瑰偉雄邁足以激懦礪鈍如此國家載在祀典所以旌而報之者如此我鎭巡藩臬郡縣爲我父母導我禮義立則制範不言之敎又如此吾民其可忘吾民其可不知勸因踴躍再拜而退鎭守公聞而嘉之恐湮沒弗傳命寬述其事刻諸石用昭示於無窮

重建宋丞相信國文公祠堂記

立天下之大節明天下之大義屹然以身任千萬世綱常之責萬挫而不折百鍊而彌精堂堂乎昭昭乎掀揭宇宙而爭光日月嗚呼豈非聖賢之儔曠古豪傑之士哉帝衷民彝在天地間千萬人而一心千萬世而一日者也是以當時從者如登龍門後學仰之如瞻斗極宋丞相信

國文公當國事無復可爲之日以守臣應詔則勤王之師行以奉使陳大義折虜酋則彊胡之氣奪以宰相出督名士景從威武震耀則興復之勢奮天實厭宋屢起輒踣雖有經濟之大略翊戴之忠謀而無所施殫智慮畢精力繼之以死其間拘囚之困迫奔亡之顛沛出萬死而一生而志才不少衰愈益昌元可喪膝不可屈卒之從容燕市談笑而蹈白刃非學問之天成操履之素定優入孔孟成仁取義之域其孰能之故嘗謂公當中國禮義垂絕之餘夷狄禽獸方張之日天實生之以主張乎吾道扶植乎人紀振中華之風弭亂賊之萌百行賴以不墜九疇賴以立萬化賴以行者也不然腥膻汚濁四海一流斯民其不被髮左衽矣乎所謂聖賢之傳曠古之人豪非耶公自使虜被留脫身京口閒關豺虎中遠涉鯨波至於永嘉宿江心寺公有詩焉一月溫及台處諸郡豪傑皆來會欲從海道爲戰守計爲當國者所沮而止國朝成化中

縣令文林劉遜相繼訪公遺跡刻公詩於石立祠祀公弘治十三年庚申寬與同官林君偕來溫祗謁公顧覩祠宇庳隘弗稱林君曰是余責也郡守鄧侯進曰某嘗擇諸僧寮得其地矣往觀之在寺之北垂倚巖臨流崇深虛明衆皆喜材用既儲工役聿興林君爲之區畫而鄧守躬經營之祠遂以成因考諸從公之士之宜祀者得二人焉曰司農卿杜湝者公脫鎭江湝之力至永嘉湝實從又嘗以佐府招集兵財來台溫焉曰正將徐榛溫人也以筆札典督府機密小心精練從北行備殫忠歘既又得公之孫一人焉曰富在前元時嘗守溫有惠政遂以三賢配享于公今年壬戌余復來鄧守率僚屬記且述所以叙秩三賢之意余聞而嘉之所謂當時從者如登龍門後學仰之如瞻斗極非耶三君子者獲附驥尾名實益彰而林君與守陳列道教表章前修以風勵乎邦之人可謂知治本哉林君名廷選字舜舉以按察副使整飾兵備廉分

巡閩人也守名淮字安濟吉水人皆予進士同年云

月湖記

吳江縣治東南二十里有水曰月湖週數十百頃澄澈而圓其形如月因以爲名或曰爲其宜於月也友人王君思善之莊居在焉瀕湖多王之世業然廢且盡矣思善之尊君樂善翁復其故而益大之良疇沃壤綿亘阡陌大率皆其有也于是謀以枕湖上流築室數十楹爲息耕之所思善從而相成焉翁既老思善厭家居近市囂在莊居爲多因以月湖自號來請記夫思善其有得於治生養心之道乎治生之道儉而已矣養心之道靜而已矣儉之與靜觀諸月湖可知已月也人見其一虛而一盈也莫不病其虛而幸其盈殊不知惟其虛也而後能盈然則虛也者非盈之本歟湖也人見其培然而下又恢然而有容也莫不惡其下而樂其容殊不知惟其下也然後衆流歸之然則下也者非容之也

歟吾嘗夜而遊於陂值夫望舒東生廣寒淸虛天水澄霽上下一色吾神爲之凝心爲之靈頃之霮䨴勃興風濤欻揚月耶水耶頓失故態而吾亦以悲吾於是知儉之爲德靜之爲功天地之道造化之理皆然也蓋月之虛也湖之下也儉也夜之澄霽也靜也而況於人乎且君之世業昔嘗廢之而今興焉其廢也不以縱歟其興也不以儉歟君之居城市也憧憧往來䧺接不暇方寸之閒爲之不寧及返而莊居百物無營志和氣平則擾之與靜其相去也遠矣君耕讀之暇逍遙月湖之上試以吾言觀之

月樓記

幽人逸士在一丘一壑之閒於凡世之得喪通塞寵辱憂樂一無所入於其心與市朝塵土之跡相忘於無何有之鄉則其靜觀遠攬必有得於物外之物與之周旋以自適視在彼者雖千駟萬鍾不能奸吾志而

易吾樂也列子御風之泠然也陶弘景白雲之怡悅也商山之芝濠梁之魚柴桑之菊皆是也槎溪在嘉定之南近海不百里封刑部主事楊公之居在焉公少有隱操方介孤潔不苟同俗畦鋤畝耕以自衣食晚年以家事付諸子爲逸老計所居有園地花竹之勝建樓數楹幽爽高曠適出塵表會羲馭既西羣動俱息公登樓以四眺焉望舒懸空纖翳不生六合下上萬里一碧照耀朗徹殆非人寰於是恍然悟悠然樂曰是足以成吾樓之勝矣吾平生獨得之妙正在於此因大書楣間曰月樓以志之蓋與陶列商山諸公同一超世之趣也其子侚絅予同官副郎也請予記於戲此公之所獨得也愚不敏何足以知之雖然竊以是窺公之心矣盈虛消息之理在天地間相爲倚伏蓋終始乎物而物莫能逃焉者也豈惟月哉水之往而來溢而涸也草木之瘁而榮開而落也城之復於隍也谷之爲陵岸之爲谷也四時寒暑陰陽晝夜之旋轉

代謝也皆此道也衆人者囿於物之中與之相馳相逐至於死而弗悟公蓋玩之熟矣若夫月人皆共之然不能得而有之則所謂囿於物者害之也彼方營營於聲利情欲之閒惟日不足而何暇於此公之心超乎物者也玩乎物者物莫不在其運用之中是故因天之道制人之事謙而光損而受益所以脩身也忌滿知足侈而不過匱而不竭所以治生也守眞抱一內照玄覽所以延年也天有雲曀吾道無雲曀天有晦朔吾道無晦朔天有薄蝕吾道無薄蝕公之有取於月也其義不旣博矣哉公與月相從於茲樓其樂可勝計哉然則月之光徧天下而謂茲樓獨得專之者非妄也宜也

泗洲寺重建大雄寶殿記

誠主天下之事而勤以成其功持是二者矢金石弗渝則天下無不可爲之事無不可成之功要亦得人焉苟得其人則胸中繩墨蓋已素定

而施之事功應手卒辦矣何也以志而帥氣也泗洲大士于佛教上乘神化無爲道德浸涵乎天下故其所建寺觸處其寓吳江泗洲寺其一也寺建于唐景龍二年擇徒以守傳至宋紹定間僧淸杲元至正間僧文玖皆以文德道戒黼黻崇拓而玖嘗沐寵官僧錄善也國朝永樂間僧淨瑄綽有儒學時戶部尚書夏忠靖公奉詔治水江南獲聞瑄名嘗駐泗洲更相倡和締爲方外詩友寺爲益顯而其徒行璿尤以儒飾佛拓置以輔焚修翼殿以壯雄觀迄正統燬于盜景泰間道珩募檀越晷隱雲等建復舊規奈罹沐霜之戒又燬焉時則天順改元也土綿力脆嵩于施建僅存庖湢之區以延綿線脉天運循環無往不復迄今四十有二載而有僧鑑無私璘輝彰者出慨然以興復爲己任各矢誠務勤靡間夙夜檀越響應如雲而集贏者授貲窶者攄勤技者呈能而大雄寶殿就地而成自天而下蓋自弘治丁巳迄于壬戌纔五完歲而已是

非積功効勤而收事功于浩然之氣之中者乎是宜記其績以待將來
助其成者則耆僧口鯨瀾琳玉田鐩照心琪璧中琅宗器瓊碧嚴聰無
聞珀如德傳正宗能無爲庵僧則庭竹隱瑛楚珍市材則閭闕張宗太
倡首施主則本境屠以德沈德中良則香山曹廷禮也秉荻案此文半江集未載今從

沈剛中分湖志錄入

卷十三 完

同邑柳秉荻鄭瑛 校錄

松陵文集三編　百尺樓叢書

卷十四　邑後學　陳去病　纂輯

明一人

趙寬　見前

先祖梅溪府君行實

先祖諱瑛字荆璧其先蓋宋宗室自元以來世居蘇之吳江曾祖諱原一字仲遠生有元之季樂善畏法以懋遷爲業家頗充裕及入國朝見時政嚴恐以財自累盡捐其田廬帑藏以周貧者隱居自守足跡未嘗入城府既而邑之巨室皆遇禍而公獨無患以壽考終時人服其先見云寬之六世祖也祖榮祖字顯之亦有隱德父銘黃巖典史倜儻有節槩重然諾急人之難厚施而薄望平生交游滿海內初拜黃巖未之任意有所不樂即拂衣而歸開軒鑿池日與故舊賓客觴咏爲懽娛有軒

曰臨清堂，曰永安，翰林學士馬鐸爲之記，諸公題詠甚衆，今卷帙尚存也。母丁氏。先祖慈仁和厚，少事黄巖府君，孝敬備至，甘旨之奉，賓客之費，家雖貧，未嘗不畢給也。性穎敏，書無所不觀，尤精於陰陽醫卜之術。以才諝爲鄉里所舉，爲邑椽，文而無害。嘗巡獄，有竊盗繫者，其仇家欲致之死，遺先祖百金，曰：「願爲我除之。」先祖曰：「彼罪未至死，吾不忍也。」却不受。秩滿，升于朝，授梅溪稅課局大使。革市廛漁獵之姦，通商賈懋遷之利，會計允當，秋毫無私。以老致仕，自爲掾至致仕，履歷三十餘年，未嘗有過，名達官上司多重之。先祖既致仕，寬游邑庠，所以訓誨寬者，日夜勤勤懇懇，爲延明師讀書肄業，親督促之，每見微有進益，輒喜溢于面。嘗曰：「吾先世積德百有餘年，我身亦不爲惡，我後必有興者矣。」平生待人接物，未嘗有急遽之色，雖御僮僕，未嘗有詈言。爲人退怯，與物無競，非理相干，但以禮遣。平居細故，唯唯若無所可否，至於臨大事則卓有定見毅然不可奪也歸老二十餘年守靜安分貧而能樂鄉里有稱貸不能償者往往舍置之遇伶仃孤苦之人未嘗不輟食解衣以溫飽之其慈心愛人蓋天性也甚惡巫覡之徒及浮屠氏之説家人有疾病療以醫藥不爲祈禳有喪不作佛事今年夏忽以微疾終于正寢四月十九日也距生永樂乙未享年七十有七先祖爲人少病年雖老若少壯然方期以百年不謂其遽止是也嗚呼痛哉配祖母莫氏子男二長爲家君暘封承德郎刑部主事娶先母封安人沈氏次用娶姚氏女二適方鼎金溓孫男六長完次卽寬歷官刑部浙江司郎中次宏寵字宬爲儒學生女一適龎灝曾孫男五女四卜以十二月十八日安厝于吳山靈石峯之原寬重惟先祖行誼純至如此不可無述敬敢抆淚敬書以俟庶當代名公鉅儒秉記載之筆者有所采云弘治四年八月二十日謹述

明故金華府推官愼菴徐君墓表

仕而致位通顯不若官卑而能澤乎物也壽而至于期頤不若死而名可稱也治生而貲貨充溢不若子孫之多賢也吾友節推徐君官不過郡佐而所至流慈祥愷悌之譽年不過下壽而鄉邦聞溫雅直諒之風家不過中人之產而蘭玉滿庭皆靑雲之姿廟堂之器然則奚用重爵爲哉奚用高貲爲哉又奚用黃耈台背爲哉君諱章字藎之愼菴其別號也世居吳江之梅堰祖諱眞洪武中以人材授浙江麗水縣丞秩滿民請於朝留之在任餘二十年致仕而卒父諱琛徙居縣之北塘以上舍生知福建泰寧縣有惠政君傳父祖之業游邑庠入胄監精究經術爲文辭典雅有法而和厚端靖口不談人過與之處如在芝蘭之室儕輩莫不愛而敬之釋褐除湖廣永州府推官遭內艱去服除改浙江金華府地廣民衆俗好訟訐君慈不至縱嚴不及苛每讞獄至流配大辟

未嘗不慘然形于顏色百姓無不知君之仁監臨諸公多賢之弘治辛酉浙江鄉試充受卷官與諸考官閲試卷多得佳士人益重君之邃于學也素患胸膈痛數十年矣至是勞於案牘疾益作謂其妻曰吾病眞痼疾也吾挂冠歸耳即具疏請于監臨諸司不允秩滿三載給由京師因得便道歸焉行篋視初之任時不益一物既抵家見其子資治生頗裕倍于疇昔田園廬舍豐約適宜可以怡老也而孫應龍妙年英敏績學有成遂無北上意時値秋暮每對菊酣飲自謂企潛後人有別業在𥳑村欲往居之曰吾將𥳑略世務而尋村野之樂也又號𥳑村居士日飲酒數次曰吾非嗜此也吾疾發用此敵之痛稍定耳君兄曰平弟曰臯皆有淳質讀書好禮與君自壯至老同居共爨無間言鄉人稱孝友必曰徐氏云家居僅半載竟以前疾卒于癸亥歲正月十八日距生正統壬戌享年六十有二娶皇甫氏有賢行子男一即資邑庠生娶故封

監察御史王宗吉女女一適今太僕卿吳洪仲子邑庠生嚴孫男一郎應龍龍亦邑庠生娶鄉貢進士李經女葬在卒之年九月二十一日墓在西郭外東郊祖塋之右將葬資以狀來言曰墓中之石吏部汝先生既志之矣顧先君之行不表而書之何以示遠惟先生圖之余少游邑庠視君若長兄然硯席親就驕吝俱消啓迪之益夥矣昨乘傳過金華聞誦君之美者載路茲又喜資之克其家而善教其子又知所以圖不朽其親之道也遂爲書之墓上（去病案徐氏墓石余已得其三獨此表與汝吏部志未獲殊耿耿也）

裕庵處士楊公墓表

楊之先爲揚州鉅族宋季徙家蘇之吳縣國朝洪武初再徙吳江今揚州諸宗猶有相聞者而吳縣之靑陽里有墓在焉歲時祭掃不絕也高祖信卿曾祖景平祖伯英世有令德父俊字士傑號樂靜翁以義行爲鄉里所推主稅事料量以平人皆便之妣朱氏處士諱旺字宗盛別號

裕庵生於永樂戊戌幼好讀書得其大意而已不爲章句然記輒不忘事親孝謹朝夕侍養務得其歡心不但甘旨之供而已樂靜翁治生勤儉處士能承其志力田服賈驅車牛秉耒耜終歲役役不自逸暇以故家益饒甫成童即以身任門戶官府之役未嘗一以煩其親其主稅也一遵父法下無煩征公無殿課當官處事必誠必信雖遇尊官貴人苟有可言言之必盡不自詭隨以逢迎人樂靜翁嘗語所知曰此子可以逭吾憂矣景泰中有出粟賜爵之例處士輸粟而不受爵是時吳中大水餓殍載路處士多具棺瘞之凡瘞者若干人嘗寓郡城李孟誠家得其遺金數十兩即以還之人多其誼與二弟睦時友愛天至時出贅陳氏無子年老而家益貧處士收養之與共寢食頃刻不相離及其死也哭之數月不輟厚爲營葬而祀之其處家事祭祀之禮賓客之費貲產之業皆有常法可爲子孫守者交隣里待宗族皆有恩意爲人寬和雖

僮僕未嘗疾言遽色臨之遺子顓及頔受業邑庠延明師教之懇懇勉以忠孝今顓以貢士爲太學生向用有日頔學亦成矣年既老盡以家事付諸子日與賓客燕飲爲歡曰吾幸爲太平之民今老矣身且強健時和歲豐不樂何爲年七十又七卒於弘治戊申十一月九日配徐氏亦邑望族婉順勤儉精于女事孝舅姑善妯娌爲婦爲母無違禮者年三十八卒于景泰乙亥卒之日鄰里姻族皆傷惜之繼娶張氏子男四顓顥徐出也碩頔張出也孫男二女三以卒後三歲辛亥九月九日合徐孺人葬於松陵花園村之原將葬其子顓及顥等以鄉進士孫文聚之狀來請表於其墓以示於後之人余與處士里居密邇世爲通家以是素知處士蓋天資朴實人也吾聞漢有卜式時稱長者嘗出粟助邊而不受官武帝以爲賢竟官之姜肱兄弟友愛同被而寢不應徵辟既死而弟子劉操追慕其德刻石表之若處士者豈嘗聞斯人風而慕之

者乎抑天資之暗合也惜乎處士之名不聞於朝不式若然則劉操之所以表肱者吾何敢讓焉

故周宗瑞妻韓氏墓誌銘

碩人諱貞姓韓氏父郁嘉興之平湖人年二十而適吳江周宗瑞時其姑陳氏老矣方入門即委以家事碩人孝敬溫敏事舅姑務得其歡心待從御嚴而能恤其私賓祭饔餐之饋絲枲紡績之務鄰里族黨之交接備以從厚而不踰其制節以合禮而不乖其情勤以立本而不失其時斬斬閨門肅和外內舅姑自以得良婦稱之于人不容口家人上下罔不宜之莫有閒言初周氏居與其外氏某姓者相並族蕃而壤隘宗瑞父盛議徙而南遭歲之荐饑未果也宗瑞成其志碩人辛苦拮据用底于完善記憶家事綜理雖交錯旁午應酬不暇事已告成無纖悉遺謬性尤儉素粗糲不厭由是貲業日裕逾于疇昔宗瑞百務營爲或過

與不及輒從容勸佐之多所裨益而人少有知者婦女黨或有聞焉以爲問但曰此戶外事非吾所知也其在親里疏戚遠近雖一絲一粟無私假無私與於子若孫平居溫育甚至少不如訓色已厲矣宗瑞先歿哭之幾喪明自是亦不復能覩物如故以弘治九年九月二十七日卒得壽六十有七子男二長昂次昇女四皆適邑姓孫男五用同鎜鎜恩用之幼也警敏甚碩人識之謂昂曰此吾家千里駒也遂遣以就學碩人既沒而用登壬戌進士第今爲行人司行人昂之卜葬又閱歲月久而未果將葬而用奉使便道適至獲襄事焉葬在某年某月某日墓在邑某里之原合宗瑞府君兆云昂遣用以狀來乞銘銘曰孝以敬貞而靜勤生事與時競善伉儷輔以正遵坦途不蔄倀貽孫謀顯厥姓嗟碩人德之令我銘豈諛尙有恩命

先祖母莫氏墓誌

祖母姓莫氏吳江舊族父智母陳氏祖母生數歲怙恃俱亡鞠于舅氏
英英亦邑著姓爲人俊爽尙義先曾大父永安府君與之游遂以祖母
歸吾祖局使府君時吾祖年十六祖母年十五耳曾祖母丁嚴毅有家
法所生惟吾祖無他子女也故於祖母慈愛甚篤撫育訓教無所不至
然少有過差督責未嘗少貸祖母亦孝敬兼盡恪恭夙夜罔敢怠遑曾
祖母之沒也壽八十有九寬生已十餘歲猶及見祖母之事其姑也吾
祖由邑掾舉于吏部任湖州之梅溪稅課局大使任滿致仕宦游三十
餘年未嘗有過蓋祖母內助之力爲多祖母性沈靜獨處一室終日不
聞其音聲居家足未嘗出中門從吾祖宦遊雖在舟輿中人罕有見其
面者閨閫中雖數歲之童不得入焉吾父之生也祖母年十七吾母先
宜人之歸吾父也祖母纔三十餘耳而曾祖母在堂方康強無恙凡百
宗事上則有曾祖母主之下則有先宜人承之祖母周旋其間裕如也

以故不見其有所爲平生慈悲過人好施與遇凡孤貧無告者傾所有畀之不責其報以故囊無積貲年四十餘自以門祚薄止一子欲廣繼嗣特爲吾祖納側室章生一子二女祖母撫之若已出然年既高康寧精力人皆謂上壽之徵也乃弘治十年十月初四日遘疾以卒嗚呼痛哉距其生永樂十四年丙申享壽八十有二配即吾祖名瑛字荆璧壽七十有七先祖母六年卒云子男即吾父名暘字景東封奉訓大夫刑部員外郎娶吾母沈氏封宜人女某適某早卒側室子男用娶姚氏女妙福適方鼎妙壽適金濂孫男六人長完次即寬賜進士出身歷官奉政大夫刑部郎中次宏次寵次宬領弘治乙卯鄉舉充太學生次宇倘幼女二人曾孫男七人女六人嗚呼吾家自六世祖仲逵府君高祖顯之府君皆隱居行義不求聞達積德累仁至我曾祖始以材諝爲鄉里所薦出而仕宦當是時國法嚴偶以事得挂冠歸喜曰吾于是可以永

安矣因以名其堂且以自號卒壽終于正寢其居鄉尤力於濟物至今父老論當時諸前輩必以曾祖爲稱首然自仲逵以來皆一子相繼永安雖有一弟字思聰者亦早卒無嗣門祚誠甚薄也祖母乃能以是爲憂可不爲賢哉祖母生吾父以有吾兄弟五六人子姓將來之盛蓋未可量祖母昌吾宗之功大矣寬不肖承前人之餘烈思欲有所樹立而未能故于祖母之德不敢泯沒以重不孝之罪是用抆淚書之旣納諸幽且以示後之人

亡妻封宜人莫氏墓志銘

嗚呼宜人之沒已再期矣每欲書其生卒年月以備遺亡臨筆輒哽咽不能爲言今也窀窆有日念宜人平生居常履順無甚異可紀之事然其家世之美婦德之淳有不可無言者是用忍痛抑情述其梗槩云宜人姓莫氏吳江綺川世族宋元代有顯人高叔祖禮仕洪武中爲戶部

侍郎曾祖轅有隱操門人私謚曰貞孝先生祖震由進士歷官福建延平府同知父旦字景周號鱸鄉居士領成化乙酉鄉舉歷官南京國子監學正致仕母張氏鱸鄉游邑庠時宜人生於邑之太平橋寓館既生三月歸見延平公置酒家宴中庭壽安牡丹盛開公喜命宜人名曰壽安宜人幼靜重不喜笑謔不好玩戲父母甚鍾愛之吾年十二三始入鄉校無所知也鱸鄉一再見卽曰吾有一女可妻之言于吾先大父局使府君府君欣然委幣焉吾年二十一領成化丁酉鄉薦而宜人歸于我當是時吾方貧薄宜人親操井臼供菽水自奉儉嗇雖糟糠不厭也如是者數年而吾登辛丑進士第官刑部宜人從我居京師日俸僅給囊無餘貲宜人性甚儉平居練衣布裳飯數日一肉未嘗華衣豐食終日閉戶縫紉手不釋鍼線暇則績紡未嘗袖手坐無事未嘗出閨門其愛惜物一錢不妄費刀尺之下寸布尺絲不妄棄也兒女輩衣被率故

斂衣浣濯補綴爲之未嘗輒用新帛聞先宜人喪自以不獲在左右侍奉湯藥痛自毁頓不食飲者數日處親黨妯娌閒和而正未嘗有輕浮之言便僻之色歲己酉以我夙夜起居思欲代巾櫛之勞百計訪求得徐氏具禮納之今崇府典膳海之女也年十五矣未省事宜人保育教誨遇之既沒徐哭之日夜不絶聲雖禁之不可曰吾事宜人垂十年未嘗惡言及我也嗚呼今之士大夫家處妾庶若冰炭然未見有相容者愎者陰行毒螫悍者顯肆殘虐蓋比比而是宜人之爲其亦異于人遠矣宜人歸我時年二十一越七年勅封安人又十年誥封宜人方圖一日酬夙昔之勞也夫何平生多産厄每臨蓐輒竟日乃免歲丙辰正月七日居京師寓舍産自寅及申既免矣虚憊極不能復支以絶距其生戊寅壽三十有九耳嗚呼痛哉以宜人之慈良而有是報天果虐於待善人哉子男二禧祉女三采蘋采蘩采藻祉徐出也禧扶柩南還既數

月吾亦以奉使事畢便道于家卜以弘治十一年戊午四月二十日葬于横山靈石峯之麓從先兆也銘曰嗚呼壽者人所喜夭者人所悲此一抔土壽夭同歸

故處士龐君暨妻碩人趙氏合葬墓誌銘

嗚呼傷哉吾既哭吾姊氏不意又哭吾處士也天壤之間癡而樂不肖而壽者無算何履善好脩而困阨其生又不永其年也嗚呼傷哉吾姊卒於弘治八年乙卯之六月十有七日葬于明年三月二十有七日余時居京師未及銘今年壬戌七月二十有一日而處士卒其家子震命其弟霆匍匐來杭告余葬期泣血稽顙請爲銘余惘然不自知心之摧氣之塞而涕泗之交頤也嗚呼傷哉又安忍爲之言哉雖然不言則淳行淑德將遂泯焉汨陳無復有聞于時則又安敢無言處士姓龐氏名灝字元白其先鳳陽人六世祖勝一元季避兵吳江之雪灘遂家焉曾

祖貴一祖以敬父復世以讀書耕稼爲業母葉氏處士穎敏嗜學凡星命卜筮天文地理算數音樂諸雜藝無不涉獵家庭之間孝友曲盡貲用出入有無公共一錢尺帛不入私藏與人交不苟然諾不爲夸毗不以言語媚人人有急難或有所求必悉力往赴之不避水火家雖薄處之泰然不汲汲于治生而好施與囊無餘貲而交際餽享之禮必豐未嘗作寒乞態性素清逸鮮食寡欲對賓客投壺雅歌或橫琴于膝超然物表不染一塵嘗雪月之夕扁舟太湖往來長橋出沒菰葭蒲柳之間心甚樂之因自號曰雪蓬少喜讀岐黃仲景之書晚而始工人有抱病詣之者切脈必審處方必允製劑必精以故動輒奏功且不問貧富無不爲盡力而不責其報人皆德之長子震爲邑戶曹掾每戒之曰有司法重例嚴宜清白自守吾食吾丸散幸給饘粥毋貽吾累也今年春病嘔血數升愈而復作腹脹體羸纏綿半載而卒吾姊諱某少奉先宜人

閨門之訓貞靜婉娩之德習之有素矣年十有八而歸處士既歸數年而處士貲日益微吾姊處之泰然未嘗有纖毫不堪之情見於言面事舅姑以孝處妯娌以和姑嘗病扶掖視候旦不櫛飾夕不就枕者累旬日薄于自奉蔬糲布素自給即止不慕豐靡平居足不離閨閤手不釋針線慎檢束寡言笑甘勤苦惡暴殄雖滯麻遺苧亦必治以成緒無浪棄也内外姻族交口稱賢無間言先處士八年卒生景泰辛未年四十有五處士生于正統己巳年五十有四子男二長震娶沈氏先處士一月卒次霆未娶女三長適施元次適成章早寡次適邑庠生錢乾孫男三曰淮洪渊女一尚幼卜以是年九月十三日壬午葬墓在邑南尚湖之原銘曰梁孟匹德斯儷之善匱原夭顔斯數之變善則可爲變不可知處士碩人吁其何悲尚湖洋洋原田蒼蒼雙璧之藏終古永臧

明故盛處士墓志銘

處士諱曠字用敬姓盛氏別號夷然子蘇之吳江人宋文肅公之後祖啓東太醫院御醫知名太宗朝考鈍菴克世其業處士幼承御醫公之遺訓敏悟絶人達世故工文藝力學勵行夙夜不倦思有以自立也既而屢躓場屋嘆曰醫之與仕雖窮達異所施豈有異哉退而取其家藏岐黄之書讀之盡得其妙持寸匕授人廢者起死者生江湖之間翕然向風其門如市處士隨所求應之未嘗責其報酬答之暇輒聚賓客爲文酒之會談笑醞藉雜以詼諧風調洒然不近流俗至于料事繹理精密詳慎剖決是非無所依阿古所謂淸通簡要處士蓋兼有之性至孝十四喪父毁頓骨立母疾焚香籲天者累日中年每展父母遺像未嘗不哽咽痛絶也時祀誠潔盡禮雖拂拭滌濯之事必以身親之未嘗委諸僮奴事伯兄師省先生如對嚴父而友愛之情浹洽懇至相處五十餘年如一日處士屢遘危疾師省日夜撫視雖有他急不顧也疾止乃

去兄弟之間可謂兩盡矣處士爲人尙義嘗有遭喪不能舉者旣竭所有畀之又以告諸士友之賢者聚斂以助焉四方技藝之士至者無不延納待以禮意毗陵畫士馬公者以貧來謁處士館之數年一夕謂處士曰吾佩德久矣無以報吾有弱息年及笄矣願見側室備箕箒處士惻然變色拒之其教子之法醫卜儒業各因其才尤嚴于課督諸子將有成立而處士卽世矣生正統戊辰七月九日卒于弘治壬戌六月十六日得年五十有五娶韓氏太醫院判公達之孫女也子男五珮娶唐氏璨娶浦氏理邑庠生瑚璉俱未娶女三長歸庠生楊乾次許歸陸鵬程次許歸趙宇璨卜以卒之再明年甲子十二月十七日葬于吳縣五峯山博士塢之祖塋余素辱處士厚而宇又余弟也故爲之銘銘曰其中休休其外由由任情自得野馬虛舟其止舒舒其行徐徐樂道養心心與道俱人惟有營憂患損壽公無係累胡不黃耇雖則黃耇不過百

齡與造物游後天長生嗚呼公乎吾復何言憶昨笑談神情悄然白雲歸山流水赴壑一鶴西飛俯仰寥廓

明故承事郎丁君洎妻周碩人合葬墓志銘

弘治辛酉秋七月梅窗丁君卒明年壬戌八月其繼室碩人周氏亦卒其子饒平縣簿奇卜以甲子歲十二月二十九日扶二柩合葬于雪灘先塋之次余適便道還吳奇以國子生李時顯所爲狀來請銘梅窗姓丁氏諱元字景初梅窗其别號也世居吳江雪灘之南高祖均善國初中山武寧王視師浙右委公保障鄉閭以義直聞曾祖宗仁有隱操祖仲謙尤以行誼爲鄉邦重敕贈與其子同官考世英以儒業起家授京衛經歷誥封承事郎繼陞廣東程鄉令君性孝友少從程鄉公游南雍習聞詩禮之訓甫長隨侍程鄉值嶺南流賊猖獗君贊父出奇應變多所擒獲程鄉公卒喪葬有禮鄉人稱之事母貤封金孺人色養備至孺

人今壽九十有七矣倘康寧無恙仲弟寧以材能典鄉稅君恆戒以薄斂樹德季弟綿游邑庠君資給勸勵克有成業今爲南京錦衣衛經歷君治家勤約訓子姪有方好施與周急賑匱無少靳歲饑輸粟五百斛有司援例授以章服青袍烏帽優游觴詠寄傲山水之間甚適也距其生宣德甲寅十一月二十七日享年六十有七碩人周氏邑巨族諱元祥之女性淡泊不喜華競婣黨有侈其服飾金碧煒煒者碩人視之漠如也嫻内則精女工歲時伏臘之祀賓客飲食之奉豐約有度中饋井井麻枲織紝晨夕弗倦有勸以自逸者碩人曰勤儉吾職也公父文伯之母之誠吾服膺終身君常語人曰吾仰事俯育老母樂享壽考諸子姪積學有成皆吾碩人之助也享年六十有三正統庚申十一月二十一日實其生辰也子男一即奇娶李氏女二長適庠生吳淞兵部郎中㶊之子也次適李燧孫女二慧貞慧潔尚幼余方有遠行百事倥偬而

以爲請不能辭故書之不暇有所次第云銘曰雪灘之陽有犀渠渠偕老于此日居月諸雪灘之陰有原膴膴同穴于此千秋萬古有子成名登于周行倘期寵褒永光若堂

馮孺人墓誌銘

孺人姓馮氏諱素祥吳江充浦望族父廷璋以隱德稱母葉氏生而婉慧爲父母所鍾愛昆弟讀書孺人聞之即能成誦後遂粗曉經傳大義長而歸同邑龐君汝聲汝聲吳世閥閱自曾祖來以慈孝勤儉起家業至其父樵隱翁而益昌一門之內宗黨蟄蟄饔飧飲食之奉祭祀賓客之禮織紝縫紉之事布帛米粟筦藏出入之節實重且煩孺人既歸處之裕如也奉舅姑以孝敬處妯娌以和睦相夫子以敬順上下有禮家人宜之閨門肅雍詐語不聞汝聲敏達好義而孺人能勸相之族有婚喪不能舉者里人有饑寒而阽于死亡者多所賑貸賴而獲濟者甚衆

歲辛丑黎民阻饑朝廷有出粟受爵之例汝聲欲有所輸猶豫未決孺人曰積所可積散所當散奈何坐守贏餘而不以濟公上之急紓生民之憂乎汝聲遂盡出所餘粟輸之有司以聞詔賜散官承事郎初孺人未有子以宗嗣爲重白汝聲立兄子泫爲嗣復爲置側室育子女後孺人生子澂而嫡庶之間慈愛惟均人皆賢之成化癸卯七月初九日以疾卒將卒時戒諸子曰吾疾不起矣汝等愼自勉讀書成名以昌吾龐門吾死無憾也遂卒生於正統庚申十月二十三日享年四十有四子男三人長即泫娶金氏次即澂聘陸氏次漢側室秦出女二慧貞慧端孫女一桂英夫傳記所載婦人之行多矣然必臨患害遇事變而後其節始著若平康之日靜順之境則亦未有能自見者也蓋婦人之德無非無儀故有閨門之脩而無境外之志則平居無事固難乎其有所稱述也孺人之行雖若未見其有以大異于人者然閨門之法自不出此

而既皆有之矣可不謂賢矣哉汝聲卜以某年某月某日葬孺人於甘泉祖塋之側以書及夏菊軒先生所狀行實求乞銘寬大父亦以書來教曰龐吾世通家汝毋以不文辭遂按狀爲之誌而銘之銘曰融朗靜慮粹然純如維璧維珠胡殞而殆雖壽則癯厥德則腴閨門愉愉可範可模甘泉之區若堂既橆氣鬱風紆永安不渝

稼軒史公墓志銘

公諱璜字廷習姓史氏其先世居嘉興之思賢鄉代有衣冠爲鄉閭著姓曾大父居仁贅吴江穆溪里黄氏遂爲吴江人大父仲彬以特行聞

高皇帝召對闕下稱旨欲官之力辭居鄉力穡家用日起父晟有隱德生二子公其庶也公生而岐嶷自爲兒時已屹然如老成人及長師夏原善輩讀書知大義涉獵經史不爲詞章學弢晦丘園不交權利以耕稼樹藝爲業暇日則决渠灌園荷鍤栽松俯釣仰弋優游偃仰于以自

適人以爲有龐德公之風因以稼軒處士號之性勤且儉中歲囘祿竊發所積蕩然無存與陸孺人戮力耕織不數年而產倍于前歲時伏臘烹羊炰羔以集親舊其或良朋莅止瀹茗論文流連盡日然後去重然諾尙信義與人言恂恂如不及和悅而異容不傲訐以干時不詭異以違俗閭里有急必爲周旋排難人故服其義而懷其德焉其子弟就學必擇師而教之於籯金無所吝故其後皆循循雅飭綽有詩禮之習詩詠燕翼於公有焉生于永樂丙申沒於成化癸卯享年六十有八葬小旬塋配陸氏以賢淑聞別有志子男二鏞鏜女三孫男四予交公之子若孫知公之深不能辭銘銘曰

公業農世以昌壽何其六十强兄弟二人如鳳凰况也有子延其芳黃毋忘溪之原阜且崗礱石鐫銘永以藏雖曰千祺幽且光子孫識之其

棄疾案此文本集不載今從史氏譜錄出

祭封少詹事王公文

懷祁之賢聿有垣之宋室名相三槐之遺惟公厚德粹然無疵哲公直道王掾不癡一官花封忽復解綬位不滿德以昌厥後明明少宰爲國柱石惟公之教惟公之積封誥有加祿養無斁天胡不憖遺此德人少微無輝隣杵不聞王人遺奠將作治葬哀榮備矣食報豈爽窀穸有期敬潔一觴清風迭歆海內同仰況忝隣邑能不傾嚮

祭于肅愍少保文

聖明撫運光嶽氣淳篤生偉人爲國藎臣明明肅愍一世才傑大旱霖雨巨川舟楫靖難康時厥功洋洋權姦孽搆竟罹其殃身雖凶危道則永昌唐張來之齊斛律光一日之短萬世之長寬等祗奉明命持節茲土再拜公墓懷賢弔古敬潔一觴靈其來歆空山寂寥孤猿夜吟

卷十四 完

女兒縣祥校錄

卷十五　邑後學　陳去病　纂輯

明　六人

李　經字引之四都人成化十九年癸卯舉人於潛知縣

徐孺人淩氏墓誌銘

孺人淩氏之女徐氏之婦也淩氏自國初有諱昌者舉明經洪武閒授本邑儒學司訓鄉人以爲榮擢太平敎諭卒於官孺人之高祖也曾祖正卿（去病案正卿係昌字而廣昌名德脩此文稍誤）繼先業爲廣昌敎諭祖蘭父鳳俱不仕母張氏邑舊姓徐氏自國初有諱眞者以人材任浙之麗水丞堅守氷蘗莅官十有八載鄉先生泰寧尹嗣之嚴正如其父泰寧之長子曰平例補承事郎實婚孺人當其婚時距今餘六十年是時以族望著者二氏之淸介蓋相峙也故孺人之嫁於徐事舅姑以孝謹稱處娣姒以和順

稱字卑幼以慈愛稱良有自云孺人生於正統辛酉卒於正德丁丑享年七十有七子男三曰恩曰惠曰恕側室孫氏出孫氏孺人爲宗祀懼勉承事以禮娶者葬以卒之年閏十二月一日壬申墓在城西東卯圩之原予少學於節推愼菴先生爲承事之弟且先生之孫應龍又余壻也故知二氏歷世之詳孺人之賢爲稔重以承事書請謹序而系之銘

銘曰

父族之賢儒官有先夫族之賢廉官有傳迺能相家乃克永年西城之原東圩之阡萬年其永藏焉（去病案此石于民國九年出土今藏予家因據錄之）

葉　紳字廷縉號毅齋分湖葉家埭人成化廿三年丁未進士官至尚寶司少卿有黄門奏疏十卷毅齋文集四十卷今未見

請賑饑治水疏（弘治七年）

竊惟直隸之蘇松常浙江之杭嘉湖約其土地雖無一省之多計其賦

稅實當天下之半況他郡所輸猶多雜賦六郡所出純爲粳稻郊廟之粢盛在此内府之珍膳在此百僚之俸給六軍之糧餉亦在此至於京師士庶以億萬計亦皆待飽於給餉之餘是六郡之賦稅誠國家之基本生民之命脈不可一日而不經理也若水道不通爲六郡農田之害所係亦重矣夫天目諸山之水瀦爲太湖而六郡環乎其外太湖之水又由江湖以入於海聞昔人於溧陽則爲堰壩以遏其衝於常州則穿港瀆以分其埶於蘇松則開江湖以導其流惟是入海之處潮汐往來易於湮塞故前代或置開江之卒或置撩淺之夫以時浚治僅免水患歷歲既久其法廢弛遂致諸湖巨浸壅遏於中江河故道淤漲於外土民利其膏腴或堰而爲田築而爲圍是以淹沒田疇漂淪廬舍固其所也方弘治四年一澇迨五年復澇今歲大水視昔尤甚人民困苦流離不可勝言卽今撫按等官相繼論奏伏望聖明思念東南大害於廷臣

中選差有才力通曉水利者一二員授以節鉞重其委任前去會同撫按講求民瘼設法賑衈軍需之可停者停之逋負之可蠲者蠲之俟民困稍蘇然後指定地方分投相視何地爲山水入湖之衝何港爲太湖入海之道自源徂流一一講究相與度其經費量其事期然後大加浚治使下流得以宣洩然當此饑歉之際欲興大役若非任事者處之得其道則民力不堪不能不重困也臣生長其地目擊其艱又叨居言職用敢敷布腹心陳其利害伏維陛下俯垂睿鑒即賜施行生民幸甚

請修省疏 弘治十年

經筵希御日講久停畫工琴士承恩便殿教坊雜劇呈技御前此聖學所以少怠也視朝過晏聽斷漸稽鰲山至達旦以觀曲宴或竟日始罷此聖政所以少怠也中官李廣以千戶王英選用乳保爲乞指揮以僕隸周玉李恕奔走微勞爲求官秩名器猥濫至此而極行伍空於逃亡

强壯困於私役萬春諸宮及公私邸第興建不已致兵力凋敝威武不揚民間墾田爲奸人投獻利歸私家怨及君父皆宜嚴禁痛絶使聖政一新見明臣章奏輯要

劾李廣八大罪疏

誑陛下以燒鍊而進不經之藥罪一爲太子立寄壇而興爕疏之說罪二撥置皇親希求恩寵罪三盜引玉泉經繞私第罪四首開倖門大肆奸貪罪五太常崔志端眞人王應裿輩稱廣爲教主眞人廣卽代求善官乞賜玉帶罪六假果戶爲名侵奪畿民土地幾至激變罪七四方輸納上貢威取勢逼致民破產罪八內而皇親駙馬事之如父外而總兵鎭守稱之爲公陛下奈何養此大奸於肘腋而不思驅斥哉同上

先祖考惠淸府君墓碣

吾祖諱蕙字惠淸曾大父仲賓仲子也世居分湖北爲蘇之吳江人洪

武間仲賓以人材薦仕九江批驗所大使卒於官時先祖隨任負遺骨歸葬於所居北園西南塍先祖天性鯁直不少假借務農桑敦孝敬惟勤惟儉以克有家遂遺先考遊邑庠躬自供給隆師訓誨卒有成年七十二考終正寢祖妣鄭先卽世先考力薄弗克禮葬因別築一塋於祖塋之東小葬之嗚呼豈得已哉在先考又病其隘尋相得吉壤於殿字圩之原惜未就而卒紳等用成其志奉葬於新塋凡子若孫皆將以此祔葬焉吾慮後世子孫知有殿字圩之祖塋而不知祖塋之攸在或忽而忘之爰立石塋前而表識之使吾子孫知以時祭掃云弘治十五年二月吉日孫男紳拜識據謙葉譜

曹鏷字良金號桐丘本姓吳六都人弘治六年癸丑進士官至湖廣按察司僉事有林歸集四卷今未見

乞食兒謠自序

吳中連値饑饉蒼生困苦極矣三農往往相率爲乞呻吟之聲徧於田野大中丞丁公下車首訪民隱戒有司節財愛民屢施寬政仁者之心也昔人有因歲飢作流民圖獻於朝者林下衰朽杜門不出三十年矣無繇上達作乞食兒謠幷爲一圖敢獻我公必將以不忍人之心行不忍人之政矣

顧處士傳

顧處士宏字惟德別號愚閒吳江之同里人也父盤窩居士自陳思村贅同里李氏生處士及其兄惟仁盤窩家法甚肅二子綽有父風怡怡如也處士爲人通敏有幹略事其兄如父事皆咨焉業農桑以勤裕其家自奉甚約待則必豐好文人墨士相與款洽尤好賙貧宗戚不能自給待以舉火者數家鄉人有貸白金若干者道遺莫知其所自忿欲求死處士召而復與如數其人合室感泣正德己巳冬冰堅彌月舟膠相

望處士訪其食盡者給以薪米冰釋謝而去者接踵於門庚午大疫死者相枕於道給棺瘞之由是仗義之風著於其鄉邑大夫禮請爲鄉飲賓年八十一以疾終子太學生纓奉葬西初之祖塋太宰陸公爲誌墓石是日也執紼者無間親疏遠近雲集於路鄉人稱爲長者云

君子曰賑窮䘏匱仁之施也敬長尊賢禮之屬也處士父事其兄好賢愛士又能推其所有以賙貧乏可謂無愧於長者之稱矣記曰積而能散孔子曰富而好禮處士有焉據顧譜

汝　泰字元吉一字其通號來齋訥從子弘治九年丙辰進士官永州府知府有來齋集性理補註今未見

吳江葉氏族譜序

葉子堯章先世從宋南渡延蔓江右徽婺入於同里遂爲吳江鉅族其名福四者始遷居分湖以耕讀爲業子姓科第既繼發族既浩矣堯章

子係之以譜譜成以示余且屬之序余曰葉之受姓其來也遠子之爲譜斷自始遷然由始遷而遡之同里而遠至徽婺江右不可乎尭章子曰吾不知不敢罔人且自罔也余曰余乃今而後知葉子之可與語譜也子姓殷而譜牒起原其初豈非不忍忘其祖誠敦睦仁人哉然人代既遠湮沒不傳養子贅壻因革靡定姑舉葉之一姓觀之傳自春秋葉公而散布於天下不知凡幾後有作者無論實與不實動即獵取望族以自附而仁人之初心微矣吾今而後知葉子可與語譜而未敢默也何則斷自始遷而同里徽婺江右不妄援以希光寵耀當世示質也始遷而下子姓兄弟無論親疏遠近賢不肖並勒厚族也葉子之父若祖若曾祖苟無善焉亦弗之美葉子之伯叔兄弟至於親盡極疏且遠苟有善焉皆弗之蔽敠情也夫示質以白誠厚族以表愛敠情以勵衆誠白則不誣其本愛表則不棄其支衆勵而子孫賢族斯大矣善乎譜吾

未敢默也已中世以來人無自侈而不自恥其愆謬則天多所攀援以光士龒崇韜無所左驗而拜子儀今之譜卒類是吾是以重有取於葉子也分湖之濱有譜者盍以吾言徧告之正德二年歲在丁卯夏四月初吉賜進士出身湖廣永州府知府前南京吏部考功司郎中邑人汝泰序

序感梅

人情莫不有所感在七情皆爾事有或然時有適然外之所值者有觸於中感則生巳要之發於哀懼者恆多順易安逆難遣也接於物則亦有然者矣至於物之可欲而美者奚感耶夫惟植物之可欲而美者衆矣有若梅之標格功用古人至比之相業擬之儒流託之隱淪膾炙於篇章之間殆難縷數貿絕百物之表宜莫出此又非若時與事之相觸也奚感耶靜言思之亦有所感而發於哀者然耳昔召伯或舍甘棠之

下後人尙愛護之惟謹矧親之手植乎況見其物而不見其親乎余友顧惟仁中庭有梅蓋母氏之植也惟仁痛母之不起一與梅接則欷歔於邑發諸聲嗟愾嘆焉以爲常不復計其標格功用之美而可欲也是卽杯棬不能飲之義也不食羊棗之意也不踐石之意也諸君子發之聲詩又與人爲善之意也雖然予每見惟仁語及其親涕泪輒闌干豈特梅之可感哉吾想其徘徊梅之左右恍焉若見其親者亦屢矣是義也蓋得之孔子云

吴江曹氏復姓說

曹君孟才自其父彦良養於姑姑無子冒姑之夫爲朱氏者今再世矣孟才有子曰鑑能從章縫之士游章縫之士咸以爲宜復曹氏而孟才以朱氏無後疑而未决也友人汝其通作書致之遂復曹姓其詞曰古之人爲後於人別氏於族者有矣蒙他人之姓者未之有也傳曰神

不歆非類民不祀非族子棄其祖而不祀而身入朱氏之祠予懼朱氏之先其將吐之耶今子不忍朱氏之祀廢盍立其後而奉之乎曰若族盡何曰子求之求而不得其亦盡子之心矣昔者先王之制禮也去廟爲祧去祧爲壇去壇爲墠去墠爲鬼是則雖以天子之尊祀其祖考亦以世次之親疏而隆殺之況庶人乎況異姓乎且子於朱氏之姑親則兄弟之孫而無服特推原其先人之心有所不忍故耳子當先立曹氏之祀祭自彥良始以其爲別子也由彥良而上自有大宗之家主之也然後別爲祀以祭朱氏終子之身乃毀焉則亦可以報舊德矣其孰曰不宜孟才拜手曰唯唯遂用之

與崔淵甫書

北上時極辱厚愛知感口口別來聞未離藥耿耿不忘茲失意過江上詢起居尚未卽安懊恨增極想天道福善當勿藥也勞役之久到家意

緒甚惡未及走見專人奉問先大人誌文併寄上少寛孝思太史公聞賢友孝行甚愛重之故其臨文之際稱許如此不久相□却一一

又

僕以衰鈍之年始得一雋□□□□荷不鄙棄禮意稠複矧□□□□□□雖忠厚存心如此顧菲薄之人何克當是□□極欲造拜以盡區區奈局于人事困于天時迫于去期所以屢行而泥也會晤之難有如是夫

又

不才懶散中失禮特甚負媿多矣新正邂逅相遇又得浹旬累日喜出望外舟行後先弗及一別至今怏怏近見與西村書知體中安好甚慰倘順時自愛是屬南宗上人來徇所請也

東溪顧氏祠堂記

古者自天子以至官師皆有廟有壇墠以祀其先制度等級所以明尊卑之序親疏之殺者甚嚴祭至於去壇墠焉均鬼神耳庶士庶人無廟死卽鬼耳而王侯大夫爲之立社焉去古既遠在士庶家必有廟廟必有主宜與夫禮不相似然雖曰禮因義起敬由愛生大賢君子憐而弗與也後之好禮義者不忍遽鬼其親則爲祠堂以祀其先其殆庶幾乎吾邑之同里顧君昶以介子贅爲李壻卜築東溪之上爰作祠堂三楹以祀高曾祖禰蓋以伯兄早世而無後也非僭也君卒後六年爲弘治丙辰家燬於火祠亦亡其長子寬思繼先志乃卽正寢之東南作祠四楹儉而能廣壯而能華視前規有加遞遷其祖居禰位所以序尊卑殺親疏者咸具無闕尤以爲未盡乃進其弟宏及諸子姓諗之曰吾聞古先哲王尊祖敬宗而百世不祧以德也功也非尙論其世以始先言也家國一理豈可謂不以賤妨貴哉吾宗自祖宗以來以勤儉起家以忠

厚立身以詩禮教子孫惟我先人克全之使今日享其居室之安田疇之樂詩書之業皆我先人之德之功自今以始凡有事於祠皆我先人是式所以遷焉祧焉者一準於古惟我先人肇造家室貽謀子孫則吾子孫當百世祀之無斁咸應曰諾於是走書命其姪太學生綸之徵記於余余惟顧氏之作祠有三善焉昶以介子出居於外而知入繼大宗一也寬以父有功德於後而欲祀以百世二也並祀於未遷之時特存於遞遷之後三也况祔其兄使其不鬼於祔焉又善之餘也由是可以得尊祖敬宗之義其亦庶乎禮者矣不可以不記

顧氏昆玉壽藏記

吳江古澤國也四郊無高山大陵當江湖之要衝邑之東偏曰吳淞江江之東曰同里居民櫛比顧氏之居在焉居之東南爲西初字圩蓋先民畚鍤而成田田之北視三隅稍低三隅水恆就下湛然澄碧可愛顧

氏東明翁乃就北塍相度而卜築之地位闓爽樹藝行列誠別一堪輿也東明夫婦葬有年矣其子寬與宏謀曰吾聞之父子異宫蓋自三代時已有之所以遠別也生尙然況死乎吾今與若賤庶人耳吾之父葬于是吾之母亦葬于是吾與若豈可舍之而他圖乎矧吾兄弟侍父母餘五十年無私貨與蓄也無閒言也而父子一心豈可舍吾父母而他圖乎墓前有地可以容吾與若矣舍今弗圖恐吾與若之子孫惑浮議而忘水木左枝右梧以離吾父母則含悲地下何時已乎矧昭穆之制先儒講之熟矣吾爲昭子爲穆百世是保可乎宏曰善是役也始工于弘治十五年八月初一日訖工于弘治十六年十二月十五日其制度之堅朴等威之雅緻固不待言也若人也所謂達生而有制洞理而不懾者歟寬字惟仁宏字惟德皆信厚之士而與余善云是爲記

溧陽縣符侯去思碑

去思爲何思符侯也曷去而思之思之永也今之爲牧者或表表自見煦煦愛人者衆矣民或未之思也何有於去也是何也年未多也澤未久也或未出於誠也侯在溧陽歷年多矣施澤久矣其存諸心達于政者誠矣當道上其政于朝者三矣今年夏六月命下同知高州府溧之民如赤子之失慈母也於是狀侯績之可徵者訴之上官且引借寇之說例不得請又相率謳歌蹈舞以揄揚善政至號泣而隨之嗚呼是豈可以聲音笑貌爲哉侯去矣民思之不能忘父老湯濟王璉輩又相率謀之邑人南京刑科給事中史君巽仲碑以示永久巽仲述其言驗諸同年友南京吏部考功主事汝泰作文以復其鄉之人泰重巽仲遂隱括其語歸諸庶乎樂道人之善也與人爲善之意也亦成人之美也辭曰

維溧陽縣地大物暢南畿之望吏匪其人庶事斯湮民隱誰陳天子留

意慎擇長吏根本斯棣振振符侯大命是承大邑是膺侯既戾止政無廢止民用乂止侯之親民率先以身非刑法是循既作泮宫又鑿泮池髦士孔宜訓以經史惟聖賢其止邑有大田原隰匪同旱澇斯凶圍堰維隆陂澤維容民弗之口史氏之女趙淮之妾凛有遺烈廟貌有巍寵旌有碑匪侯孰爲猛虎他去雨暘反厲侯禱如契民無病涉民無死疫維侯之德野有遺骸爰作義塋分俸是營百木庸供爰度事力民稱均壹經費所需歲折其中公家用充誰爲埋金在臺之下民無智者乃爲易粟乃爲峙穀惠此煢獨不矯不隨無弛無淴六年于兹時既久矣澤斯厚矣誠父母矣父母去兒今將安之高人嘻嘻我溧何權悠悠我思何時而夷爰勒貞珉用彰侯恩以詔我後人侯名曰觀衍觀其字生長

新喻擢魁會試賜第進士

哀崔淵甫辭 并序

崔生淵甫嘗從余游種學績文不隨時俛仰慨然有復古之志惜不見其成一家言以馳騁古作者之域可哀也爰作些詞一章以招之靈爽不昧或能歸來矣乎

吳山磅礴盤空靑些鳩靈降神髦俊生些奇服姱飾根幼淸些鉤深摘微絲毛精些芳菲彌章流丹扃些文采陸離光晶熒些開闔陰陽吐呑精靈些麗則雲錦天機呈些古淡陶匏和太羹些機鋒廉銛太阿發硎些紀律嚴整丈人師貞些探奇抉奧無遁形些鏗鍧翕欻驅風霆些妖淫震疊幽怪悖驚些宏聲廣譽蒼黔營些玉樓胥記催上升些霓旌降節夾雲輧些世不可留黼黻上淸些美玉毀璞幽蘭折莖些驥躡駿足鳳鎩翎些大方爾雅潰於垂成些四方上下將胡寧些冥淩險巇災禍嬰些高堂重闈深孔屏些洞房曲檻翡帳輕些雙雛嘰嘰文章明些殺羞迭陳飲食溫馨些左圖右書插架盈些修篁佳木陰前楹些魂兮歸

來返故庭些

陳天祥字元吉同里人武功衛籍弘治九年丙辰進士貴州巡撫進

都察院左副都御史總制三邊

感梅顧君像贊

浩浩其中休休其容心也太古服焉孔衷仁義澤深已流芳于梓里所

友譽重乃禮欽于芹宫噫是漢廷之陳實而亦無忝于陳代之希馮者

耶

陳理字君明號同齋同里人邑諸生有同川集吳江志稿宋元遺

事陳氏族譜四禮規諸書俱未見

顧氏重修祖墓記

顧氏祖墓□於同里之西柳圩與予家接壤予少聞長老云是墓嘗荒

突扉墉封植弗備狐鼠之跡走道茲其備且飭乎意多是墓之得人耳

予詰之曰顧之長爲東明祀與其子惟仁寛惟德宏以檢身豐積爲鄉望柰何荒於前乎長老曰墓故生於東明兄東啓旭東啓末世業衰弗治東明方承之前此非東明時也東明傳嗣孫廷立綱廷立傳長子文獻文獻死其孤幼比來復罹烈風淫雨墓之不治去東啓世無幾時惟仁所生子廷和純問業南雍廷和母弟廷倘絅家居見之自責曰罪在我乎移書告廷和曰治廷和報曰治遂發工攻之凡三月悉復其故予往落之因問其世廷倘指葬於尊者曰此吾五世祖考曰均祥妣朱氏也指葬於昭位者曰此吾高祖考汝民妣丁氏也葬於穆位者曰此吾曾祖考伯振妣莫氏也葬並穆位者爲曾叔祖叔振祔妻趙氏再昭者爲吾伯祖東啓祔妻范氏也位次世數則然吾曹已有味之者吾懼後世益遠昧益甚將需吾伯氏還告吾子記於石使世人目文知葬目葬知世世殆庶幾乎既而廷和東歸申廷倘之請予歎曰大江之南土卑賦

厚葬親者或寡既得其葬陳師道復慮後世望其木思以爲材覗其荆
榛思以爲薪是雖葬不易保也顧氏自均祥之葬至東啓凡七十餘年
不替東啓之後二十年而治於東明又四十年而再治於廷和兄弟無
亦難已雖然使後人不知藏於中者爲誰則漫視混施以生玩心玩心
生則墓雖治而所以爲墓者荒矣斯記也庯可漫哉嘉靖四年歲在乙
酉十月朔里人陳理書

卷十五　完

同邑　柳棄疾　鄭　瑛　校録

松陵文集三編　　百尺樓叢書

卷十六

　　邑後學　陳去病　纂輯

明一人

周　用字行之號白川爛溪人弘治十五年壬戌進士官至吏部尚書贈太子太保謚恭肅有禹貢纂注一卷楚辭注略一卷恭肅公集十六卷今存讀易一卷未見

南海賦

處僻陋而無見恐不達於人情命豐隆以前導召羲和以輔行駕長風與鵬翼吾將周覽於寰瀛祝融踴躍以來告請載覩於南溟偉南溟之爲器何容量之恢弘俯而視之渺渺溟溟不見其色但聞其聲如混沌之未判似太極之初形勾乾之奥隳坤之庭居離之位括坎之精浮天載地兮功之普藏汚納垢兮德之宏潮來汐往兮信之著周流無滯兮

知之行磅礴兮桑沃之野連據兮反戶之紘滄兮我鄰漲兮我親青兮我友瀚兮我賓沮洳夷獠控引甌閩揚越疆理荆益偏連區新效順灑渚來旋潏渤瀕湀浩蕩涯滑涓澮淖瀉瀄瀰澴淪茫茫無地浩浩其天若乃天風一鼓洪漣起怒恍兮六鼇兮轉地維忽兮康回兮觸天柱冰岸湍洴而巉巖雪山涫沸而跋扈泓渚振百萬之貔貅悵何物之可禦聚氣爲雲飛沫成雨流爲江澤派爲河浦浩浩瀿瀿成萬頃之斥鹵資人育物來商會賈國家之財於是而聚緜巴蜀之井亳河東之鹽鰍兮掉尾而漲百川之水鼇兮舉首而冠三神之丘張月爲電兮閃閃鼓浪爲雷兮厺厺樹發黿鼉之背石生鯨鯢之頭文鰩一息而萬里大鯤一瞬而千秋或化垂天之鳥或吞萬斛之舟或豚或犬或馬或牛或虎而翅或豹而翔名龍名虎名鹿名譽爲子爲婦爲嬙爲娼玄玄怪怪孰得盡詳鼉石枹浮而收子鼻盾骨枯而化魚六眸之龜三足之鼈玉出磬

魮之身，豈止崐岡之璞；珠出肺鼈之涎，奚啻老蚌之腹。綸似綸兮組似組，草之文理兮生於潮之滸。青爲青兮紫爲紫，菜之佳味兮生於灘之壖。海市兮縹緲，蜃樓兮盤紆。鮫人兮有室，淵客兮居廬。黑斑兮玳瑁，紅潤兮珊瑚。可貢兮琅玕，可器兮硨磲。或淮夷之大貝，或皇帝之玄珠。犀牛海馬，罔象天吳，何靈怪之不有，亦何珍寶之不儲。所見者已不可盡記，所聞者孰得而言諸。爾其包括廣大，發育無極，洲嶼逶迤，島谷巍崱，爲祥爲妖，胡能盡識。鸑鷟五采，世樂五聲，畢方一足，鶼鶼比翼，玄鶴舞兮遐齡，鳳凰飛兮覽德。蛇兮百尋，魖兮三尺，鴉梟潛藏，猾裘隱匿。趹踢三首，旄馬四節，黑人啖蛇，黄貘食鐵。猩兮能言，猓兮無口，鶉兮人足，鸓兮人手。若夫小邦大國，羅布星碁，獻琛奉珥，入我皇畿。丹穴赤土，黑齒黄支，交趾古城，暹羅麻羅，眞臘伽臘，佛囉琵囉，發拔勿拔，登流墮河，阿陵大食，佛齊闍婆，乃有求貨之賈，懷寶之夫，出絕域，入異都，遊鬼國，泛山居出沒於魚龍之窟來往於陽侯之區望北極之宿遵指南之車經數年而未反烏知浩蕩之所如亦有韜光之士晦跡之儔或隨任公之釣或礪詹何之鈎既揭帆而鼓楫乃浩歌而叩𨍏得一樂而自適終天趣以忘憂吾於是歷炎州之沸水上長洲之青丘過流火而弗息入紫瓊以遨遊召衆仙而作樂兮瀉玉漿而爲醪採紫芝以爲粻兮裁火浣以爲裘命雲師而再駕兮遡赤水之悠悠上崐崘之頂兮視天下之衆流信南海爲大兮無匹無儔歌曰夏王掘注任苦辛周王德洽海無漣處置得宜動天地海嶽效靈豈無因黃龍横波終無益白鷳沈水空沾臆事變物移乃自爲山海豈能助人力厓山千古有忠魂呂嘉逆命更誰論流芳遺臭今何在舉目惟有餘波存安期飛昇不復返紫雲白鶴一何遠乘風破浪待何人且作遊仙入天閽重曰人物涵育澤濃濃魚龍出沒勢洶洶桑田欲變果何時地久天長只如斯東海雖大兮精衛

含悲西海既遠兮弱水難支曷若南海兮爲天地之池

鴟鳥賦 有序

癸亥之春假館於城隍齋宮有鴟入焉處於公館之屋梁予有感茅鴟兩足狐之文遂爲之賦

天地清寧兮陽舒陰肅物類化成兮晝動夜伏感鴟鳥之何爲乃肖形於羽族太陽舒赫兮乃瞑朦其睢盱太陰收斂兮乃恣饕其口腹丘山之不知兮尙何責其識人蚩蚤之爲珍兮尙何責其攫肉人既不識兮又何怪其嚇鵷雛肉既嘗攫兮又何怪其竊粱穀何不遠友兮山之魅魑乃兀處兮人之臺屋何不自處兮林之訓狐乃徑當兮人之蹊陛形側側而睢盱翼躧躧而翻覆目渺渺而毰毸足彳亍而跼縮聲咿呢而哀斷氣默默而蹩促心隱隱而貪婪貌瞿瞿而怩惡爭朽鼠而飽甘得溷蛆而詡畜燕雀兮爲之紛紜烏鳶兮爲之馳逐召粱鷩而告之兮則

言不足辱網羅召甘蠅而告之兮則言不足污鏑鏃公輸觀兮無庸羽儀易牙胥兮無取溪谷適從何來據於此宿叩黔雷之化機兮何必如此化生惟晳蔟之興司兮何不令其胎殰胡爲乎産此羽毛胡爲乎出此面目苟斯物之不除豈善類之能畜請詞兮鞫彼鴟願臆對兮如子服二儀運貞萬物蒙福形自形兮色自色生自生兮育自育正自正兮邪自邪惡自惡兮淑自淑毛有鱗兮又有虎狼鱗有龍兮又有蛇蝮芝蘭秀兮鉤吻成陰桂梓郁兮樗櫟連屬龜歷千歲兮黿鼉或生鳳翔千仞兮鴟鴞起搖驗萬物之皆然何一鴟之責督雖不能去此心之貪亦不至如鴆毒苟我鴟之見誅宜族類之皆劇請體兩儀以立心收羣生於一掬乃收詞而謝子鴟吾於爾兮有何不足苟萬物兮各得其宜吾之心兮亦有何獨

守耕說

夏殷周什一而稅重民力也是故野有世農粤阡陌開而先王之政不行漢興詔勸農及賜力田者帛庶幾其近古然終不能一復其舊以至於今吳江實惟東南賦邑而其地最下加以水績之不修客土之日滋數歲之苦於水也率十之二三往者弘治辛亥壬子水甲寅又水乃正德己巳水庚午大水民始有去其業於農者厥有龔甫霙之言曰吾家故業農凡吾宇而居縷而衣以實公廩以奉先祀家之百度咸仰出於兹土自吾之著於是也幾世矣食其力也厚矣以歲之不成而遽違之是農之施於吾者博而報之以不恆也是既食而倍其力也無乃不可乎逮於食新農其不笑我乎余聞而善之斯其爲野有世農矣傳有之曰士之仕也猶農夫之耕也然而修於家而壞於天子之庭皆是也難乎有恆矣力且不倍況敢倍德乎吾因其言有所感矣古者取士於田野至於今不廢其法或有所舉焉不在某之身當在其子孫矣爲之作

守耕說

西村集序

莊周有言曰刻意尙行離世異俗高論怨誹爲亢而已矣此山谷之士非世之人枯槁赴淵者之所好也語大功立大名禮君臣正上下爲治而已矣此朝廷之士尊主彊國致功并兼者之所好也夫仁義忠信以爲學出則朝廷處則山谷人徒以爲爲亢也以爲爲治也而不知亢之未始不爲治治之未始不爲亢也故曰夫人幼而學之壯而欲行之行則君子欲之然能必其行乎哉欲之而不可得則其學猶是也是故亢而不爲倍治而不爲矜則固世之所謂通儒者已西村先生自少好學於書無所不讀卓然舉大義不掇拾以爲文辭而尤攻於史學於古今治亂之端官府政事物名數紀縱横上下指掌論說莫不有肯綮歸宿以爲學者宜如是而不屑以求一試聲名隱然起東南成化中三原王

公巡撫江南以百姓之利病坐先生而問焉則歷歷語所以退復疏其事以道諸所宜更置公歎曰子之才可以當一面乃今得先生所著述自詩歌文辭之外其與旬宣大臣臺部諸使郡縣長吏往復論白及於政事者居其三之一焉莫不適常變盡利害里閭章布之所推遜而無有選擇縉紳大夫之所以嚮用致理而不能舍去者皆是也則所謂通儒者非先生歟吾吳中經生學士講求時務水利莫先焉決塞變遷大要委諸海而已殆難按迹而求復其舊也職方禹貢以來互爲援据夫人而能之舉而加諸水則悖矣不然則又吏于兹土者大發在官之蓋藏而以畚鍤從事壞廬舍弊腓脛掘地數十里引旁流内其中而曰水去矣明年不幸而恆雨曾不能損水之分寸其如浮而不實費而無功何哉至讀先生論水利書首以謹隄防其大法有司者使田者因地勢豫爲防以擬水於是立之表以程其功課之藝以益其厚貸之粟以傳

其力夫民水也大爲之防民猶踰之況不爲之防乎裕民成賦之道未有能行之者此其有用之學可以畫一而論也余生也晚不獲操几杖以從讀其書而每有感焉先生既沒其曾孫太學璧裒其稿爲集余曰是集也約而達勤而節謀而有徵不獨論水利若是矣可以傳也余所嘗欲見先生所著禮纂若干卷者尙不在集中先生史氏諱鑑字明古吳江人學者稱西村先生吳文定公表其墓家世行實具可考也

景筠集序

浙之西故有顧翁文昺特好竹一傳而爲訓則築景筠堂思之蓋不忍斥言之也再傳而及傳傳訓之季也去家而西謂不能恢執汎埽于茲堂而且與伯氏業太學也取今昔之文辭凡以堂作者爲之景筠集所以成其文而慰其心者也予觀其集作者備矣夫訓之堂于越上者不惟其私而惟其先人是思致孝也或者聞而知之必念其人之豐瘠黯

皙何如也不可以不告也則始之象贊旣覿其人必問其世系邑里及其父兄師友平生性行言爲之詳故列之以傳爲之堂旣已知之矣而其高廣之度歲月日之次何以識之則載之以記若夫衍其義而廣其志則陳之以賦君子無小大不惕若慮不可以久則脩之以銘感於物而形於聲因其聲而詠歌之夫然後有所興起則申之以詩聲變而成文可以樂矣則比之以操聲而至於樂其文成矣言而至此亦可以已矣則系之跋語焉跋者足也取止足之道也嗟夫人亦孰不有所好好竹小物也文㬎以是貽其子而施及于其孫傳也以是承其父而無忘于其祖則其流澤之遠繼體之美具可知矣如有求顧氏世德者執此以觀可也

吳江稿序

文也者所以文其言也莫非言也夫惟積之也弘發之也是時則言之

不可以已其言之精者也精則博而辯豐而能裁婉而成章不求其文而亦不能以不文繇是薦紳先生樂其資學士大夫成其師則又不能以不傳故曰言之無文行之不遠吳皐喻侯治吳江之二年得所爲文辭凡若干首夫蒞劇邑字疲民固宜日不暇給已乃今得其所爲文辭而讀之則所以備鑒戒厲貞節平徭賦卹農菑親規箴廣風諭與夫簡牘之交詠歌之適渢渢乎洸洸乎若一一操觚翰據几閣戒絶人事得之於旬時者而未知侯之於凡言之不可以已者特時時適然於所遭而已矣而況評摧之以政事切劘之以道義不煩繩削動如矩矱信乎所謂不得已於言者也言之不能不文者也雖欲不傳惡得而不傳昔太史公生於龍門南游江淮上會稽探禹穴闚九疑浮于沅湘以是昌其氣而奇其文夫三江震澤東南之鉅麗也吾侯始來擅其大觀含靈攄光沛然一洩之於文當復如司馬子長卓乎勒成一家之言必傳於

後無疑也豈獨今日哉敢書諸簡端以竢

菽粟文章頌序

士相聚而爲學凡以資爲文章也舍文章而不爲專業今之所謂廢其學者也若是焉者上之人將以是求乎我我將以是應其求也是故歲大比則其平日能文章辦進取者爲之主司羣聚天下之習爲文章者而考其業不惟其人惟其文期三日以往則出其文而拔其人操鬼神速化之術倏忽而不可測識句日能使傳海內以徧若電發而霆擊訇然也若雲變而霞舒爛然也有有識者曰茲文章也耶古人之所謂文者殆不如是之易且靡也今其言曰古之人古之人似矣他日觀其人或不相似也向之訇然爛然者嚮滅迹絕索然矣是之謂玩春華而忘秋實者欲人謂之菽粟文章可不可也今夫農之於田也播於春穫於秋獻於公饗於百官有司是道也自有耒耜以來未之有改也抑士之

與農其品則較然明矣今之農猶古之農也士顧不如古其無愧於今之農乎教人者於是蓋不得不任其責矣吾聞之古之教者脩於身淑於人而施及於天下國家經之緯之黼之黻之吾飽乎仁義而將使天下後世饜飫先王之澤而不匱夫如是而謂之菽粟文章其可矣噫君子之教人使有文章如菽粟而人焉有不如古者乎費君子靜來吳江教人能舉其職諸生有以菽粟文章頌君者予從而爲之說如此君能用是道則人之及君之門樂君之教去此不遠而羽儀費君于天朝吾方以爲愜也諸生之頌君凡四言其三言爲桃李爲樂育爲鷺寄吾鄉諸大夫則既備其義矣

跋吳江圖

長洲沈啓南以詩畫名東南但此老畫筆筆用焦墨人易於摹搨一時僞作甚多然得具眼者蹊徑了然自別不難也嘗聞其所爲過吳江圖

而未之見緦部徐君聞以示余豈即此物耶吾邑多水田絶無高丘大木圖乃有之蓋以識松陵也即此已不可與專求形似者語矣

送胡令尹考績序

順天屬邑有東安其土深博其俗慷慨其人多材武平日以氣義相許與治之者不患其難使也而患其攖拂勝蹂則猝急不可以御吾邑於蘇爲吳江其土卑衍其俗恬靡其人恃稼穡而無所事於四方治之者不患其不馴也而患其憚堅苦習輭熟往往不得輸其情是故凡稽古治民者涖其土必審其俗因其人而平其政而後可以俟其有成焉君以進士起家爲東安令君疏其節目信其期會長養樸茂裁抑豪俠而其邑則帖然服矣居歲餘吏部以御史薦君才奏改吳江君視事旬日乃曰吾知所以治兹邑矣具條約一觀聽祛宿弊未幾則勞者以息仆者以起而人情蓋亦沛然達矣夫所治猶夫邑也官猶夫令也吾吳江

之民之感猶夫東安也而君之政則猶若不相似者非所謂因其人而平其政者乎夫明晳剸決之威施之於矯亢勁悍之衆則朝廷之勢行含弘愷悌之政加之於優柔巽順之人則閭閻之情親此持衡長民之道君能兼舉而並用之有茲成績也固宜昔周史策命畢公曰罔曰弗克惟既厥心罔曰民寡惟慎厥事詩人美仲山甫曰柔亦不茹剛亦不吐夫難易剛柔二道也兼舉而並用之畢公仲山甫德業之盛有由然哉頌其詩讀其書不知其人可乎君之政其有所試矣立乎人之本朝而有如畢公仲山甫焉此事君者與以人事君者之願也吾其敢不以古之人待君乎於是君行矣吾邑士大夫某官某等以下若干人置之酒屬之詩歌而餞之郊命用爲之序

壽郁惟慶母趙氏七十序

吾鄉之人在京師可與交游者郁君惟慶其一也始余之來也聞今侍

御郁君正言子之行當得與吾同氏之良者若人謹飭不華循循孝友與人交不以終始有所異謂惟慶也今徐觀其人侍御之言其有所試矣余謂侍御爲知人而惟慶爲不負人所知也今年冬十一月六日偕其諸弟祥祺禮謀於余曰禎輩有母壽七十矣越茲七日實始生之辰相與爲酒致辭以樂之如之何禎將曰禎冢子也裕前業淑後人者禎歟而今也析則荷之菑則獲之是惟母之慈恬養不遑暇豫無期而諸孫蹡蹡劬書有常亦莫不良是惟母之慶介福穰穰樂且無央祥曰有兄弟我有弟兄我二三門廬不遠伊邇歲時率諸子迎吾母于家視婦之箴紉爨饋纖煗甘毳何如怡怡愈愈蚤夜周旋山有桑邑有泉既茂且淵寧不考年此祥之辭亦祺之辭也禮曰禮幼子也季弟也旅力方始服勤則宜南抵雲閩北涉淮水我車我舟海陸鮮柔萃爲珍羞或有外務我禦其先渠渠堂奥不聞誶言毋有兄弟遠在南里我能致訊問

遺殷勤脩塗廣步白首將事不畏霜露如之何余曰諸君誠如此辭亦無庸余之言也人亦有子矣踽踽畏畏力其有不逮乎人亦有子且衆矣和且均矣君子之母其樂固可知也余何言之爲如君以余爲鄉之先達尚有所望焉則君之母方康寧也惟君假我幾十年俾博極大雅然後繹錫類之義爲君頌之庶幾有可觀者而今則未之能也聞君之子秀游太學篤信而有文間日君使之來助余圖之

送吳阜喻侯朝覲序

君子之愛人也無所不盡其心而人之愛君子也則亦無所不用其誠其心誠故其施博其惠均故其情不謀而同君子體仁足以長人蓋言愛也漢史傳循吏以爲皆儒者通於世務以經術潤飾吏事天子器之其人往往至三公所居民富所去見思庶幾德讓君子之遺風予嘗讀其書作而言曰夫心孚而義問彰政成而頌聲作古今人豈相遠哉乃

今得以睹其鉅美而諗吾黨矣吳皋喻侯治吳江之明年實當入覲邑之民環五百里而居履侯之庭服侯之訓與夫老息於田畝足未嘗及縣門者莫不曰侯遽去我將安之凡吾今日之勞者佚饑者食仆者植皆我侯之賜也而猶未厭也矧螟蝗之遺蓄濱海之逋誅茲惟侯焉是望其誰與袪之而誰靖之耶其里居之諸大夫與夫學宫之士則又莫不曰不可久稽吾侯於斯也惟大江南北之諸郡守之所治者一御史之所治者四都御史之所治者十三其所恃以治者凡以邑得人焉耳使皆其人也則已矣其或有不若吾邑者其民之望之猶若等之望於吾侯也豈若使咸爲吾侯之民哉然則羽儀於朝廷膏澤於寰宇吾惟懼侯之不蚤也時予官南京乃悉聞而知之而歎曰甚矣吾邑人之愛吾侯也侯其行乎哉夫由前之言則惟留之宜由後之言則惟行之宜其言相違其道若不相似其情實相成夫人之恆情每欲於已也厚夫

惟其徒欲厚於已則不能不以薄委諸人吾民之於侯欲其厚乎我也大夫士之於侯則欲厚於人人者也冀其厚乎我者懼繼之者之難爲也冀其厚於人人者欲其道之行也侯之道信行上焉者何適而不於吾君下焉者何適而不於吾民顧能獨遺吾吳之民也哉不惟不能遺時偕而勢從力宏而功茂安知侯之不以平日知其憔悴之所由來而益加之意乎此又予之所以致私於吾民而釋其惓惓者也於是諸大夫與學諭葉君以下咸道民之情作詩歌以送之予爲序之

送吳司訓序

吳君司訓吳江比六年謂予曰吾歸矣予曰何以歸君不答他日則又謂予曰吾歸矣子必以一言遺我余曰何以歸又何以言君又不答既而曰子不知我乎吾非不足於是也顧吾懼以重聽廢官守吾以是而欲歸也予曰然君子之仕也行其義也義也者事上莅下之宜也今也

不然不以義相求而徒以位相軋苟在上焉者不必其賢也唯勢之依苟在下焉者不必其不賢也唯勢之隨甚焉者則鞠躬屏息應對如響而猶有不免於譴謫者固宜君之欲去此也雖然吾有說焉君以已之重聽也亦知有善聽者乎晉師曠者天下古今所謂善聽者也知悼子在堂而鼓鐘於平公之寢杜蕢飲之酒而語之故曠受以爲過而不敢辭漢之許丞史氏失傳其名黄霸之在潁川也惜其去獨曰許丞廉吏重聽何傷夫丞小吏也能以重聽稱傳于後世爲美談而師曠之聰乃不免以爲病然則君之歸與否固不在於重聽與否也抑又有說焉昔者鄭子產使太史命伯石爲卿辭太史退則請命焉復命之又辭如是三乃拜子產惡之夫伯石以尊君以卑伯石以進君以退尊而進易也而猶不用其情卑而退難也而獨不吝其情觀其難易而賢否可見矣或謂古今人不相及其盡然哉夫君子之取人固當問其賢不賢如其

賢也則庶幾其能飲且食而已矣不當問其病與不病也前此辨天下之事者豈皆健夫耶予聞當道者之稱君之賢數矣豈無如黃潁川者乎如無其人君宜浩然歸吾不能强君以職守幸而有其人焉則吾宜與君言夫人莫病乎不嚮乎道也今之人其不病此者寡矣是故籲之而不聞矣之而不信招之而不返撼之而不悟漫焉而莫之省懵焉而勿之恥若是焉者日以甚矣衆矣固有待君而瘳者君盍爲我少須乎告之而不吾聽君之意未可知也予方有行役不得視君之行重君之請而不知所以言姑以此付諸生之嘗與往來者

壽王翁七十詩序

近世士大夫之事親往往謁諸薦紳先生爲之文辭詩歌及時集賓客爲壽則使少者起而誦焉長者坐而聽焉衎衎鼓舞以爲樂不如是雖具酒食人猶以爲少也然而號爲能文辭詩歌者其人生長于四方始

不可多見既見矣彼弗信於我欲其一言不可得也卽幸而得之是誣也夫如是宜文辭詩歌之取重也吳江南溪王翁始以其家隸尺籍坐迷其地恢爲黠者所持乃能奔走陳情得編內近教其猶子起家倅大州其子相爲國學生縣官戒鄉飲翁則在賓席是翁於家爲佳子弟爲賢父兄於鄉爲善士於有司爲良百姓余翁之鄉人也居則相近矣與翁之子游亦久矣則吾所以道其善者蓋有自矣人其不信我乎則凡今日之文辭詩歌爲翁而作者固非幸而得之者也詩歌凡若干章所以道平昔期康寧者既盛且備相擬選將南歸遂以是爲翁壽翁之樂可知已夫舉君子之信辭而樂其親又吾之所樂道者也

壽陸翁六十序

治曆日以支榦相遞底六十年爲一始以其數則達庵公之歷年有之矣公自力之能任其家瞿瞿良士嚮晦宴息逮于今而益康寧夫人之

交厚矣及於井壤之甘瘠也守令之更置也賢與否也年歲之有無民俗之羸儉也公間舉而語之而邑里之後生仰而聽之其昔其今邈乎其不同者所與交游咸長子孫顧庭木之可蔭者其少時嬉戲所樹也有賢子弟服其勞有良田疇資其養而又遭値明時臣庶褆福幾十年之間循善安理優游不厭公可謂壽也已然吾聞之人之壽以期爲期夫期百年也有其人焉大山深谷含靈緼奇又豈無所謂有道者居於其間久視緩息醇醇然不知紀年者有其人焉則觀公今之年猶若孺子也吾於公皆爲吳江人嘗望見公之儀度類有所養者安知其非斯人之徒歟不然何其豐而不華通而且靜也吾以是知公之能壽矣公之子桂游太學有文章於是京師士大夫多以詩歌爲公壽蓋亦知公之爲有道者也爲之敘而致之

卷十六 完

女兒緜祥校錄

卷十七　　　邑後學　陳去病　纂輯

明一人

周用 見前

公用人以正治體疏

臣嘗聞之孔子曰無爲而治者其舜也與夫何爲哉恭已正南面而已矣說者以舜之無爲歸之於得人然舜之所以得人由其用人以公也今考虞史所載舜命九官每每下咨於羣臣夫舜聖人也而其用人猶不敢自用如此誠以知人則哲惟帝其難以我用人固不若以人用人者之爲公也此舜之所以爲得人之盛而成恭已之化而爲萬世有天下者用人之大法也臣伏見陛下來近用人往往不由該部如以劉愷李浩爲禮部尚書張昱爲鴻臚寺卿魏璟爲本寺左少卿都給事中呂

經潘塤俱陞級外任或蒙特旨或出內降遠近惶惑莫知所由殊非有虞疇咨之意與臣平日以堯舜望陛下之本心也況君逸於上臣勞於下法乎天也故曰君人者如天運於上而四時寒暑各司其序臣愚以爲勑戒百官各司其職者陛下之事也至如某可爲某官某可爲某官舉其人以上請者吏部之事也今京官之貳品與外官之六品陛下皆躬親授其人而吏部不得與聞焉則是吏部之職廢而陛下行有司之事矣非徒上塵聖慮抑亦有傷治體且陛下豈以劉愷李浩張昱魏璄四人者爲賢而特用之耶臣聞爲人臣者易進者必難退患得者必患失愷等自甘躁進不卹淸議方彼乞哀於昏夜人則已見其肺肝試使捫心能無泚顙是此四人殆所謂小人者也陛下將隆唐虞之治顧得若人而用之非所以厭衆心而訓有位也臣又惟近日張昱魏璄之事始之者實劉愷也蓋劉愷以陪點尚書而同得尚書李浩則跡劉愷而

爲之而加甚焉者也張昱魏璟則跡李浩而爲之而又加甚焉者也不謹其初遂至如此自兹以往人之效尤日甚一日馴至其極將如之何至如呂經潘塤待罪諫垣似無深過陛下聖德優弘專務開納亦當諒其狗馬之初心略其葑菲之下體若獲轉遷宜從資格今來陞任特異尋常此固天地曠蕩之恩經等隕身不足報稱然使天下後世將謂陛下疑察臣下特假此以疎斥言官而凡依違苟容者亦將鑒此而循默在位臣實惜之誠願陛下體祖宗建官之意念聖賢知人之難俯順輿情特照宸斷將劉愷等通行能黜以沮倖進呂經等照舊供職以廣言路仍望陛下總御萬幾責成庶職使四海仰日月之明百官效股肱之良用人公而治體正陛下高拱穆淸之上而有虞恭己之化將復見於今日矣臣無任懇切仰望之至

理河事宜疏

臣伏覩節該欽奉勑書內開凡修河事宜勑內該載不盡者俱聽爾便宜處置欽此臣自嘉靖二十二年四月奉命總理河道伏念漕河係今日軍國重務而臣至愚至陋分甘棄捐誤蒙陛下不以臣爲不肖俾承官乏居常懔懔寢食靡寧緣見凡今治河事宜前此諸臣相繼悉心規畫然又莫不皆以黄河徙决不常將來利害不能逆覩惴惴然日惟聽河之所爲則是從長之議經久之圖固有所不敢任者臣撫躬感激莫知所爲近日査到山東兖州府濟寧州見行文卷一件爲開墾荒田以蘇民困事又一件爲效愚忠興農功廣聖心以隆聖化事又一件爲專責任墾荒田正民習以固國本事俱該戶部題奉欽依轉行山東布政使司各府州縣開墾荒田自嘉靖八年以來累經有行稽諸文案未見成功臣竊伏惟念以爲治河墾荒田事實相因水不治則田不可治田治則水當益治事相表裏若欲爲之莫如古人所謂溝洫者爾今欲舉

臣之末議相與乘時整理此一機會也又當朔覲考察之年百度維新將來任事得人是又一機會也敢以臣之私憂過計爲陛下陳之臣惟古今稱人之治水者必曰大禹禹治水之功莫大於河自告厥成功至周定王五年河徙碕礫中間自龍門至於碣石入海不爲中國害者蓋一千七百年然禹之治水莫備於禹貢則皆紀其成功也而禹之自言則曰予決九州距四海濬畎澮距川至孔子稱禹又曰盡力乎溝洫夫以聖人之所爲遺於萬世而不泯固宜不可名言而禹之自言與孔子之稱之者惟曰濬畎澮曰盡力乎溝洫然則歷千七百年而河不爲中國害者實大禹盡力乎溝洫之賜故自禹至殷盤庚而稱五遷厥邦以避河圮溝洫蓋小壞矣圮猶未徙也至周定王時而河徙則溝洫加壞矣徙猶未決也至秦廢井田開阡陌溝洫掃地矣秦祚不延及漢而河決酸棗決瓠子決則甚矣歷漢而唐而宋元河徙河決不可勝紀今年

治河費若干萬明年治河費若干萬大略塞之而已矣溝洫之政無聞焉自今黄河言之每歲冬春之間自西北演迤而來固亦未見大害逮乎夏秋霖潦時至吐洩不及震盪衝激於斯爲甚考之前代傳記黄河徙決於夏月者十之六七秋月十之四五冬月蓋無幾焉此其證也夫以數千里之黄河挾五六月之霖潦建瓴而下乃僅以河南開封府蘭陽縣以南之渦河與直隸徐州沛縣百數里之間拘而委之於淮其不至於横流潰決者實徼萬一之幸也夫今之黄河古之黄河也其自今陜西西寧至山西河津所謂積石龍門合涇渭灃汭漆沮汾沁及伊洛瀍澗諸名川之水與納每歲五六月之霖潦古與今亦無少異也何獨大禹則能使之安於東北之故道歷千百年而不變而後世曾不能保之於數十年之久由前言之比其由於阡陌之壞溝洫之不修者較然甚明仰惟陛下臨御以來愛養元元無所不至故於乞墾荒田之疏屢

蒙允開則於今日肇修溝洫之政以繼神禹地平天成萬世永賴之功臣愚實有望焉且黃河所以有徙決之變者無他特以未入于海之時霖潦無所容之也溝洫之爲用說者一言以蔽之則曰備旱潦而已其用以備旱潦一言以舉之則曰容水而已故自溝洫至于海其爲容水一也夫天下之水莫大於河天下有溝洫天下皆容水之地黃河何所不容天下皆修溝洫天下皆治水之人黃河何所不治水無不治則荒田何所不墾一舉而興天下之大利平天下之大患以是爲政又何所不可臣竊見河南府州縣密邇黃河地方歷年親被衝決之患民間田地決裂破壞不成壟畝耕者不得種種者不得收徒費工力無損饑餓加以額辦稅糧催科如故中土之民困於河患實不聊生至於運河以東山東濟南東昌兖州三府州縣地方雖有汶沂洸泗等河然與民間田地支節脈絡不相貫通每年泰山徂徠諸山水發之時漫爲巨浸潰

決城郭漂沒廬舍耕種失業亦與河南河患相同或不幸而値旱暵又並無自來修繕陂塘渠堰蓄水以待雨澤遂致齊魯之間一望赤地於時蝗蝻四起草穀俱盡東西南北横亘千里天災流行往往有之此皆溝洫不修之故也若使溝洫既修則豈惟山東河南見在凋瘵之民得以衣食生活前日四遠流移之民孰不願復業墾田以圖飽暖昔也招之不來今也麾之不去民利於此安得不興臣惟善救時者在乎得其大綱善復古者不必拘於陳迹臣之所謂修溝洫者非謂自畎遂溝洫一一如古之所謂止是各因水勢地勢之相因隨其縱横曲直但令自高而下自小而大自近而遠盈科而進不爲震驚委之於海而已矣臣又惟忿遠謀不可以倖致美功不容以雜施溝洫之政歷千百年影迹湮沒竟莫舉行究其所由夫豈無故孔子曰無欲速無見小利古今事功半途而廢者率由於此臣愚以爲欲修溝洫之政雖曰不拘陳迹然

時異勢殊變而通之不能無所事事今略舉其大綱若正彊里以稽功程若集人力以助夫役若蠲荒糧以復流移若專委任以責成功若持定論以察羣議其諸條目未敢覼縷議定之後循其次第毋以欲速而輒更張毋因小利而生沮撓及今黃河南行雨暘時若又適遭遇詔令開墾荒田至再至三機會可乘之時始於河南山東次及直隸遠年近日黃河徙決地方自日而月自月而歲自州縣達之司府自腹裏達之邊方在下有臣工相與協力在上賴聖明俯賜斡旋如無成效臣甘伏欺罔之罪臣蚤夜營思以爲治河裕民之計無出於此是以不揣迂謬昧死上聞乞勑該部查照累經題奉欽依通行開墾荒田事理與臣所言溝洫條件如果彼此可以相須而成不至窒礙卽與從長集議其由上請蚤賜施行則民生幸甚萬世幸甚臣不勝恐懼隕越竢命之至

一曰正彊里以稽工程臣惟古之溝洫卽後世之所謂渠也但有大小

之不同溝洫之政必先正疆里合而言之則疆里爲大渠爲中渠溝洫爲中渠爲小渠不先疆里則規模不立脈絡不貫將來彼此相病勞而無功然有一府之疆里有一縣之疆里有一鄉之疆里合行司府州縣通融規畫定立疆里由一鄉而一縣由一縣而一府由一府而達之各府一縣之中先因通流畫爲大渠多者五六少者三四次因頃畝畫爲中渠爲小渠因而計其工程之難易土壤之生熟夫役之多寡錢糧之盈縮期會之先後均爲三年大略初年疏大渠會於諸河次年疏中渠達於大渠又次年疏小渠達於中渠其淺深廣狹各因水勢其縱横曲直各因地勢中間卑窪特甚不通轉輸去處用水平打量疏爲塘塹出於溝洫之間水澇則趨平旱乾則節蓄經畫既定造成疆里圖册上下官司如式施行按時稽察責其成效

一集人力以助夫役臣謂疆里爲大渠溝洫爲小渠大約施功之時大

渠用官夫小渠用民夫官夫專開水道以爲之經民夫各治其田以爲之緯仍令州縣各計各用官夫若干民夫若干然與工之始百姓生理未復須以民夫從官夫其官夫於召募之外若賑濟放免之類俱合從宜區處倡率小民臣竊見問刑衙門充軍人犯依例發遣所在有之但隨解隨逃各該衛所官旗通同侵盜月糧漫無稽考往往直至會赦方纔住支赦後又復問發積至幾年天下衛所食糧軍犯莫紀其數况今錢糧歲辦會計如王府祿糧亦且頻年告乏却容此等罪人潛形竊食實爲虚靡今欲集人力以修溝洫乞行附近河南山東直隸各該問刑衙門除奉特旨并免死充軍外其餘少倣宋人民屯之法隷其名於河南山東各衛所而以其人屬之有司責令以官夫開渠并犁除糧荒田自給口食三年之後量徵屯糧若會赦不願還鄉聽其改報民籍前田永與爲業又如河南山東各該司府州縣問擬徒罪發配人犯自來多

是賣放徒令濟貪無以懲惡亦合除賊盜幷與杖罪情願納贖人犯俱令以官夫開渠各隨所犯輕重徒罪以里計杖罪以丈計則軍犯得免衛所陵虐且省軍儲徒罪得以力役充贖亦不廢法至於漕河夫役山東獨當其衝編僉特爲繁重比年以來財力俱敝大約年年原額均徭編銀肆萬九百餘兩該夫役壹萬肆千二百餘名約計雇役該銀壹拾叁萬肆千陸百餘兩若如往年河道有事之時又須召募應役工食銀兩無從措置即今河患稍寧臣謹遵勑諭便宜行事擬欲節省財力以備不虞已經議減嘉靖二十三年分夫役共計肆萬肆千捌百捌拾貳箇月量徵椿草折色又減空役之外椿草合柴等銀共計壹萬伍百餘兩又減雇役銀約計叁萬肆千伍百餘兩皆以求寬民力將來幸無不時工役使之各得盡力於田畝以爲溝洫之助此外若再得清驛傳應付之濫卹稅糧陪賠之苦議養馬積習之弊裁里甲浮靡之費省民壯

團操之擾其餘凡節省民力量可以寬假一二年者當事諸臣皆相與推廣德意一一舉行則溝洫之政斷可修復溝洫既成豈止可以平河患興民利萬一地方有警盜賊相顧不敢橫奔則推其餘力又可以禦戎馬又推其法於諸邊因修古人分兵屯田之法使耕者雜於居民之間又不惟可以省餉饋溝壘相因所在皆是是謂寓武備於農功資人和於地利者也伏乞睿照

一蠲荒糧以復流移臣惟河南凡近黄河并山東濟南兗州東昌等府州縣地方自來旱潦無備若據頻年災傷州縣不勝申報以致百姓稅糧無從出辦只得逃亡實非得已遺下稅糧差徭有司又復責令見戶與大戶包陪承當輾轉貽害歷年相仍十室九空流移益甚見今田野之間環堵蕭然將來未見底止臣聞成化年間總理河道侍郎王恕因裏河旱荒節該奏奉憲宗皇帝聖旨山東百姓既十分艱難今年稅糧

等項盡行蠲免欽此欽遵養活小民至今稱頌今欲開墾荒田河南山東沿河府州縣積年逋欠錢糧若復照舊追徵有司徒行刻骨之政百姓終無復業之期臣乞通行查理遠年錢糧若係小民逋欠悉與停免及將見在積荒田糧覈實開除則四外流移窮民指望衣食顧戀鄉土必然日漸復業荒田自然日漸開墾臣又伏思往年治河都御史如徐有貞劉大夏前來任事或蒙大發浙江等布政司銀兩或乞發鈔關抽分銀兩以備支費又近年兵部侍郎王以旂奉命治河支費官銀亦幾至拾萬兩以上諸臣固皆因黄河徙决年分災傷有此經費然亦莫非因民之財救民之患今欲修復溝洫必須大費人力合無就於近年蠲糧數内通融扣補雇募工食准作各户辦納略如宋臣范仲淹以官糧募饑民修水利之法官司惠而不費百姓勞而不怨將來溝洫修復則河患無虞年荒有備下足民食上給公賦皆將沛然有餘比之因河水

徙决臨時驅無辜之民傾不貲之費與再三不得已之役儌萬一不可必之功者其爲力既易其收功甚遠利害相懸何啻什倍唐臣陸贄所謂小損所以致大益暫薄所以成永厚者也伏乞聖明矜察

一專委任以責成功臣惟自古張官置吏所以爲民緣體統相承大小不紊既不敢侵官又不敢曠職所以功緒可稽民蒙其利臣所謂溝洫之政如前所陳誠使荒糧既蠲人力已集若無其人專任其責雖曰見今奉行墾田將來有始無終祇是虛應故事今京官在外有監臨之責其事權既專且重者無如巡撫都御史巡按御史乞勅直隸山東河南撫按官及今黄河南徙之時督同各布政司按察司該府掌印官委行分守分巡兵備屯田管河等官分駐各府州縣地方謹按造成疆里圖册工程月日次第舉行府州縣按月稽考守巡等官按季稽考巡按御史稽考一年之成功巡撫都御史通稽考三年之成功其新任知州知

縣并到任一年以上年者俱聽撫按官覈實會同總理河道官保舉方得行取陞遷然後事有定法人有定志成功可期

一持定論以祭羣議臣惟黄河徙决不常捍禦之策遠年近日人自爲說自今會通河之外或謂引沁河自懷慶府武陟縣郭村至南直隸徐州出沛縣以濟二洪或謂自開封府祥符縣迤北開鑿七十里通衛河運船出淮從鳳陽府泗州亳州入衛河或謂自開封府城北陳橋迤西開鑿三十餘里引沁河通運船自徐州達陳橋出會通河或謂於衛輝府置倉運船由渦河經汴梁達陽武陵輓七十里貯倉由衛河轉運其說不一蓋皆博采人言以求弘濟然每計其開鑿建置工役所費率不下幾拾萬即令運道既設其建立衙門增置官員創造閘壩編僉夫役必須一如會通河之制財力浩繁何以支持往年工部侍郎劉天和奉命治河適當羣議方興天和專意修復自來運道竟復其舊至於海道

之議已經奉有明旨不必妄議生擾永宜欽遵臣恐將來黃河徙決不常或者不得已復建此議臣則以爲海運誠不敢輕議惟有倣海運之意而爲之一如鹽商之法通計漕運每石所費增價設法招商若得其人似亦可行若以涉險不如就安則莫若舉元人虞集之議於遼東等處召募墾田若得其人似亦可行若又以圖遠不如就近則莫若循祖宗以來山東河南開荒田地永不起科事例舉此以足百姓因以足國尤爲切近況北直隸州縣地方實多膏腴田土若加開墾之力內地軍民不勝其利伏覩成化年間特令添設祁安滄冀平谷滿城三十七州縣勸農官員實以居重馭輕之地舉此裕民足國之策孔子曰百姓足君孰與不足雖古人致國有十年之積其道亦不外此夫國有十年之積萬一漕渠梗塞率飽食之民假日月以從事宜有餘力故以海運而視遼東則當舍危而就安以遼東而視山東河南則當舍遠而就近以

北直隸而視山東河南則又當以先內而後外自內而外自近而遠使四海九州之民飽食暖衣以培億萬年太平之基實在於此至其修舉之法臣反覆思之具不越乎溝洫之政伏乞聖明留意

與甘司空几山書

經夏審動履膺吉殊慰傾馳無似向來拙疏亦嘗自量非不知其迂且謬也實見黃河汎濫徙決無時塞之不若導之之有功赤子流移荒蕪極目迫之不若寬之之爲利由今之道曲防於下流之衝徵租於不耕之地謂之不塞不迫可不可也開墾荒田雖人言每每然上下相欺文移徒具惟是愚意以爲此事既由當路建白藉其末力猶可因人成事不於水患有小損則於生民有小益是在廟堂相與都俞循此舊貫加以推行雖其效有淺深遠近斷不至於敗謀病民也不意遂承執事於疇若倅傯之餘特爲敷奏至云推其相因之故指其相成之益斯言也

區區肝鬲之微誤辱照察無遺矣體國之勤乃如此人言古今人不相
及顧可盡信哉太息感服其何能勝今年軍漕賴仁庇已過濟上又聞
東南亢旱地方何啻千里日復一日將來誠可寒心知執事軫念輒敢
道及秋暑漸平倘冀爲眷注加愛不宣

卷十七 完

同邑 柳 栞 疾 鄭 瑛 校錄

卷十八　邑後學　陳去病　纂輯

明一人

周用 見前

先考南園府君行狀

府君諱昂字大詹世爲吳江縣人高祖進德娶于縣之張氏張之先於元相傳爲張仕判院至國初業益衰遂相鄰居于縣南五十里車溪之上正統間府君祖景芳父宗瑞相與讓田業於其外家徹屋於所居少南百步而定居焉母韓氏生府君幼卽警敏景芳抱置之膝以杖畫地作字授之一再輒能舉問學知大義比壯使督門戶事備嘗辛劇悉以脩治景芳公父子終年不煩遠出甚逸也景芳公年幾八十苦羸憊手足緩而不可使是時宗瑞公已先卒府君日夜侍左右少有舉動皆

府君代爲之力行起則負之日爲辯易其近衣積二年不廢性善記憶徵辭比類能舉隱秘故實譏評文字得失切中其要會敬愛賓客過逢必爲設蔬果行酒款語累日不爲厭鄉之人即有不相能者則引爲曉譬使各釋去久之人亦不以爲德也成化辛丑歲飢府君祖姑有遺女病僂不嫁而家特貧問往視之曰姑固不足於義耶即日迎與俱來時府君家無素儲躬爲辦給逾七年以疾歸卒嘗自邑中還風卒起止十里外望見湖中有舟且覆奮往救之出于舟之下者十數人其中有爲所識者明日來謝府君曰偶及吾見爾初亦不知爲爾也平居自奉甚約疏布糲食取足而已與人以信終身無所欺所親或不足有無周卹自號南園叟配計氏子男二人長用壬戌進士南京給事中次同女四人孫男一人女二人府君生於景泰乙亥七月十一日卒於正德己巳十二月二十八日壽五十五將以今年秋九月日葬于邑西亢之原祖

塋不肖用痛惟先君蚤歷家難力求師資孝友脩於家信睦聞於鄉禮義施於後人養不踰節行不違善而無能一日食其報嗚呼天乎實不肖罪大惡積不自殞滅至於此極也顧行緒具存是宜備物以錫于後伏維大人先生軫念孤苦錫銘刻石列之幽墟則先君之遺行庶幾得託於立言君子以垂諸不朽而不肖之罪惡亦得稍逭其萬一曷勝哀感之至謹述行實大略如左惟鈞慈俯鑒焉

王氏家廟碑

有明中順大夫右僉都御史王公哲既卒之幾年其孫度作家廟以世祀惟王氏之先諱壽者元末居吳江之西之梅里素以貲富世季化微以其里之人侈僭不孫乃飭躬處微不常其居去之縣之中河逮于皇明明罰勑法儉德承家自求多福壽生良輔良輔生彥徵彥徵生守仁守仁生某祖父子孫苞休緼華畜久而亨有子四人咸有名秩公其仲

也嗣子子京番世子其弟子東之子度克共天顯不敢寶隊乃嘉靖甲子子東以度爲公作廟於正寢之東端直靚密不汰不庳吉蠲棲神式如初志復取裁凡禮出入必告朔望必謁薦新哀忌四時之祭器皿衣服莫不備具度奉將惟謹可以教示長久謹按今制凡品官得立家廟祭以高曾祖禰四世其有官者得與其祖父以上爲之其有官者之子孫則亦得與其祖父者爲之是故義者天下之制也報者天下之利也又按宗法小宗各始於所禰子也禰焉孫而祖焉而曾焉而高焉於是言禮者又有始爵之文謂爲別子與初爲大夫者宜以爲子孫世祀德厚者流光德薄者流卑貴始德之本也公舉進士遂爲御史歷按福建廣東江西威愛並流歌頌以與累遷按察使至都御史聲烈載揚爰究終始考禮備物以有孝享宜爲王氏子孫世世祀也廟既成用則述公之世系名氏自元至國朝百有三十年涵泳德澤崛起徒步至于陪位

九卿與其出入勤勞俾所至蒙其休政其又後之人夙夜服念以彰公亢宗啓世之美者著于辭而系之以詩曰

三江之濆蔚有鉅宗孰愛而家自西徂東百三十年公爲御史曰中執法天子所畀我有積德貽於梅里繄伯叔季樂爾友悌顧瞻嶺越逴是跋涉以雨以風枿稿斯活惟此嘉績在昔既多奕奕者廟其數則那遲遲其庭植植其楹有事歲時齊粢潔清惟公孫子孝思不已刻石有辭以詔饋祀

明故前通議大夫大理寺卿湯公墓碑

公諱沐字新之世居常之江陰曾祖榮不仕祖鏞父虞並以公貴贈通議大夫都察院右副都御史公少從師治尚書操文校藝遂拔起諸生中成化丙午舉應天鄉試名在第六主司録其所爲經義以傳弘治丙辰第進士試政戶部尋知浙江崇德縣地鄰近素察其利病治之益易

以效逮公之去也民祠之壬戌以薦召拜山東道監察御史論事得體不皦皦近名嘗奉勑監臨河東鹽池一切禁利通商惠民邊儲以饒繼按山西用法絶不貸贓吏有司被薦他日則無實不稱名者正德戊辰陞湖廣按察司僉事未至會中官劉瑾用事鉤檢公舊所舉劾不當其意謂公敢與之抗遂誣以他事降知浙江武義縣武義素號難治前此長吏裁之以法往往得謗讟免去公曰法胡可廢顧法行何如耳未幾豪猾折服境内翕然庚午瑾伏誅凡瑾所變亂朝廷一復其舊即起公廣東僉事專督鹽課振刷宿弊貨商不相病公私賴之壬申遷福建按察司副使甲戌擢江西按察使乙亥轉浙江右布政使丁丑再轉廣東左布政使公無問官守劇易期代久近恆如始至之日政聲所在籍甚撫按諸臣上公治行前後凡三十餘疏是歲公入覲時楊公一清在吏部疏二司堪公輔者數人公與焉辛巳今上即位以明年爲嘉靖元年

陞公都察院右副都御史巡撫貴州兼理軍務癸未更巡撫四川會芒部寇亂公討平之詔賜白金二十兩文幣四表裏甲申召拜大理寺卿與侍經筵與賜御製洪範序文文獻通考恭穆獻皇帝睿翰公在大理每誦張釋之之言曰廷尉天下之平也一傾天下用法皆爲之輕重民安所錯手足則復大書於座端曰天下之平以與僚屬朝夕省厲一時奏讞咸稱平矣明年山西五臺人張寅等以訟訐逮至京上命刑部都察院會公議奏獄成凡三上不稱旨公與尚書顏公頤壽等皆下獄免官欽明大獄榜即其事也公質直自任不能事矯飾人有過即不面數已愀然蹙頞坐而言或不應故凡爲公所識者咸恥以不善聞於公其當官殿最人物專察淸白與否尤能以身率先以故所至輒有聲久而人益信政益起所爲古詩文略去蹈襲然亦種種合體裁字畫楷法平日雖倉猝屬稿了無一筆間涉行書公既歸治圃藝鞠曰吾樂其幽貞

不與時競耳蓋喻已之志如此退處五六年物望益重九卿臺諫疏起公者以十數考其文若某曰練達剛方某曰忠清愼謐某曰志在經濟行係風俗士大夫謂沂樂公葢足以當之無愧蓋舉公之自號以爲重也年七十三壬辰某月日卒娶陳氏封孺人累贈淑人柔惠慈儉先公二十年卒公不復娶旁無媵侍子男二長雲以例授散官卒次雨國子生女一適義官周都孫男二長世賢以公廕入國學承重服次世勛孫女三曾孫男一明年葬公于縣之敔山先塋陳淑人祔焉實某月日嗚呼昔在弘治間用以行人使江西公以御史使河東遇於漕河之舟中累日別去用乃歎曰是殆可謂所見踰於所聞矣後十五年用參議廣東於公爲同僚公視我特厚每日暇過從談賞藝墨指畫政務弘受開益又十年用復除山東副使適公以大獄歸其家人自常州具舟來迎道出臨清州用迓語於河上公蓋頽如也綽如也抑愼而暇達而節誦

而不懟無不可訓者嗚呼公庶幾乎有始終君子者已世賢先葬期以國史張君補之撰公行狀來乞銘其墓碑用感念鄉邦先達且敦疇昔之誼有不可辭者乃按狀述其世系治行出處而爲之銘曰

星紀之野大江之濆迺生偉人豐眉長身厚食其施厥有世德渾噩者書學焉以殖入對大廷出宰百里公曰勞止民曰寧止民亦何有田桑轂絲至今於公尸而祝之載雝其勞遂爲御史蹇蹇匪躬惟國之是中攉嶮巇噂沓實繁我則受之官卑名尊日月其除既躓復飛于淛于閩厥聲四馳嶺海之垂祝融之宅公作其鎮惟昔方伯濯以寒泉井洌而食肅肅大夫授斧命服綏此小民畀以全蜀公奚自來曰自貴竹我師我旅爾家爾室登公于朝班于槐棘惟古咎繇厥有遺直暨于哀矜胥古有靈帝曰咈哉爾惟勿辭公拜稽首恩斯不瑕恩實不瑕閔于而家汪濊旁薄曷其有涯孰豐其屋倚臨于谷孰推其轂寧說之軸無德不

報惟後之淑敔山之陽有封若堂述此銘辭不世其光

明故大中大夫四川布政司右參政吳君神道碑銘

嘉靖三年今南京刑部尚書致仕吳公之子巖以四川布政司參政奉表入賀萬壽節及安慶遇疾乃命趨京口進舟而南未至家五十里以卒實是年五月九日年四十九明年三月十一日其子邦模以尚書公命葬于縣之某鄉某字圍復伐石樹之墓左其友人周用則序而爲之銘君字瞻之其先有諱千一者自淮揚間遷居于吳遂世爲吳江人千一而下五世爲贈大中大夫太僕寺卿諱伯昂大中生封承德郎南京刑部主事諱璋有孝行贈官如其父承德生尚書君即尚書之仲子也母王氏贈夫人繼母夏氏贈淑人丘氏今封夫人君起家縣學生正德二年中應天府鄉試明年第進士拜行人楚王薨禮部舉君治其喪祗謪將事楚人以爲能重其國六年以選爲工科給事中七年遼東夷人

走闕下愬所在殺其使來告邊事者詔君覈其事君馳至遼東廉得其實曰是邊吏利單弱冀以竊殺爲首功者今茲法不信其將不免啓邊隙遂獄抵以罪諸夷人頓首以朝廷不外遠人願歲脩朝貢於我不絕九年正月乾淸宮災詔求直言君上疏乞視朝講學建儲斥養子出番僧遣邊兵罷中市凡數十事言甚剴切十三年部使者持牒四出督民逋或因以爲功遂并與所嘗蠲除一切取盈煩苛無藝民不堪命君奏乞徵還又乞遣大臣治東南水利宜繫白茆故道引太湖之水而注之海天子每從其言十六年今天子卽位君由工科都給事拜四川之命專領糧儲旣至則問歲所出入躬蚤夜治文書盡得其調度與諸守令約不得以羸耗病民時時出行部偏州下邑無不有君之迹居一年姦利衰止公私以饒君娶徐氏先卒繼娶沈氏俱封孺人子男三長卽邦模治舉業次邦楷邦材尙幼女二長適縣學生史璧次許龐杰始君生

三歲而失恃於王夫人稍長知哀痛感激服尙書之教唯謹尙書久仕於南方君從其兄山能以恭順見親愛家庭唯諾義兼師友久之志益堅業益脩考行觀藝恆裒然居人先由是入朝爲爭臣低昂公議出佐方伯牧其西人莫不卓有所樹立蓋其得於父兄者爲多抑君能用其厚於人倫其所獲宜如是君之不幸也復以共天子之事來歸於數千里之外尙書卒君之弟若子視君闔棺會君之兄自陜西赴淛江參政哭君於殯俟君掩壙而後去嗚呼是豈皆遭其適哉於是益知君之平生於君臣父子兄弟之相與蓋有所不可誣者已嗚呼人亦孰不欲爲善而君之食其報其近如此是重可哀也銘曰

淮海之邦伊濬其源暨來于吳其支實蕃五世以還允有孝德載厚其施寒泉弗食至于大夫克受丕祉乃父乃兄爰世其美顧瞻四國明命是將厥績告成置諸帝旁我謀我猷是用風議濟于多難務大捐細野

有虎兕折其齒角三江既東孰爲之釁帝眷西顧于昔之蜀俾予近臣殖爾百穀維梁之山有岷有峨德不在茲農飽而歌君朝京師君胡東歸君歸不來蜀人孔悲功不以時志不以年孰使則然人耶其天維吴之良維民之望墓門有碑以永不忘

封儒林郎鴻臚寺右寺丞吴公墓表

封儒林郎鴻臚寺右寺丞吴公年八十三嘉靖辛丑五月八日卒葬以又明年月日其子涵涝以公行狀先期來請表其墓公諱鑒字汝文號雲谷曾祖爲祖效父璩號鐵峯能詩娶李氏以長子槩仕累封兵部武庫司郎中李氏贈宜人公自少時鐵峯命業舉子以病羸中輟弘治壬子入粟補縣陰陽學訓術或謂非素業公曰吾本期以文章成名若等姑勿以此遇我會部院使者至有所指委事事無不當其意諸使者亟稱其材能公始爲邑中錢氏贅壻既而治田於梅堰辨其高下燥濕肥

瘠與秔稌之名物倣元人王禎者授時圖刻紙爲旋輪紀農協功各以其時戒其家衆自今凡若草木徒華而不實者不得以一物入地内以妨吾美殖百穀浩穰家日以殷奉祭祀贍宗族燕賓客莫不沛然有餘嘗再賑民飢折官所給劵不責之償公雅有綜理才然限於不得施惟貲以營搆鳩工飭材經年不能休垣墉桷櫨衡平而繩直者相望也每以意氣識他日官達人於衆中良然蓋其啟家漸染於父兄者自如此領訓術二十年謝病去未幾受封勅每歲鄉飲酒則爲大賓元配錢氏卒生子淞爲武庫後蚤卒繼錢氏封宜人卒子男二郎涵癸酉鄉貢大理寺司務次郎滂正德初纂脩孝廟實錄以諸生與選累官鴻臚寺右寺丞女三長適琢州判官龐木次適徐叔麋次適沈維垣孫男六邢案玄陳爲淞後之集之粟之臬孫女七適某俱鄉貢士墓在縣之某鄉卯字圍吳氏其先汴人也始祖秋淵當宋南渡時徙居吳江澄源鄉之北

溪至鐵峯五世而族以蕃邑人無近遠咸號稱其居里曰鐵峯鐵峯云至公仲兄鎣與伯兄並以科第起家弟鏊以例入太學屬官南京鴻臚同產昆季蟬聯婉美不愧門閥公復以訾秩爲其子擇師取友相繼爲京朝官特稱有子蔚爲鉅宗而公又獨壽考自六十謝事拜封徜徉林壑者二十幾年壓族人一時莫與之齒此固公勤勞節儉之效然亦豈一人之身所能爲哉其先世所由來者蓋遠矣傳曰積厚者流澤廣積薄者流澤狹夫積於昔者斯澤流於今則夫澤於後者其無望於今之積乎夫有其積也猶懼其薄而況其舍之也公若此則庶幾其能積積之而益厚者乎故余摭公之行實敘次其言表諸墓俾吳氏之子孫知今日之所由來且以諗吾邦人之世其家者

吳江縣儒學訓導吳君墓表

君以嘉靖十年三月二日卒葬以某年月日乃二十二年春其子文惠

持君之門人王御史時柯狀君行實一首幷君所著安齋集四卷東走三千里謁余于三江之上求表其墓按狀君諱欽字堯邦姓吳氏其先世宋熙寧中自處州徙萬安因家焉代有聞人著在譜志曾大父德華大父履弘父某君少治書補縣學生與諸生較藝時時爲主司所稱許凡九趨鄉試竟不得中式歎曰吾幼而爲學長而無所用於世其命矣夫人亦曰吳君馳名久矣猶鬱鬱於此曾不少見其尤於人其庶幾能安命者乎君聞之因扁其所居曰安齋嘉靖壬午以歲貢授吳江縣學訓導其誨學者每曰士以心術光明爲上學術所由以善其心術者也御史來按吳中者咸相與推奬朱君實昌署其考曰純雅以教人古朴以範俗識者曰斯言也不揜善不虛美可謂篤論也已君訓導九年當以秩滿上吏部復歎曰我昔爲學三十年不得第今入官又且十年不得調吾於是尙有所希覬安齋其將謂我何乃即日東書西歸萬安

不顧諸弟子留之不可士大夫留之將言於上官留之不可又明年卒於家年六十有四君娶其縣劉氏生女子一人繼龍泉呂氏子男二人長卽文惠次文敎俱縣學生女適蕭會雲墓在縣之某原君事繼母蕭以孝稱待異母弟欽昭友愛久而彌篤泰和王緼脩思以言事死喪歸出吳江君操文以祭退括俸資賻之曰此非爲我鄉人也此君之凡行載於狀者或謂君學非不若人而位乃終不若人則亦已矣又何屑乎身後名哉余曰不然蓋余嘗識君耳君貌纔及中人身如不勝衣至事當可否輒正色據理不但已顧同寮不能奪則斷斷然壯也逮余提兵駐南贛君從萬安來相見道故舊一語不及時俗事則又悛悛然其慤也故吾吳江人至今論前此以文行來爲弟子師者固不能舍君矣方文惠之從父於官也生始七年今旣能讀父書復不遠數千里而來求其父之素所相信者一言表其墓彼亦誠知其父之平生無有所不足

於此也於是吳江之士大夫與凡君之門人咸相與咨嗟勞苦猶若見吳君者則君之所以孚于人與施于其子孫者抑又可知矣是可得而泯其賢乎嗚呼人亦何不樂乎卑官而使君子於我無愧辭也哉余蓋有取於吳君矣乃因其狀而論次之授之文惠俾歸而鑱諸墓上之石

孺人施氏壙記

孺人施氏周用行之之妻也正德十二年二月用自南京兵科給事補廣東布政司參議九月以孺人行明年七月二十三日孺人歿于官舍年四十一十五年用使其子國南護喪歸以太孺人命殯于先墓之旁舍越二年爲嘉靖二年用遷淛江按察司副使未至聞太孺人之喪明年奉襄事又明年則爲孺人墓於先墓之右是年閏十二月二十八日啓殯以葬墓在吳江縣澄源鄉西亢字圍孺人父瓊母李氏世爲是縣人子男長國南縣學生次兆南式南皆幼女德生五年死貴生十三年

後孺人四年死且葬矣長子與二女孺人出也孫女一孺人來爲周氏冢婦二十二年勤苦儉薄終始如一日自用爲行人及丁徵仕府君憂服除赴官孺人皆留以待養柔默端慎舅姑於燕居稱其順親戚於出門稱其敬是故自始死以及葬之日尊卑內外哭之莫不盡哀其爲命婦纔四年壽不能及五十豈命淑之罰也自國南生凡再生子輒不舉二女性且惠又爾短折何生成之難也嗚呼其命也夫其喪之在嶺南踰二年而後歸又五年始克以葬若是其緩也用於孺人則何辭焉顧懿行在門內歲月逾邁有不可忘者於是取其大略書之石寘之壙之前地五尺惟以識吾哀而已

卷十八　完

女兒緜祥校錄

卷十九　邑後學　陳去病　纂輯

明一人

周用 見前

明故半閒沈君墓誌銘

君姓沈氏諱奎字天祥曾祖文浩祖敬父篪母俞氏世爲吳江人君少而知學爲文辭不失矩度性孝友母嘗苦目眚醫工爲不治矣君亟舐之如是乃數月良愈及其父寢疾君侍之衣不解帶於是時疫癘方熾所親教君宜少就外舍洗櫛君不可因戒其家勿以一切事關我而君卒無恙人以爲孝昆弟四人同居有無相通親戚有所不足往往取辦於君一弟與妹夫且先死撫其子尤有恩君既好施與復不能事產業家用中衰或以爲規君輒謝曰使吾後者賢於吾雖無所遺可也如其

不賢遺之何益於是教其子漢成業以見志今都御史東平王公初爲御史行縣及吳江趣聞善良主名有司下里中問里中人無能舍沈君者案家傳御史檄縣旌公書名於亭爲衆法式與此合其後君益自晦不欲知於人退而與其子治別業於縣三里之柳胥自號半閑築室樊圃當太湖諸山之勝每率諸孫往遊其間賓客過逢則擷蔬行酒相與歌呼爲樂累日來歸以正德辛未四月二十二日卒其生景泰乙亥三月十二日享年五十有七配嚴氏子男一人卽漢縣學生孫男三人嘉猷嘉謨嘉謀尙幼漢卜以正德癸酉正月二十六日葬於柳胥無字圍之新塋先期以陸君德如狀來乞銘予與漢嘗同受尙書於學官實有雅好者銘曰

恔于惠不利其贏闇于躬不籍其聲斯邱之樂維其生終焉以藏曷不寧考于銘以觀嗣人之成

陳碩人墓誌銘

吳江沈君廷望葬其室陳碩人也先期仲子臣走京師致其父之言於余曰高也不惠于家受室不克終與祇將祀事今兹遠日既卜作石以貽諸幽不可以無銘敬遣子至左右以請又曰自昔也偕室人周旋于家家之小大事靡不承致而未嘗見其有不善復能以循默佐我居益久若未始見有所謂善者今逝矣宅兆之未安虞祭之不時心實慊焉吾宗其繼稱乎爰擇地爲之墓唯邑西降之原水壤淵厔相者曰方隅祥親者曰展省易而墓木未拱無以綏化者唯是子若孫以制禮日月爲言蓋數矣吾固不之聽也是以襄事緩而至於斯敢不悉聞臣且言曰吾母氏之有子臣也實少是故鞠臣之勞母則已甚逮于有知忽焉無恃則所以事養吾母者獨無及乎時悠悠昊天此得罔極可哀也幸愍其私以爲之銘言已而涕洟余謂陳氏順婦也慈母也睦媚于家不章其儀蠶織溉享事之微也可謂順也已愛其子不遺其教教以成義

而施及于其孫可謂慈也已既順且慈婦行脩矣是宜有以銘也碩人子男二人長曰夔有官以義名者少卽臣與其長孫承業皆入太學女一人適郁氏卒孫男凡二人曾孫男女各一人生以正統二年十一月十五日卒以弘治十一年十二月十日葬以正德三年某月日年六十幾銘曰

吁嗟碩人儷于德門淑愼有恆善于卑尊卑尊燕喜宜饗宜胤豐于一家茂介多祉既衍其裔不偕其壽茲邱有銘永也無咎

亡妹周氏墓誌銘

亡妹周氏諱素正父大瞻母計氏吳江人既歸秀水卜淍六年而卒是時爲正德丁卯四月二十九日距其所生成化庚子二月二十九日年二十有八子男一女二淍繼室賀氏所出也卜以正德壬申正月某日祔葬于其邑之某鄉某字圍之先塋先是其舅尙文遣淍來屬銘於予

嗚呼予何忍爲之銘也顧兄弟之戚非予其誰爲之者念予始爲給事中來南京也因過家省父母聚姊妹弟以相問語而吾親戚咸相譽以爲樂也其年聞妹之喪哭于寓舍既而吾父來視子孫之在官所者問故又哭焉明年一女死則又哭焉又明年聞父喪攀號摧裂不即闔死成服以歸而妹之喪猶在殯也嗚呼一人之身二三年間數承凶愍罪惡罔極禍于卑尊幾何其能自生存也以今而視昔者俱存無故時其時當何如樂今當何如哀也吾妹自幼時即愼默不伍羣女苦學翦製縷結識文字每每以蚤成爲族姻稱逮于爲婦事舅姑有恆敬臙燕祭必腆潔日益循飭不踰雖門內人未嘗見其有所甚喜怒也豈其慧而順者罔當不壽耶吾亦見爲人女子者既出門行年八九十猶不幸厭奉養子孫執麻絰而哭者滿戶內嗚呼是亦人也其視夭而無子爲之喪者何如也銘曰

人或不嗣而宜其壽或不以年而畀其後胡俾之厚孰甚汝疚女女婦婦不祉其常兄銘汝丘不文而傷

趙母翁碩人墓誌銘

碩人以正德十二年四月二十三日卒遂以五月七日葬從夫兆祔也碩人始有疾亟令其子孫治喪葬具既卒之十有四日舉以祔葬成遺言也碩人姓翁氏諱德貞父顯吳江人適平望趙惟政惟政家故市居不牟于利爲鄉善人先二十一年卒子男三人長滋次溥次濟女一人適陸世昌孫男九人乾艮巽渙需坤鼎暘元女二人曾孫男四人碩人卒年八十三墓在縣之某鄉某字圍銘曰

載瞻自西有蔚者墳孰先居之維惟政君君之歸矣越廿一祀君曰寧止婦曰勞止疇則謂賢爾孫爾子衎衎于家碩人之壽匪樂其康用燾爾後既穀爾嗣祗復我儀日月有時式遄其歸無巳昔昔覿于玄宅嘉

柔之德永示刻石

趙公澤室人范氏墓誌銘

吳江趙公澤室人姓范氏諱淑英韭溪人正德六年正月十八日卒年六十二子七人乾艮巽渙需坤學浮屠法女二人長適劉蓋縣學生次適呂濬孫男四椿桂梗枘正德十二年五月七日葬于縣之某鄉某字園銘曰

稽婦之德于周之詩詩云維何無非無儀非則不敢胡儀勿宜維儀于儀寶德之睽以順不淑匪訓之彝厥有蠶織寧棄不治有家之吝戒于嘻嘻不疾其德莫良于醫易云其哲終焉默而夫也制義不慾于隨子也克家不啬其慈子偕其婦無斁孝思省以溫寒酌以飽飢嗣我事我既慎且時亦有壽年錫胤在兹列以幽墟無爽厥辭

陸孺人墓誌銘

吴江王君普之葬其母也先期使其子來告於余曰普不幸母氏棄養遠日既卜將合祔賓谿先府君之兆獨念窴之幽壚不可以無銘敢遣子嵒持狀固以請余惟年尚少時於客座中始識賓谿翁頎然長身頭須纔白顧與客語旁引史傳而時吟哦聲上下視日暮矍然起曳屣去殊不類時俗齪齪者既聞其平生彊於爲義某年間歲再不登再發私廪以食饑人有司嘉之鄉人稍推爲長者賓谿下世復獲與普交諗悉有恢理家一切不改其父之政加以儉勤絶豪靡之習久之數田宅之益於疇昔者蓋什三四是爲能世其業者也逮嵒警敏積學余辱與之游既而起縣學生以例升太學俄借鴻臚銓承事内閣徧交一時達官名人凡稱吾邑中大家誰爲良子弟無能舍嵒者則余於王氏自昔至于今蓋交其祖子孫三世且能言其爲人内則淑慎吾能徵之矣兹於普父子之請宜若不可辭按狀孺人姓陸氏諱某字某世爲邑人父某

母衛氏生而質慧嘗受讀孝經女誡通訓解作字楷法楚楚可觀歸賓溪自入門至于屬纊之日凡歷七十餘年夫以成其行子以克其家孫以亢其宗孺人於爲婦爲母終始教相之道既順既慈克饗其成由吾於賓溪於普於嵒見之矣其事舅姑治喪祭睦宗黨如狀云云者不問可知其無闕焉若夫蠶織酒醴囊篋箴黹下及遠近新舊振卹施與之事特其細者爾舉其大者斯可矣孺人後賓溪翁幾年以嘉靖甲申十一月二十二日卒年九十有一葬以明年閏十二月日墓在邑之某鄉妻字園子男一人卽普女三人長適沈琪次適龐瀚次適翁艮孫男二人長卽嵒次岳女二人曾孫男二人女二人銘曰

詩歌壽母孰知其紀謂百斯壽我則伊邇豈曰壽爾亦有茂祉維孫與子克繼克似有麗者丘于匯之涘懿哉多譽曷其有已

陸孺人梅氏墓誌銘

孺人梅氏諱某世居吳江之瓢溪父寬嘗授以孝經小學能通其大義適縣之陸氏良濟良濟治經藝爲縣學生既而入太學卒業留孺人以養其父橘莊翁母張氏孺人周旋順適其舅姑若不知其子之不在左右也良濟之兄有公逋累歲不能舉有司逮而繫之獄或謂孺人曰伯也誠得如仲也某所田二十五畝者鬻而歸之其可以免蓋賈倍而售易也孺人曰田宅凡以與子孫也乃以與吾舅姑之子則豈不若與吾之子乎卽以告良濟曰業許之矣吾固知汝不吝也良濟謁選吏部授吉水簿人有訴其妻以竊盜而欲去之者以其子爲證良濟疑不署其牒間以語孺人孺人曰直父無母也直母無父也爲子不亦難乎且夫夫以義制子以恩屬官以法裁詘法信恩猶可以訓若其誣也人謂我何良濟乃召其子而問之曰而母盜而父財有諸曰有之則又問曰而父誣而母也殆無之曰無之乃謂其父曰是誣也吾貰汝吾不忍若母

子也其人乞勿終訟而以妻子歸於是吉水人謂陸君爲政將不欲吾民之有鰥寡孤獨者也鄉人稱陸君於家宜於兄於官宜於民凡亦有賴於內之助焉耳孺人生於某年七月初三日卒於嘉靖五年八月初八日年六十有八子男三人長琇次琨俱學縣生學有成業次璆女一人適顧樞孫男五人應登應庸應隆應期應望女三人長適盛廪餘未聘良濟卜以某年月日葬孺人於某鄉新塋先期遣琇以狀來乞銘用與琇同志而誼好所不敢辭遂取其淑行載於狀可以特書者序而爲之銘銘曰

賢其夫以其婦賢其子以其母昭厥美我何有昌爾後益爾壽高原膴從其右貞珉辭信永無咎

鄉貢進士錢君墓誌銘

君諱卿字廷佐世稱吳江厤溪錢氏今居縣之江南君再徙平望祖鈺

義民父瀛浙江湖州府知事君生不勝冠即操筆綴文間有奇語補縣學生益緝治見尺幅據几輒亹亹數千言不窮然意氣旁溢不一一就繩約同業以程文規之不爲改既而得宋眉山蘇氏父子所爲文讀之躍然喜曰作者不當如是耶遂執以爲業捭闔横從倡和披應自謂不敢久出其下每舉所著論義則連篇瀾翻聽者省諾不暇特爲色沮學校監察黎御史以歲考得君文驚曰是當爲江之南北第一復數以語人君之名則益以振正德十四年應天府鄉試中式自是凡四試禮部不第嘉靖十年七月十九日以疾卒年五十四君學既成藝時年且少以爲可指取高第見事業顧爲諸生二十年餘始與鄉薦人咸惜其遇之晚君殊不以爲意曰今而後豈尙無知我者又十年不得舉進士或勸君宜卒業國學以待選次則曰人各有志爾爾安能強我居常遠自期待不肯齪齪事生理輕取好施家無贏貲士大夫往來南北道出平

望者君輒投刺復爲具酒食宴樂劇論世務繼以篇什相屬和或至累日不厭所爲詩歌類多大言若不屑於優柔者又因所居自號後谿居士積稿曰後谿集蓋自傷後時所以識也娶陸氏子男二長世忠次某女三嘉靖十二年某月日葬於縣南虞字圍之新阡先期世忠以沈君子由狀來告余曰孤之考有治命願得一言以掩諸幽子由於君爲同年其遊之也詳余於君居相去也近相交也久又悼君之有文而不幸不得一信其志如其平生所自許而憤憤以沒也爲銘其墓曰

君世其學以毛鄭詩起家諸生大闢厥辭爰有華問沛然四馳載屯其膏其施未光始者之謀孰云不臧有志莫讎傷哉茲丘列銘于幽以垂爾休

明故范君合葬墓誌銘

君諱鑚字鳴遠其先揚州人自萬六公淵元季渡江避亂吳中遂占籍

吴江之同里曾祖士敬再遷于縣治西祖瓊父瓛母李氏君少警敏補縣學生始受詩以伯祖廣東參議禎彦公以易起家乃更受易既而爲註誤見斥不復辯即日去讀書宜興山中積歲餘提學御史察其誣聽其自直會君病瘠冉冉成瘵處牀蓐踰三年而後能起遂舍舊業而率諸弟專意於治生養親人未嘗見其有不堪之色正德丁卯縣令以例辟君署社倉君再辭不許曰吾非不屑於此也政恐不任耳乃日蚤起趣家人具食已則束帶旋旋來場中視出納以爲常未幾門者曰莞籥視昔加謹矣輸者曰概量視昔加平矣倉之力役有斗級者每常計其歲中所入米穀之數必盡出乃能役以故歷數十年不得去後來者復遞遞相仍役者益以困又一切蠹耗責償無時君曰法如是是民歲以役也言諸縣自今以歲終稽實即代去庚午江南大水君曰公家設儲備凡以爲民也況我實與司其事復言諸縣發社倉以賑饑人人曰假

令人日得食米半升可以不死乃今以范君言出粟若干石則宜活若干人或謂范君爲小官但作鄙細事我其信哉君遭父喪既免則亦不復任事居常値風日霽爽則之城西太湖之上觴集終日歸則悠然若有得者因自號晴湖鄉飲戒賓則謝以齒德不逮娶顧氏諱清貞谷處士女也事姑李性頗嚴能以儉勤得其愛曰吾異日不爲婦之姑乎胡謂姑嚴也子之婦少孤也待之慈且惠曰吾嚮日不爲姑之婦乎胡能不憐其孤也其他事在中饋舉其大者可知已君生成化戊子十一月十日卒嘉靖壬辰十一月十六日年六十五顧氏生成化己丑四月十五日卒嘉靖甲午十一月二十一日年六十六子男一人應春縣學生女一人適陳經孫男三曰重慶餘慶世慶女一應春卜以乙未十二月十六日合葬于縣北柳胥鱗字圍之祖塋先期述狀來乞銘且曰應春考妣當疾革時無他屬第曰汝善視我陳氏女汝善視我陳氏女予問

之故蓋君之女嫁陳氏而孀也予於是又謂應春庶幾能不違其親者也能善于兄弟者也吾聞與人爲善君子以爲大況吾嘗與其父交也乎乃取其狀而志之而遂銘之曰

漢世其官以倉庾氏自是以還人樂膴仕嗟乎范君不隳其卑念彼人斯餔之殣之坎既盈止木則升止以汝儷歸是曰寧止

誥封中憲大夫漳州府知府陸公暨贈恭人呂氏合葬墓誌銘

公諱政字時舉其先河南人宋南渡時始來居吳中遂著籍吳江稱石里陸氏國朝洪武間諱千七者爲縣之長橋義兵千長曾祖愷祖雲父琫授某驛丞公少喪母陳氏既長則時時問諸母行以母之儀範豐若皙何似遂肖像私室事之節序躬濯器上飲食周旋悲慕鄉人相語曰古有丁蘭今見陸某爾父就官未幾亟往候之曰年至而官卑大人何自苦即日勸與俱歸乃從兄時勉商于湖湘間以爲養公居常落落不

拘小節其於商亦不齪齪事乾沒又不問折閱所至但一取信於駔會久之所得奇羨每溢於他商入門解裝纔受息之什一以退自是凡往返亦如之曰有父兄在遂以敦睦致饒裕嘗曰吾聞陸氏之先於河南蓋有世澤吾已矣顧諸子不可不徙其業乃令治詩經學爲程文公平日往來西南藩省所聞經生學士善講説能文章有聲名者則攜諸子往從之游必卒業然後去子金登正德丁丑進士由工部郎中遷知福建漳州府公每貽書輒以清愼勤爲言若有人從南方來聞語金一一如所教則矍然以喜配恭人同縣呂氏父通業儒故夙承女訓相夫克家儉而中禮公或以行役滯于外涉歲時未能歸恭人能敬以事其舅嚴以昜其子下至種藝蠶織之事莫不及時歛積完好公每自外來視成而已公始以金仕封工部員外郎加封中憲大夫漳州府知府嘉靖乙未二月二十日卒年八十四呂氏先公若干年卒是爲弘治辛酉十

二月二十六日年四十六初贈安人今稱恭人實爲加贈公子男四人長即金江西按察司副使次鑾次鏊次鉄鉄爲側室陳氏出女一適許邦彥孫男五人文瀚文泮文治二尚幼孫女九人呂恭人之卒也正德戊辰且從祖兆葬矣乃今卜以某年月日葬公於縣之果字圩新塋遷呂恭人之柩而合祔焉先期以前刑部給事中沈君宗海所爲狀來請墓銘余嘗誦公制命之詞曰躬全厚德名孚鄉邦又曰義訓夙敦克成厥嗣余惟公自有知迨于成立孝親愛兄藹有善譽年既耆艾命服在躬賓歆于鄉儀觀偉如是不謂厚德也乎篤念先緒敎誨其子藝成而升其羽爲儀起家郎署遂分郡符執法大藩厥有聲績是不謂義訓也乎夫德以成朴義以成志名與實稱公於是乎無愧辭焉法宜有銘銘曰日攸好德食福孔厚其占有孚義亦無咎明明帝制德義是茂既祈爾壽復裕爾後懿哉恭人克配其良以順以齊曷云先亡疇錫玄祉載

燿其光胡能後先而不同藏伐石徵辭以世其慶

明故將仕郎南京鴻臚寺鳴贊吳君合葬墓誌銘

君諱鏊字汝濟其先河南人始祖百一將仕從宋南渡遂著籍吳江高祖某曾祖某祖某父某號鐵峯能詩善筆畫母李氏鐵峯四子長某兵部武選司郎中次某舉應天府鄉試次某封鴻臚寺丞君其季也鐵峯官封如其長子李氏贈宜人君年三十始入縣學遂應例入太學既卒業嘉靖癸已謁選吏部授南京鴻臚寺鳴贊南京官署多省員見在亦頗無所事君至則僦屋買馬晨日入寺揖問無事乃去從鄉士大夫仕於此者送迎往來游眺宴集無虛日居數月俄病失聲藥之愈甚即具疏乞致仕一日蚤起令家人輿出城西門使來告余曰我且歸矣余追至金川門舟中執手與之訣既去抵家幾日卒實嘉靖乙未某月日年六十君慷慨有義槩族里姻戚凡吉凶事有不足輒視有無爲之助鄉

人以不平相持君則爲之具酒食集倫輩陳説曲直利害往往引服解去間以逋責則爲損倍差之息拆其券以故恃君不終訟者蓋什之四五皆曰吳君良愛我可又煩官府以負君哉則人人爲君延譽於是前後來令縣者顧特禮貌君代去則每致訊問曰吳君與人善是殆有終始者君配許碩人同縣許貢士女初貢士與鐵峯有宿好求納君爲壻既入門即授以家事君能營治使就緒一不以煩其婦翁貢士未及仕而沒乃其子某於時在襁褓君與碩人視之甚謹伈伈二十年見成立矣然後歸以舊業自治居鄰於其西又自號東園識不忍忘許也君嘗自縣中歸數太息碩人問故君曰吾仲兄家二人者以盜將斃于獄而終無實耳曰所盜何曰受人所質囊篋瑣細物耳曰伯家故多貲彼亦何有於是得無雜置他所乎君既已疑之矣異日如死者何君即日來兄所而語之而閱之果得所謂盜者物於故囷中封括宛然君歎曰吾

不謀於内幾不免二人於死碩人先君幾年卒是爲嘉靖某年月日年若干君三子長某次某季某女二長女許碩人出長子季子側室楊氏出次子次女俞氏出長壻顧瑞上林苑監錄事某等卜以嘉靖十五年三月十五日啓君與碩人之殯合葬於縣之某鄉新塋先期以鄉進士張秉道所爲狀來請銘會瑞以使事自雲南還道出龍江告余曰惟瑞少依於外舅氏是有子之道焉然瑞昔也既不得視其疾舅且沒又不得躬以殯將役萬里往來改歲惟大事之未襄恆戚戚以爲憂乃今得一日視吾舅之喪以窆也非其幸耶願終惠以銘銘曰

學或不以時尙觀其生售或不以訾庸考其成若父若兄爾舅爾甥惟君柰何不詘其嬴以載馳其聲矧伊人兮惠而貞有丘阜如偕則寧來者如不信其徵此銘

王母計氏墓誌銘

西疇王翁卒既葬之某年爲嘉靖十六年是年正月十四日其配計氏卒年八十一男四人雲縣學生雨省祭官霝先卒霈女一適徐仁孫男十人詔誥謨諶之符之節讚評論諫女六人曾孫男七人女二人明年月日雲以西疇翁墓在縣之某字圩啓其封而祔焉先期持狀詣予泣且語曰吾母葬有日矣敢以銘請惟吾母歸先君時姑倪氏以早寡值家中衰先君仲子也與兄以母命不得同爨雲祖母則就養于伯父所吾母初入門家事一切無所授受乃拮据裁縮日以饒裕謂先君曰子之母老矣子早失所怙以少子特見憐於母其何以報德且我不得一日養其姑烏得爲人婦先君曰母固許我矣徐覦子之志耳今日聞此言可矣即日偕往迎以來自居處服食以至蚤晏臥起吾母事之悉能得其意姑甚安之如是者三十年不少廢姑年八十九以終人曰王君可以爲人子爲人弟矣弘治間縣官以先君督鄉賦所出納米凡幾萬

千有奇前後執役年不得代間值江南歲凶民之輸之者纔什七八有司取盈惟責之長先君難之吾母指庭之米囷曰此可出之乎不足則理其篋笥而數之曰此可質之乎不足則又曰鄉之某里之某可往貸之乎吾豈不知卹其家顧官府責之子子責之民窮民將誰責耶秖以期會自取辱終當償之耳他日問諸偕役者則莫不然縣官曰王某純民也鄉人曰士賢固長者於是里中諸耆嫗與昏姻之尊卑相與稱語親戚族黨中饋之賢必曰孰與王君之配之賢者哉雲痛惟先君於家爲能子爲能弟於鄉爲長者於邑爲純民吾母實有助焉者惟是窀穸之事遠日既卜大懼懿行之或泯無以示諸後裔以是敢以銘請予曰茲役也殆不敢辭惟爾我先外祖彥明是爲吳江茂族予於子有一日之長逮見外祖母陸憶予爲兒時先太夫人擕以歸寧惟我舅氏姨氏諸尊行於我呼小字納拜歷歷若前日事今皆無在者言之傷心諸甥

惟子學爲儒先資政與予先公以同門壻往來又特相善子且久辱與我游今兹之銘也予又安能辭銘曰

錡釜饋祀載勤絲枲匪家之謀惟德之以政則不顓儀則不慭曰孝曰淑乃徵其賢似續頡頏執贄義力義方偕偕惟宗之亢西疇之封祉哉同藏列以銘章爰考其祥

明故大中大夫浙江布政使司右參政陸公墓誌銘

公諱鰲字鎮卿一字騰霄姓陸氏蘇之吳江人高祖雙孫曾祖進以農業其家考祥介而好義累贈中憲大夫浙江温州府知府母龐氏累封太恭人公小從中憲役于京師遭家坎壈世業日湮弘治初中憲卒公侍太恭人以居稍長就學從故少保濮陽李公受詩中弘治乙卯順天府鄉試壬戌第進士授湖廣荆州府推官廉勤明法人以不寃知府雅不善視同僚顧獨信愛公事必相可否然後行會給事中御史使楚檄

公閲錢穀施州施州民雜夷獠不可責以法久矣公曰玆非有官者之事乎即日以往剗絶宿弊猶日治其滯訟比去軍民咸以爲此公於我有恩攝府事一年凡無留牘歲當慮囚即市曹白巡按御史爲之停刑者六人具得申雪累以上官命決疑獄諸郡三年陞工部都水司主事管徐州百步洪省夫役錢築石隄以便引船凡幾千丈正德間逆瑾方專横政特苛黷同年給事中按事淮安府事訖而返道及於徐自經於舟中知府誣公知其由以自解公徐曰事固不可以僞爲爾也不爲辯事聞驗之卒無實會御史缺改福建道監察御史督京師東路盜賊明年巡山海關遂劾巡撫都御史之不舉職者因疏籌邊三事悉見采納繼陳六事不報巡按河南鎮守太監王某聞公至戒其下曰陸御史來矣既至奪宣武等衛屯田爲勢家所據者六千餘頃給諸貧軍歲增糧四萬石正德六年以來北方流賊所在相扇蠭起有司得所脅從輒坐

以死而犯者益衆公盡釋之仍令官府勿聽以他事相攻訐者於是人情大安奏釋各府滯獄百數人辯死刑之誣者六十人監河南鄉試河南稱近科得人以是年爲盛明年擢知溫州府始至民多訟公曰所以致訟者由求簡訟之速爾夫長民者一切不問民則何以輸其情乃蚤夜聽斷不爲懈朞月視始至殆損訟牒之什六七嚚辨者稍稍就田畝吏恱首受成無所緣以爲姦乃廣學舍集諸生講解程日試藝鹿城書院第以高下彬彬成材台處寧紹歲饑流亡集府之境内爲給粥仰以活者無慮千數裁省鄉飲祭祀公事之外諸所無名冗費民困大紓溫州瀕海阻山絶商販荒政廢不講公令願贖罪以穀者聽三年穀且盈八萬豪民徐姓專持有司短長民以爲害前官莫敢何問公召寘之法民間生女輒不舉公嚴設禁諭婚姻第各稱其家俗以一變甃府城三千丈覆以石歲省所費不貲又闢通衢臨鴈池以息火患其餘事事規

昔莫不長久可行御史每行郡至溫一宿輒起曰溫州殆無所事在溫州六年陞浙江布政司右參政督糧儲是時浙之東西素狎公之政不煩而集初布政司以金糴嚴處四府歲凶議減盤石衛糧價輸之溫州府庫者比其出納也或謂府官操其贏軍中以爲信至是風聞言官論其事公方行縣即日歸吳江巡按御史數使人趣還公歎曰鴻飛冥冥弋人何篡焉竟不可彊公早孤羈旅于京師奮志學問一時所與交游皆以文章知名當時往往先後登顯仕故公起家郎署至方面人稱善資於師友性坦易不立厓岸與人交傾洽無吝情復慷慨重義節歷中外二十年足跡不一及權貴之門其爲推官時有李都御史謫戍邊路出荆州時禁方嚴公與曾無一面識就逆旅慰籍備至遺以俸所得二十金以行其在河南奏祠正德間嬰城拒賊死事上蔡知縣霍恩等五人溫州江心寺孤嶼故有宋文文山祠歲久而圮葺而擴之民士大

慰居常每以中𡨚不及祿養爲恨事太恭人曲盡孝敬居喪一以禮與其配畢恭人相待如賓白首無間言諸子業經學懇懇教以忠孝勤儉自浙中歸始治先世遺業不事侈靡亦不爲矯飾自號釣雪散人約諸士大夫爲生日會作堂曰半閒扁榻所曰易齋以見素志家居越十五年是爲嘉靖丙申七月十一日公燕客客去沐浴已逮寢遽呼諸子環視之無所語翛然而逝公生於成化癸巳五月二十八日壽六十有四子三長希旦次希奭俱太學生次希望女二長適吳縣賀承道參議泰子次適王子木都御史哲子孫男應奎縣學生應登餘幼孫女一希旦卜以某年月日葬公于縣之珠字圍先塋乃述公行實政績爲之狀手書戒人走五百里抵予于南京曰先公進士同年吳郡纔七人而先公又辱與公爲同邑知先公者宜莫如公敢乞銘藏之墓余受而讀之其辭愼其志哀其事纍旋旋乎不忘其先人之訓益可以知公之平生也

已乃按狀誌之而系以銘曰

中憲之先遐哉德門孰嗣其慶公惟後昆射策于廷矯翰以鑾贊刑于荆氏以不宼執簡中臺數稱平反稍遷大藩政視於溫既樹之法載煦之恩行成毀隨人之爲言言則有瑕我則無怨吳江之濱水湍木蕃在公孝思是惟本原不究其施詒之子孫何以徵之斯銘之存

同川陳君明墓誌銘

君諱理字君明吳江同里人年十一讀書已知擇師十五入縣學下筆類不作常語復取近時舉子所爲經義若干首芟治疵類納之程度具有業次其餘若子史古今郡國雜志及氏族支系字書聲變皆所綜博提學浮梁張御史行部試事訖問諸生能爲古文者誰乎衆以君對命擬請立先賢子游後奏記君援筆立就御史曰即令我自爲之不能過此遂廩君于學三應應天府鄉試不第盡交東南名士聲聞益茂年五

十嬰疾日以沈痼治之幾年不得效乃來舍邑中就醫診竟不起年六十一高祖某有孝行曾祖某父某母徐氏君娶曹氏生男四長陟次陵國子生次陞早卒次隨既娶而卒女一嫁周頌吳縣學生前進士某之子孫男四女三君自少學問既長礪淬擢鋒穎逮屢躓場屋又平日所與交游往往成名相繼以去而已乃獨後時益自奮不爲挫鄉邦諸先達率等輩視君期以遠到其時刑部尚書立齋吳公致政居里第尤雅愛重君每屬以文事吳中士大夫家凡記傳序銘雜著一時多出其手君器岸軒特人樂推予持論據肯綮輒往復不舍或値其意之所不可則於衆中抗膺劇談造次排詆莫能奪其說其爲君所然諾則亦充然若有得者執親之喪終始盡禮建陳氏祠堂置祭器一倣古制買祭田爲畝者四十其他區畫家事皆稱是子弟不得以嬴詘爲解兄某嘗困重役君作書走五百里上巡撫都御史鄧公公加禮貌特爲免役弟某

歿遺孤煢煢君提攜底于成立至遇宗黨咸有恩禮君之卒葬功以下哭之必盡哀因所居里號同川所著有同川集吳江志稿宋元遺事脩陳氏族譜定四禮規皆可世守君以嘉靖十七年某月日卒是年某月日葬于邑之某鄉某字圩祔兆陟請銘其墓余辱與君同游且久相好誼不可以辭君之寢疾也余嘗數過問之退而語人曰君明不幸而有疾且至于病矣乃聞其議論落落視舊日不少貶嗟乎使君明前時如期得科第立事業萬一齟齬居人後將猶不免有觖望況又使之鬱鬱以窮終其身若此耶可以悲其志矣昔人有言天道遠夫遠之而邇者人也天曾不以陳君一日獲展其志固將有以遺其後之人也為之銘

曰

偉如之資蔚如之辭緊何闕兮而俾不施莫輓與推誰曰乏才我俟我時其雲其雷張弓不括操刀不割大車以載其輹則說有礫斯石不磨

者志述詩繫哀以貽永世

卷十九 完

同邑 柳棄疾 鄭瑛 校錄

卷二十

邑後學　陳去病　纂輯

明一八

周用 見前

子游祠記

昔者孔門弟子其仕列國與大夫之家者不必論仕於魯而有聞者則莫如子游其宰武城也說者謂魯之下邑也論語載子之武城聞絃歌之聲子游之平生夫子蓋諒之矣彼其以夫子不得邦家則所以行夏之時乘殷之輅服周之冕樂則韶舞終託之空言哉鳳鳥不至河不出圖吾已矣夫夫固否嗟歎息而終不忍一日忘天下者也故曰如有王者必世而後仁又曰苟有用我者期月而已可也三年有成聖人之心期可以行道夫豈有所固必哉子游知之而以禮樂治武城則不待入

其境而後知也當是時師弟子驩訢晤言他日問以得人而以澹臺滅明對而夫子恵然無難辭由春秋以來至於今千八百年誦詩讀書樂道聖賢相與之篤如此故曰弟子仕魯而有聞者莫如子游也嘉靖中用受命治漕河駐濟寧濟寧爲州屬兗州府稽之志古武城在焉先是工部郎中張文鳳倡建子游祠而未及爲之所用既至或曰於費縣或曰於泗水縣用曰建祠之意而豈徒哉若曰此其人也者此其昔者所治邑也其人往矣因其地則思其人不能忘焉乎爾於是主事傅學禮亟往求之得之於費縣西北七八十里之間曰關陽川於其旁得元至治廢寺斷碑其文略曰費縣西南七十有武城弦歌里考之志則所謂西南西北者不同學禮初嘗訪費之西北蒙山之旁但有故王城蓋故顓臾城則武城誠不宜如是之偪以北爲南其志之誤也建祠肇工於嘉靖二十三年某月落成於二十某年某月爲堂爲寢爲廡爲門爲坊

表爲講肄之所設子游象而以子羽配其費取之河工之羨學禮以圖來視既而復官于朝謁用爲之記用惟今天下自京師而府而州縣莫不祀孔子凡薦紳大夫道由齊魯之區入其疆仰泰山止曲阜顧瞻少昊之墟周公之履仲尼之所居遵闕里循宮牆思睹燕申之容訪陋巷下鄒嶧而庶幾識顏孟之遺蹟齋宿伏謁所至移日徘徊而不能去其向慕愛樂夫人之所同也今夫平居聞人之道人之善者未必名世也則必問其世系里居與其平日言若貌何如況於游聖人之門者其言若行著之載籍又彰彰如此自今以始知有子游祠者其能不浩然而來悠然若聞其弦誦怳然若覩其語笑憮然會其師弟子竊歎之懷其心必曰二賢者吾聞其人矣吾至其地矣粵自二賢至于今則復亦有篤信不惑如斯人者乎則復亦有循飭不越如斯人者乎斯民也三代之所以直道而行也古今人豈不相及哉則夫聖賢以學道愛人望諸

來世者宛然其不泯也得不油然興起一變至道之心而敢負古人垂世之教哉今日建祠之意蓋如此是舉也臺省奉使山東暨藩臬以下諸君子凡樂贊其成并給役與有勞焉者於法皆得書以詒將來云

清忠祠記

贛之祠趙清獻文信國以二公嘗知是郡故也嘉靖八年予奉命視師南贛諸郡間謁二公祠祠在郡門之外西予謂其官屬曰二公生而仕於此南向以臨民沒而祠之以東向於義則未安棲公之神復不於堂而於寢於禮則未協盍圖之明年而改祠正位予曰祠其人既謀於禮而不悖則宜著其治行勤勞者以附公於祭法人之言曰清獻之清信國之忠古今之所謂清與忠者也則亦不可幾而及也是則然矣不曰贛之爲郡自漢至于今千幾百年郡之有長自晉太康以後其事業顯末不可考見與僅存名氏而未有稱述蓋亦多矣其間風槩氣節差可

比儗者可直謂之無人哉夫臣之事君不易其介之謂清不有其身之謂忠二者非性成則必遷非勇克則無所於終此二公之所以不可及者人之秉彝好是懿德則不獨二公爲然矣故嘗求之二公其言曰書之所爲夜必告於天不敢告者不敢爲也其曰樂人之樂者憂人之憂食人之食者死人之事又曰義勝者謀立人衆者功濟啟淸獻再知蜀郡不作神羞簡于天子動容稱歎力爭新法而終于補外信國蒙大難而囚於燕之市足不履所居樓下地者三年夷狄惡得而臣之其篤信力行類如此是故不以辱加寵不以退榮進不以利妨義不以死易生志遂於當時烈垂於後世光明俊偉立乎萬物之表使人咨嗟歎息以爲不可及此豈偶然而得之者哉或謂淸獻當宋治平去慶歷嘉祐爲不遠則宜受知於英宗信國於德祐景炎之間大事已去繼之以死可也夫君子於時有遇不遇故於事有幸不幸時與事不在我者也在我

者處之得其道焉耳即使二公不遇於宋終身一介之夫與遇於宋而與六卿百執事雍容周旋行其所無事其能使之泯然無所成就而與衆人等哉予既懼夫人之不肯篤信力行而徒諉於所遇之幸不幸而卒無以善其道又深懼夫人之處於幸不幸之間顧望中立而無以自振也故因二公僭爲是説以詔自今之吏於贛者知所尊信俾贛之人世蒙其休澤以永其思焉

吳江縣修學記

嘉靖二年開州王侯紀以進士來知吳江縣事三日祇謁先聖先師禮成周視宫宇歲久滋圮慨然欲嗣圖之越明年賦平惠流民知嚮方百廢具興實惟其時於是教諭費君寧與訓導彭君彥從吳君欽寧言於侯曰惟士有常業業有常所今也或以不得已舍其常業從其父若兄惟公賦出入是司是故學雖建也幾於無人焉即有人而學宫乃如是

其壞也將無所於業亦猶無學焉爾寧也實涖教事其敢不以告侯曰固吾志也且縣之爲百里者五令無擾乎民而已矣豈其役之繁財之絀至於是哉明日蠲諸生父兄之不能役者若干人遂有事於學度材徵工蚤夜並作肇功於是年四月明年十月告成爲日凡五百則自大成殿而兩廡而戟門而靈星門而名宦鄉賢祠又自明倫堂而講堂而兩齋而解舍爲楹凡若干敝者以新危者以立植之者彊甃之者堅抗高益深巍如廓如陟降俯仰一切改觀其咨議猷爲之專費[illegible]補助之煩程督勸相之勤材用藝事之良咸謂數十年以來斯舉盛矣費君亟請記侯之功侯不可曰凡吾所以從事於斯者固將以歲月攷德論藝而觀其成夫豈一日二日周旋於絃歌俎豆之間者爲哉會侯以治行召且去費君疏其事之始末諗於用曰惟有宋大儒朱子嘗記吾鉛山之學則舉吾邑父兄之言曰令之所以幸教吾子弟者其厚如此是豈

可使後之人無傳焉。子故遊於斯而邑人之德侯又子之所親見也宜有所稱述豈惟以紀侯之功抑亦慰吾二三子者之父兄之心用惟國家郡縣所在立學以養士蓋期以治經藝明道德賓興其賢者能者列於有位以化成天下追配古昔若夫振作造就之道則惟良有司是賴苟非其人名存實亡幸而有加之意者如侯之所爲不啻足矣今侯則不知己之將去此而猶眷眷焉有作人之心則其所以風厲遠近而輔成吾君之化理者宜施之無窮費君亦不以侯之且去欲圖其功以永存則其所以率先邑人之子弟以承侯之嘉惠者必將底於有成夫令之於邑師之於學校父兄之於其家蓋有上下相成之義焉誠使令之道行於邑師之道行於學校父兄之道行於家則其爲教也聲氣之感應禮義之漸摩相與辨其志達其材輔翼之以適於道將必有可以語夫上達者出乎其間況於所謂文章事爲者乎若人也固用之所願見而幸今日有以自託焉者也况於其人而有不知其所自者乎侯之功於是乎遠矣庸書之石以侯是役也縣丞湯君殷聶君鳳主簿徐君欽馬君琰典史張良保有相繼經始贊成之勞法當備書使後之人咸有所攷焉

三江橋記

太湖之水由三江以達諸海吳江爲縣實當二水之交自築隄以利漕渠水之經流於郭之南者其勢益束迫而奔激昔人橋於其上則値兩堰之間稍旋折而西植木甃甎僅以就緒夫其立體也以圜不以徑則其取道也迂其須材也以木不以石則其爲力也庳於是風濤之所震撼泥淖之所委藉緝之者或不以時往來者則不容不每告病矣稽諸載志以前不可知自元泰定以來至於今未之能改也有明嘉靖丙申台州僊居林侯來知縣事政敷澤溥遂舉廢墜爰及是橋之役工以費

侈告侯曰吾鄉暱夫隄之西其土中磽确宛宛者非石也耶因發荒翳得石大小細纚合其率凡十五丈遂下令經始一以聯石從事乃矯枉以正其體乃絕流以當其衝廣益其舊五之一長損其舊三之一列其趾以四鋭其端受水潦也啓其空爲五高其中便舟楫也肇工於嘉靖十六年三月是年六月橋成度材書庸不愆於素川浮陸走讙呼相聞侯諗於余曰是橋曰三江實惟古之名也古不可以不志也余曰信矣按夏書禹貢曰揚州蓋言揚州則舉吳矣曰三江既入震澤底定震澤今太湖也蓋言三江入則震澤定矣信矣其古也雖然君子之所謂古者不獨以其名以其人以其道焉爾雖然苟非其人道不虛行吾於是益求得其人焉侯之爲是橋也隆如也繩如也不仍其庳不狥其迂夫不仍其庳非厚之道歟不狥其迂非直之道歟厚則固固則事得其貞直則易易則物得其情器成而義彰迹著而心喻於是可以觀侯之政

矣豈惟治一邑創一物濟一時也乎哉推而極之王道直而民生厚所以弘濟天下以古人之道者固於是乎在是故不可以不志也侯名應麒字必仁嘉靖乙未進士於時僚佐縣丞倘東震扶桂清主簿陳棟皆克相其事者幷書之

豫菴記

凡事豫則立君子有是言也其以誠言乎豫非誠豫於善而後誠也學而至于誠至矣豫其庶幾乎過此以往未之或知也豫可以易言哉夫豫於善由其有豫於不善也善不善物也豫幾也幾動而物隨焉善則善不善則無及於豫矣禁於未發之謂豫言辯之早也故夫自几席而市朝自毛膚而豚魚自豆羹而大烹自跬步而薄海推其道而不窮其施易其地而不改其德非豫也其孰能爲之今夫天下之言水之大者必曰海矣江河之不足以語海猶溝澮之不足以語江河也有人焉推

溝澮而納之海，向則溝澮也，今得不謂之海乎？是故爲水者不患其不可爲海也，患其不能至于海而已矣。豫也者，我之所以至于海者也。原泉混混，不舍晝夜，盈科而後進，放乎四海，非豫也，其孰能爲之？徐君皋築室于三江之上，以臨邑之通衢也，乃東嚮其户，命之曰豫菴，問其義，君笑而不答，頹如也。於是人之稱道徐君者曰：君孝友恭讓，蚤有令聞，隱居力義，自少至老，循其道而不變，善士也，士大夫之過豫菴者，曠然如息于終南王屋之麓而蔭于喬木也。其與君數相往來者，浩然如遭陳太邱、王彦方諸君子而從之游也。君亦陶然如居葛天無懷之世，而爲之民也。詩曰：相在爾室，尚不愧于屋漏。君庶幾其豫於善而無愧也已。君方以經術淑其後人，豫之時義大矣哉，將必有進于此者，是故爲記之以俟其成。

貽善堂記

有宋古靈先生凡九世而至敬昭君今爲吳江人以儒業其家非禮弗履人曰善士也其所居同里地近水而庳不稱遊息顧其居之東壤隆而上夷可堂也於是爲之堂廣凡幾步高凡幾尺中容凡幾筵仍舊益新越幾月而工告成焉其友陳君以酒落之舉觶而言曰兹爲陳氏始建之堂也勿呢鳥鼠勿孫風雨勿庸匠石之所詶詛莫予敢侮多歷年所又曰陳氏之弱者冠壯者室老者力歲時伏臘衎衎飲食其有問學道藝勿爲私圖其以爲天子之大夫君復之曰自我先世某來居于兹里至于我先人嘗作貽善堂逮于罹外氏之多難以儉德令終善有徵也而堂不幸不戒于火今吾幸有此以嗣先業是宜有以廣其志庶幾先人之命不委諸煨燼也其名之曰貽善謂貽昔者所貽之善也若之何其爲陳氏之宗子世世守之其有敢不敬一榱一瓦者將不得爲孝子慈孫是以爲陳氏家法也子以文名爲我記之以信于吾後余曰古

人之所謂文不有頌者乎亦不有訓者乎由君之言其訓也夫由吾之言其頌也夫子欲文宜莫如斯訓與頌也惟君之子孫仰而見君之名其堂者退而誦斯文以繹其義於訓而畏焉於頌而說且慕焉其孰敢不勉相與有斯堂如今日也

友山對

吳江俞子居間而歎曰吾何友其友山乎他日有夢而告之者曰予故山人也竊聞子將與山爲之友然觀子之謙容而不競善類而好義志立而有聞則既得其友矣而何有於山也予不敏願陳子之志而與聞焉俞子曰然久矣予之欲與山友也夫以賄友者賈則絕以勢友者微則輟忽然而趨欻然而去其人也哉予嘗南望衡嶽北瞻泰華匪今始今無咎無譽憧憧往來何有於我哉山人曰有是哉夫山宣五氣表九州昭姓考瑞以升成功嘉璧量幣以秩元祀出器車興風雨奚可以與

我友俞子曰何言之侈也且吾之與山友也非以其能鉅麗若是也汙之而爲澤隆之而爲京其上有木可以漸矣其下有霤可以養矣友也者友其德也茲吾之所以友者也山人曰有是哉我以其年子以其賢我以其力子以其德吾幾失子傳有之曰今夫山一卷石之多信斯言也山吾知其石而已矣何敢與子友也俞子曰又何言之卑也雖然則予不以玉名乎玉之裁也爲邸爲射爲剡於文也爲瑑爲蒲爲穀咸於石焉是賴玉之不可舍石也如此予不舍夫石石其能舍予乎則夫安知石之不爲玉玉之不爲我石之不爲山山之不爲人也山人曰然則君子之居是邑也爲方百里者五夏之禹貢周之職方其於山也未聞有望於茲邑者也子烏覩乎石而以不失於命名俞子曰詩云他山之石可以攻玉何也山人曰善哉子之友也侈吾之言而子不諂卑吾之言而子不瀆向也聞子之言今也知子之心矣子固予友也乃歌曰莫

高匪山有紀有堂彼其之子如圭如璋子兮子兮可與友兮俞子怳然而寤謂人曰兹山之靈有以告我矣驩然仰止若將終身焉

同齋銘 并序

同川陳君明甫卽同以名其齋其文邇其義遠矣人唯有所不同也而後有所同同齋者同於古之人而於今之人有所不同乃其所以爲同者也記曰離師傅而不反言同之有恆也爲作同齋箴

自我五禮惟古之制凡此哲人勿參勿貳于野以亨斷金斯利善與人同百慮一致聖遠言湮孰識其是支離苦窳乃墜于地有斐君子將恐將懼爰徵其文復起其義載疑之睽載白之賁終獲笑言始承怒詈爾不我同我匪爾異報則務施道以御器何以有之勿渝其志何以久之載錫爾類用恤我躬刻曰來裔朋友司爭敢告執事

倪雲林畫贊 并序

同里陳氏嘗得雲林倪氏爲圖隱居其後亡焉其孫理求之三十年而不得乃得倪氏它所書者歎曰夫人昔所爲吾祖圖者也其書若是其畫若是執此以待焉知其終不可得也嗣業永世可謂克孝矣

贊曰

雲林倪子維畫之史昔者有作于吾同里人之云亡或索於肆于以求之越三十祀物顯於終或晦於始若彼餼羊可以成禮嗟嗟爾祖陟降庭止匪圖之求唯德之似孝思無疆詒于孫子

祭妹丈卜長醉翁文

維年月日南京刑部尚書周用謹以牲醴庶羞之奠令兒子國南致祭于亡妹丈國學天邑卜君之靈嗚呼君之曠達坦夷得于天資四顧通徹落落不羈古非往而今非來乾無端而坤無倪峨然而丘㝔然而谿人之視之爲亢爲奇君曰茲惟吾意之所適若是齞齞者其何爲此惟

古昔之名流庶幾於君乎見之矧曰介特吃乎不隳動無愧行口無愧辭狷不爲嬌知不爲隨則又吾黨清脩之良規而今而後斯焉取斯矧曰爲父能慈教誨爾子義方是師南宮釋褐式如其期軫之以離憂而胡不俟之子東帶率諸弟列拜稱壽而忍使之被衰麻而蒙哀羸天乎人乎其將尤誰嗚呼君其亡也耶魁顱豐頤宛其容儀追維親好數驚以疑君其果亡耶風旌霜輀東望淒其緘辭永訣而孰知吾之悲嗚呼哀哉尚饗

祭劉東溪文

維年月日總理河道工部尚書門生周用謹以羊豕庶羞清酌之奠致祭于故嘉議大夫都察院右副都御史東溪劉先生之靈曰嗚呼公之筮仕自弘治中釋褐而南來余吳淞余時顓顓業于黌宮公惟勤斯日聞鼓鐘顧瞻垂虹迺橋登龍余忝科第式徵其逢公於吾民澤流疲癃

譬如閔苗以雨以風公陟諫垣民殊喁喁胡公之往不念我躬自時厥後迹焉靡同公北而西我南而東公自藩服撫茲幾封彼何人斯不諒其衷余入副端懷公之恫其如羣猜聽猶不聰乃十七年冥冥之鴻余時往來覿公儀容東谿之原其華其穠公曰樂哉曷不融融乃玩玄談旁追互通愛莫助之居然忡忡今茲孟夏疇咨若工余來東方爰紓素悰胡爲大耋溘先玄冬嗚呼公乎官階九卿而功以才豐年幾八十而位與齒崇公可無憾吾心未充用也遠公二千里而緊公之從去公四十年而視公之終始則有終永以慰公公其有靈鑒茲無窮尙饗

卷二十 完

女兒繇祥校録

卷二十一

邑後學　陳去病　纂輯

明八八

徐　珩字廷節正德元年丙寅歲貢仕終知縣

愚閒顧隱士行狀

隱士姓顧名宏字維德號愚閒祖父伯振父東明號盤窩其先居吳江之陳思村盤窩贅同里李氏因家焉隱士天性孝友與其兄維仁同居白首無間言弱冠游邑庠因鄉有黠者竄盤窩之名於富戶籍惟仁代訴於朝隱士遂歸幹父蠱以耕稼爲業城府經歲未嘗輕入敬其兄若父凡事必咨之而行尤不事私畜故其兄益愛之維仁年幾四十尙無子立隱士子綗爲後已而隱士弗忍兄之絕也力勸納側室維仁然之果得二嗣諸子甫長即延名儒以教之嘗曰子弟從學如金在鎔烏可

靳費不貲明師以玉之於幼乎如得其賢賢於金帛也又爲詩箴以勉之敎人之法皆可規準其與人交也不隨俗華侈曰由此則道可久耳隱士性好施與凡族黨疎近之俟以舉火者數十家時年飢有售子以爲食者隱士厚畀之且戒諸子曰此亦人子也汝其善畜之鄉人有稱貸於隱士者得數金以歸而不知其道亡也因無聊欲自引決隱士聞之復與如數其人得不死已巳歲湖冰大合舟膠里中者相望隱士訪其艱食者日以薪米給之久而凍解乃得達庚午歲疾疫大作鄉人死而貧不能斂者隱士多作棺以函之凡橋梁有傾圮者隱士必助貲以建之前後邑大夫多禮致鄉飲隱士僅一預遂曰吾豈可以久忝而不讓賢者卒不赴故鄉人與邑大夫多賢隱士每呼必曰愚閒翁云隱士配何氏同邑布政何公源之孫女先隱士卒子男六綱紀經綸紳纓綱即繼兄後者娶裔氏紀娶徐氏經太學生娶夏氏綸福建按察司知事

娶盛氏紳娶龐氏皆早世獨存者纓也今爲太學生隱士諸子皆授厚產且饒貲焉隱士晚安纓養纓讀書好禮今柱國大冢宰水村陸公館之爲甥水村爵位日高纓遵隱士家教愈自謙約相接者不知其爲水村壻也配陸氏雖相門女克盡婦道備極孝敬不責取于諸兄之家故隱士心志得以順適平居怡怡雖何碩人早卒獨居寢處者踰一紀娛情花木逍遙徜徉以終天年皆纓伉儷賢孝之所致也孫男十有五人文衡文林文淵文海文鳴文樞文機文翔文潛文翰文翥文壘文筆文策文鑑孫女四曾孫男九人曾孫女九生于正統戊午四月四日卒于正德戊寅九月十一日享年八十有一纓卜以明年九月十五日奉柩與母何合葬于先塋之次將乞銘于館閣名公以垂不朽珩托交于隱士也久知隱士也素且與纓預有師生之雅纓率承重文衡請狀弗敢辭隱士善行非一謹述其概如此惟立言君子采焉國子生同邑徐珩

謹狀

感梅顧君像贊

風度淳古冠服從今鴻飛冥廓鶴立高岑于父母而終身感慕處兄弟而到老同心澤遺子孫之遠惠及鄉黨之深此其所以爲東溪逸叟曠世莫得而追尋者耶

史永齡字德徵號松丘鑑子正德三年戊辰貢士翰林院待詔有梅譜浮籑集未見

字姪邦直說

姪曾同更名臣字邦直余詰其更之意曰臣者事於君之名不直不可以爲臣故曰邦直余曰姪奚直焉姪瞿然避席請曰直不同乎余曰夫博聞强記奮詞而駭人曰我能爲逢爲干此其直以言也而未必有諸氣天威臨其上斧鉞在側鼎鑊在前揚眉吐膽能批逆鱗觸忌諱屹然

山立此其氣直矣然退而悔焉不可謂心也古之直也莫若史魚孔子贊魚曰邦有道如矢邦無道如矢是已乃他日又曰邦無道危行言遜遜者非直之反乎子讀易乎王臣蹇蹇直矣又曰遇主于巷又曰納約自牖一何曲而徐也夫水性曲而木則直二者愚夫愚婦所知也木生石底不側出則不獲達而建瓴屋脊水之下也雖賁獲之勇不能使之曲也故臣無二道而直有五義一曰言二曰氣三曰心四曰時五曰勢侄奚直焉侄曰願聞其詳余曰夫直人者未有不自直者也故隱汚之行行於家而光大之議揚於國共驩其身而以堯舜之道責君者此所謂言直者也非直之實也故言者其華也氣者其充也心者本也時者逢也勢者用也故直言者必氣直氣者必心識時者先幾審勢者有爲五者而能全則幾矣殷之三仁或去或不去孔子之無可無不可是也孟子論氣曰直養而無害易曰敬以直内學之事也通乎上下者也臣

也奚直焉侄於是仰而思俯而嘆曰大哉言也往謂臣之直也問焉如賁焉已矣諍焉如雲焉已矣犯焉如允語黑子云焉已矣而不知直之義若是浩也侄知所直矣請書之以識焉

吳　山字静之號訒庵洪子正德三年戊辰進士歷官河南四川巡撫刑部尚書隆慶初贈太子少保人稱世尚書弘光元年禮部請賜謚忠襄以國變未果有治河通考十卷今存吳尚書疏議未見

治河通考自序

惟禹貢職方之言導濬經辨之跡鴻闊巨偉矣固聖人拯世範後參天絜地神理昭寓後世凡職紀載者依焉然溝洫地理郡國水利漢以來册籍或有志有致顧於大河無專紀豈非括細遺大使後之嗣禹蹟者何稽乎余嘗北涉趙魏之間九河故蹟西逾成皐鴻溝觀龍門鑿處南循淮濆出呂梁則喟然嘆河之爲國家利害大矣夫安流順軌則漕輓

駛浴奔潰壅溢則數省繹騷國家上都燕薊全籍東南之賦故常資河以濟運又防其衝阻乃經理督治必撫臣是寄其視前代豈不益重哉河雖經數省然自龍門下趨則梁地當其衝始又壞善潰故河之患於河南爲甚余受命來撫茲土固慄慄以河爲至慮防治稍悉民頗奠乂間閱近時所刻治河總考疏遺混複字半訛舛其肇作之意固善惜其未備晰也乃命開封顧守符下謫許州判官劉隅重加輯校彙分序次一卷曰河源攷二卷曰河決攷三卷至九卷曰議河治河攷末卷曰理河職官攷上泝夏商下迄今日總十卷題之曰治河通考庶幾覽者易於探檢有所式則以奏平成之勛聖主之憂顧四方之屯溺或從是以紓而愚之重責亦少塞焉其仍有未備則以竢後之淵博大智者爾

治河疏

疏爲地方水患事據布按兩司議得夏邑縣白河一帶故道淤塞下流

衝漫見今城外已爲受水之壑漸成巨浸若不急爲濬治想五六月之間河水勢湧其浸沒之患有不可勝言者矣但召募之夫一時農忙卒難齊集隨查管河道簿開開封等七府所屬州縣幷汝州原派河夫三萬六千三百六十五名正爲修河而設相應起調濬築除彰德衛輝懷慶三府隔河連年災重河南府汝州窵遠俱免取用外開封府所屬除祥符縣衝要封丘延津陽武原武四縣凋敝量準起調一半其餘許州等州陳留等縣與汝寧府所屬州縣幷南陽府所屬裕州舞陽南陽葉縣相離夏邑不遠查原派河夫盡數取用共二萬八十五名委官管領各照原議深闊里數立限二箇月工完彰德等三府幷南陽府所屬未起河夫州縣行令管河道查照舊規追取曠役銀兩收貯聽用等因備呈到臣據此查得嘉靖六年間黃河北徙小浮橋旁枝湮塞自曹單城武等縣楊家口梁靖口吳士舉等處奔潰四出茫無津畔徑趨沛縣漕

河橫流昭陽湖東而水半泥沙勢緩則停遇坎則滯致淤運道三十餘里阻滯糧運該言官建白勑命都御史盛應期調集山東河南南北直隸四省丁夫開挑趙皮寨支河以殺上流水勢以保運道自蘭陽縣東北舊河身挑起經繇儀封杞縣睢州寧陵縣歸德州直抵夏邑縣城南白河一帶三月工完巨細分流運道無阻但白河下流舊有胡家橋一座居民經行彼時河水通流前橋未拆至嘉靖十年八月內有重載客船二隻順流而下水勢洶湧撐挽不及撞沉橋下以致河口壅塞洪水四散橫流將夏邑等縣居民田廬渰沒嘉靖十一年正月十五日臣入境撫臨該縣據軍民崔鑑等連名告稱縣南白河淤塞上自歸德州地名文家集起至永城縣止本縣田廬渰沒六十餘里寬二十餘里縣治週圍俱被水占柴米價貴民心驚惶恐今歲夏秋水發城池難保乞調河夫坐委官員將胡家橋拆毀濬通河身仍修禦水大堤使水行地中

民得安業等情已行委開封府推官張瓘前去踏勘覆批守巡各道會議議稱白河原係黄河故道先經挑濬船筏通行嘉靖十年八月内黄河逆流日漸淤塞上自何家營下至胡家橋計四十餘里河身已成平地橋口不復流水散漫横流渰沒民田委與軍民崔鑑等所告推官張瓘所呈相同估議調募丁夫三萬名委官管領分工挑濬勒限三箇月工完等因臣尤恐不的又委開封府知府顧鐸親詣踏勘呈稱原議夫數自胡家橋起工至何家營止共計六百工每工五十尺每尺夫一名共該夫三萬名刻限三箇月今查得歸德等州縣各先到夫役每一名分一尺自二月二十五日上工至三月初四日僅十日即完一半大約二十日可完一工議止用夫二萬名兩月工完因等該臣看得前項事體重大又經批行布按二司掌印官會議去後今據前因臣會同巡按河南監察御史王儀看得嘉靖六年間黄河衝决致傷沛縣漕渠乃開

濬趙皮寨白河一帶所以分殺水勢以保護運道以奠安居民迄今纔及五年下流淤塞洪水奔潰四散瀰漫淹沒田廬週圍六十餘里害及夏邑虞永等縣蓋彼時雖曾委官疏濬卒多苟簡中有橋梁不行撤去河口窄狹弗能容納一遇阻礙遂爾横流致有今日之患若不早爲計處誠恐伏水盛發汎溢尤甚近而夏邑等縣將爲魚鼈之區遠而衆水併流全河獨下萬一衝決其害又有不可勝言者譬之拯溺救焚不可時刻遲緩事干民瘼國計除臣等嚴督布按二司并守巡管河等調集丁夫委官管領前去分工挑濬外緣係地方水患事理謹具題知

亡妹壙誌銘

山不幸生十年先母王安人見背又十一年繼母夏安人亦亡時妹纔三齡耳嗚呼痛哉痛哉余父嘗泣謂山曰汝母蚤世吾撫汝等冀將成立汝繼母亦逝遺厥呱呱何以爲懷又泣謂山曰吾無以慰死者惟教

若子待其長成若女待其嫁而已丙辰秋妹隨任至嶺南明年秋忽遘寒疾療治罔功竟卒於官舍嗟夫繼母歿後所遺者一二弱息耳今一妹又夭何以慰死者於地下哉妹於兄弟行九因以九名性淑慎柔婉在父母側和顔抑氣處兄弟間默默如愚及其學女紅讀古訓不待程督而能其容貌莊重不類夭者何未笄而亡乎是可哀也是可哀也許聘嘉禾曹内翰仲子某生於成化丁未九月九日卒於弘治戊午七月八日得年十有二卒之又明年十二月二十六日始克歸葬於梅里邨祖塋之殤穴銘曰幼失恃兮歲亦不延命奚蹇兮泣下如漣

亡兒女壙誌銘

余有室之明年爲弘治癸丑七月十一日生女名一甯又明年甲寅八月九日生兒名文龍及其能言俱可人意余嘗竊喜曰女固聰慧終當歸人此兒視瞻異常必能大吾門余固無似幸有後矣戊午冬余赴試

春官言別兒女持酒殺跪揖如儀憐之不忍去既而憶余悲泣者累日已未春正月渠母毛挈之託居外家因染痘疹疾外舅司諫先生醫藥備至卒莫能救二月二日兒卒又二日女卒又二日最少女一亭始生七日亦卒嗚呼可勝痛哉可深痛哉易曰積善之家必有餘慶吾祖宗積德百餘年始發於吾父吾父歷刑官幾三十年在在以仁恕稱余自髫髻業儒甫二十即理家政未嘗忍爲不仁事何獲咎於天一至此乎使罪在余則余當服其何延及弱息哉斯理卒莫可詰也茲卜以庚申七月二十一日葬於邑西梅里郝祖塋之殤穴禮八歲成殤吾兒未成殤而以殤禮葬者不忍棄也葬之日不告於人者告之益吾悲也嗚呼吾兒其知汝父母之悲乎其不知汝父母之悲乎銘曰

其生也孰與之秀其死也孰奪其壽六日三殤天罰何苛銘以送汝其悲奈何

明故邑增廣生入太學汾濱葉君墓誌銘

嘉靖九年庚寅蜡月二十八日甲申孤哀子葉可久等葬其先人葉汾濱於吳縣鳳皇山之原先伻以浙江鄉貢進士傅君佩狀走藩臬來乞銘余與君實締姻婭義不容辭按狀君諱夔字堯章吳江汾湖人也別號汾濱故廣西理問芳之孫尚寶司少卿紳之冢子母褚氏贈宜人君幼岐嶷穎異同川李文中見而奇之妻以女長補邑庠弟子員治古尚書悉傳少卿家學久篤淵懿敬敏惠直猶患未友天下士也北游京師南業胄監徧交海内名流以故業廣德崇凡六舉不偶人慰曰命也君曰業顧未充耳敢言命乎南北士大夫過其家者無不接納或即延以訓子訓必先孝弟遇物引喻甚切少卿居諫垣時一以直道佐孝廟國爾忘家公爾忘私無内顧憂以有能子也開拓於前人有光宅心知訓德義日益富居考妣喪哀毁骨立事繼母盡禮無異於褚宜人弟且幼

值歲役君請代之當道稱其友振衰族完其居使不失所廣西貢士蔣某陳某福建貢士李某均被盜於中途君偶見憫其窘給以路貲得抵京就試凡凶歲有司貸粟賑濟君慨然弗吝而不冀其償遇餓莩給櫬掩骼多至不可紀其生平貞不絕俗和不雷同仁不偏愛知不寵物或談及非義事輒赧然面赤若不忍出諸口以故人亦不敢以非義干之鄉邦推重號爲篤實君子凡其可法而可傳者卽求之古人中尚不可多得況今之世哉君生於成化三年丁亥五月日卒於嘉靖六年丁亥八月一日享年六十有一噫士固有或躍在淵而蒙亢龍之悔者矧齎志以沒耶子四長可久府庠生娶陸氏次可大娶陶氏次可觀卽予婿也次可嘉娶王氏女三長適庠生黃某次適國子生郭受益次適貢生張冲孫男一有本孫女三一許字浙西曹以三之孫餘未字嗚呼哀哉老成典型維世之則一旦云亡使我心惻千里申辭用揚休德銘曰

猗與汾濱令聞有彰祇服先訓肯構肯堂孝思維則文藝丕光敢率忠儉衆悅其良援弱以仁不云我強動則思義燕翼義方見善如貪嫉惡如傷行維模則休烈孔揚如何昊天殲我良士如可贖也人可百世哀哉永懷萬年是紀

吳　嚴字瞻之號維石洪孜子正德三年戊辰進士歷官四川參政

有維石奏議今未見。

東南水利疏 正德十四年

國家財賦多出東南東南財賦皆資水利蓋水利不修則田疇不治五穀不登而國用不足其所關係誠非細故近年東南地方夏秋淫雨山水橫發田疇淹沒諸郡之民流離困苦不可勝言揆厥所由蓋以下流游塞圍岸傾頽疏導不得其法董治不得其人之所致耳臣備員該科謹將東南水利之切要者四事開列上陳一曰疏濬下流浙西諸郡蘇

松最居下流太湖綿亘數百餘里受納天目諸山溪澗之水由三江以入于海是太湖者諸郡之水所瀦而三江太湖之所洩也禹貢所謂三江既入震澤底定是也若下流淤壅則衆水泛濫矣爲今之計要在相其源委别其利害以爲之區處如白茅港七浦塘劉家河此蘇州東北洩水之大川如吳淞江大黄浦爲松江南境洩水之大川其間各有旁港支渠引上流之水歸于其中而並入于海此所謂源委也白茅一港自弘治七年疏浚之後已二十五六年吳淞一江自天順間疏浚之後六十有餘年聞之白茅潮沙壅塞勢若邱阜吳淞江僅如溝洫舟楫艱行其旁渠支港亦多湮塞下流既壅上流曷歸此其利害之可見者也今能浚白茅則蘇州東北之水有所歸浚吳淞江則蘇松東界之水有所歸水各有歸則太湖不溢而向來沮洳渰浸之土皆出而可耕矣二曰修築圍岸浙西之田各有成圍宋儒范仲淹嘗曰江南圍田中有渠

外有門閘旱則開閘引江水之利澇則閉閘拒江水之害旱澇不及爲農美利是知圍田全仗乎岸塍岸塍常利于修築水漲則專增其裹水涸則仍築其外務令堅固高闊可通往來隨其旱澇而車戽出入如此則先事有備而田皆成熟矣三曰經度財力財力必取之民間凡遇工程一槩科斂則未免府縣派之里甲騷動鄉村鮮有不怨臣以爲水利爲田而興財力亦必計田而出凡有田之家不拘官民每田一畝科錢一文每田一頃科錢百文不但積少成多抑且衆輕易舉實爲經久之計於每歲秋成之時折白銀徵解各府官庫數目造報水利官處動支不許別官借貸四曰隆重職任臣聞永樂初年東南嘗大水命戶部尚書夏原吉治之弘治間東南屢有水患工部侍郎徐貫治之各著成效近該巡視浙江右僉都御史許廷光奏乞欲倣運河故事特設通政一員專管水利誠爲有見乞賜詳議幸甚

獨村顧君像贊

誰不欲立於廷而公殊自媿其名誰欲獨居於村而公思享其成承歡二叟友于八昆人稱孝友家聲而亦本于公之性生至於無私鄉賦而拯溺膠冰是又公濟衆之深仁噫微公也吾誰與之同心

濬泉顧君像贊

穆穆兮道可敦恂恂兮德可型藹藹兮容可親呐呐兮言可聽其靜也淵泉之心其凝也沖濬之神吾一望而知其爲古之人

申　惠字天益號后河縣市人正德三年戊辰進士廣西按察司僉事

明故將仕佐郎直文淵閣誥勑序班東安王君墓志銘

君諱邕別號東安先世家吳江曾祖璣始遷平望里祖贇父普俱有隱德不仕君生有殊質長从經師授易遊邑庠爲文瓌麗旋入太學善書

法奏授將仕佐郎誥敕房序班直文淵閣歲庚辰武宗南巡狩君侍從賜七品服方擬授中書舍人會丁母憂不果越明年辛巳今天子繼統執政者以恩故不出免其官（中佚）往時武宗幸留都將渡江出京口有司議毁北城居便除道人情方洶洶君適馳傳至亟止之民用安堵多德君者以嘉靖十八年正月葬於婁字圩（下佚）

吳　涵字德容號丹園佚史韭溪人正德八年癸酉順天舉人官工部郎中

達觀橋記

嘗謂天下之事不爲則已爲則必覩其成君子論人當觀作者之志何如耳予里人朱山素貧賤僅有田數畝農力自給恆苦弗贍然其雅志濟人而力不逮焉則人皆知之也嘉靖壬子冬鳩鄉耆石希賢輩造予庭告曰梅塘之南官河橫亘深不可厲徒杠輿梁日見傾圮時維朔風

積雪夜半呼渡哀聲萬狀老農熱中移舟而濟或一二耳而不可繼也山將有事焉予深訝之退而經營衆咸樂助不繼則割己田以補之締造之勤不可殫述乙卯春二月復造予庭告厥成功予嘉其志因作記以紀其成且爲贖田并給之粟嗚呼朱子下位而竟成其志如此擬諸貴富顯榮尊居宴安而不知淺深厲揭之宜視民肥瘠漠然無欣戚於心者其相去何如也其亦重有所感也夫

存留淸眞道院記

平望四通八達名曰鉅鎭且居民稠密市廛輻湊魚米充盈甲稱松陵鎭有淸眞道院唐玄眞子樂居於此因以是名兩浙守巡之餞迎三府公移之委勘吳越帆檣之要會騷人墨客之道經必於此少憩或覽勝尋幽爲一行窩是亦勝槩也爛溪致仕知府周欵江等以院舊有田爲香燈費今乃不忍廢前功醵銀若干以完官稅存祠址留廟貌爲境是

地神而勝也古語云山不在高有仙則名水不在深有龍則靈平望一鎭藉神貺以勝之不可謂斯理之無也昔鄭子産不忍除廟曰禮無毁人以自存狄梁公雖毁淫祠尚存伍員廟況眞武元靈翊運奉天征討佑輔國朝宏濟大矣於吾民蔭庇厚矣伏睹成祖登極時爰記功宗報秩勑建太和諸宫極一時壯麗今我蘇人連檣結駟望名山進香獨盛民心仰戴若是涵生今之世爲今之民兹因道士沈元輔之請守望之義不能辭敬以是説復之涖兹土者當念國朝欽崇之意士民肅將之誠山川風物之勝不鼓於愛憎而胥動浮言斯境受惠多矣則百姓里居不有所感仰也夫嘉靖戊午季夏吴涵記

守貞菴建觀音閣記

菴以守貞名紀制節婦操之貞也夫貞不能守猶無貞也守不依貞猶不守也守貞名菴爲國初永樂年有震澤巡宰楊忠者古杭武林人也

來司此土倏爾病亡室人毛氏仰天號泣哀毀過禮既而杭邑族屬迎之歸矢言云夫既死於此神必依於此婦以身事楊君生死當求一處若返故里其神弗依非所願也於是結廬於震澤橋西春秋享祀凡居處笑語事之宛若生前殆不改也嗣是居者雖踵踵相承然皆優婆嫠婦煢煢孑立無依者故藉此以寄餬口於朝夕耳求其守節誓死以步毛氏之後塵者不數見也迄今世遠年湮垣頹楝朽風雨飄搖星月窺漏菴之舊物幾於失守也久矣嘉靖季年里人鈕君口口氏口口居之未幾而又得周口爲之助二人同心相與協力徧募名家各得捐助鳩工量材拮据勞形版築百堵鼎建觀音寶閣一座內塑慈悲靈感佛口口口口不五載而告成矣推其心豈徒觀美云乎哉正欲祝皇壽於無疆而保口口於勿替也鄉人見而異之咸曰口淨輩一婦人耳且能創立建閣昌大香火而益光毛氏芳名於不朽矧男子志在四方而反不

能可慨也雖然此不足紀也正以鄉之節婦猶國之忠臣上與日月爭光不容□□不形之傳頌者但菴存則節之名因之而隆菴廢則節之名由之而泯其所關風教者不淺淺矣余故因春山沈君之請而爲之記焉否則異端邪說亦吾儒之所拒者也而敢妄爲之傳乎丹園頑健承龍泉山人王君草創因而□□云隆慶庚午陽月長至日

徐　夔字大章黎里人正德十一年丙子舉人官龍泉知縣

味蓴葉公家蓴

公諱芬字子春世爲吳江分湖人九江大使仲賓之孫上林署丞惠清之子資性樸茂起家尙書應歲貢任廣西理問治家嚴毅雖妻子不敢以褻見大暑必檢衽焉誨四子且耕且讀長子紳幼子絨業儒晝夜罔間學稍不進撻之必至流血以故得至大成紳登丁未進士絨先登甲午舉人各臻顯職弘治間三遇恩例贈至尙寶司少卿居官以淸謹聞

訊獄必得其實民自以爲不寃後子紳以黄門卿命至廣西勘事升政事堂詢其故老猶能道其清鯁年六十餘致仕歸鄉里號味蒪浩然有張季鷹之興歲時蜡社與鄰里往來酬飲有陶元亮之趣二子雖貴猶勤耕織有龎德公之風弘治元年正月初八日以壽令終偕配太宜人朱氏合葬殿字圩之新阡大學士西涯李東陽誌墓誥敕三道有亭翼于上

味蒪葉公元配朱宜人家傳

宜人朱氏味蒪公元配家居里閈密邇歸葉氏循循守婦道女德女功悉遵姆教相其夫學業成就從宦廣西經歷山川予嘗聞其言石壁如綉挈次子絃唐氏孤女往任所凡外饋閉門却之佐其夫斷獄得廉名教其子義方紳緟皆顯宦遠界南北晨夕悲悴切倚門之望二婦獨居有行役之怨輒戒之曰吾子從宦非從戎也姑待之當有封貤之榮後

果如其言撫諸子及孫有先後盛衰貧富不一皆委曲中節待之如鳲鳩之均眞得母道云封太孺人後誥封太宜人壽至八十六歲合葬殿字圩新塋

允齋葉君家傳

君諱龍字舜言號允齋長史[illegible]之子生而穎異甫成童洋灑數千言立就長更亭經籍史聲譽日隆隆起尤善尺牘得山谷老人筆意性和藹未嘗有疾言遽色與人交不爲翕翕熟而亦無崖岸嶄絕之行四方車馬來駐江干者觴咏留連殆無虛日焉興寄高遠自謂取青紫拾芥耳乃足踏省門五中副車卒不獲登賢書援例入國雍謁選得太常寺典簿浮沈散秩非其志也長子敘才同終賈早薦北闈第二人方幸不得于身者旋食報于子未幾而中鳩遇害痛兼常哀已亦病痢尋卒年僅四十有九配沈孺人福安令愚之女淑愼婉娩深有雞鳴戒旦之風其

主中饋也有無罷勉雜佩紛投宗黨咸嘖嘖稱賢訖以痛夫之殞相繼云徂嗚呼可哀也已子二長天敍順天乙卯經元娶陶女次天秩庠生聘周卒娶黃女女一適倘書周惠疇子合葬在上沈飄字新塋媚家陶副使儼銘其墓

明故汾濱葉公元配李孺人墓誌銘

維嘉靖八年己丑十二月二日太學生葉堯章元配李孺人卒越明年十二月廿八日甲申將合葬於吳縣鳳皇山之原孤哀子可久等卹哀㷀痛自述母氏之德踵門乞銘以託不朽孺人吳江同川人也考李文中妣吳氏世爲名族未錫祚胤孺人生應靈和德精性粹體貌盈溢溫厚慈良愼而寡言幼從姆教蚤達窈窕象德之儀求配明哲供治婦業孝敬舅姑畢力中饋少卿官於朝夫君卒業國學孺人綜理內務克營家道聰明達乎中外隱括及乎無方童穉無驕逸之失妾婦無捨力之

愆故能窮生人之光寵極福履之綏將堂構考成乎正寢蔚畬廣及乎連阡雖夫君四應之能亦孺人翼贊之力也貴富不驕安而能慮恩逮禽獸無故不殺凡遇孤嫠惻然救之惟恐弗及憫行道之渴汲漿救之哀囹圄之疾市藥活之懿德殊澤溢出望外人稱女中丈夫其以是歟卒之日距成化五年己丑口月口日誕辰享年六十有一寢疾彌留諸子問後事但曰爲善爲善可謂言約而義博矣子男四長可久府庠生娶陸冢宰姪女次可大娶陶蕙副女次可觀娶吳方伯女次可嘉娶王國子生女女三長適庠生黄某次適國子生郭受益次適貢生張冲孫男一有本孫女三俱幼在室嗚呼多福多壽子孫蕃衍孺人可無憾矣予實委禽於葉氏予妻歲時問遺往來且善諸子之知所重也乃申辭曰

於穆母氏厥德孔修思齊先姑百行聿修宣慈惠和恩澤旁流徽音遐

焉允女之英乃及葉君維德之行敦此婉順疾彼攸遂淑愼爾止晨興夜寢在母斯勤在子斯敏以儉爲榮以奢爲辱宜享遐齡以終景福天胡不仁潛淪幽谷埋玉鳳山光照岩麓

陸　金字德如石里人正德十二年丁丑進士官江西按察司副使

有石里詩集未見

三賢祠祭田記

吾邑震澤鎮重建三賢祠祀宋王公蘋以陳公長方楊公邦弼配焉按蘋字信伯其先閩之福淸人父仲舉從家邑之震澤鄉宋紹興四年守臣薦其可大用丞相趙鼎以聞召對稱旨賜進士出身歷官著作郎長方字齊之亦閩之長樂人母爲吳人林旦女又王公高弟因占籍於吳紹興中舉進士除江陰學教授邦弼字良佐文公億四世孫世居閩之浦城因從游王公亦爲吳人與長方同舉進士官至中書舍人惟王公

得伊川程氏之傳著論語集解古今語說及文集四卷行於世而陳楊二公皆得王公指授研窮經史探極理趣師弟淵源漸被於鄉敭歷於朝亦既盛矣所謂鄉先生歿而祭於社者非斯人歟理宗寶佑間南康山長沈義甫慕其文行立祠祀之名其堂曰明教元世祖至元中復設教諭以淑後進而策名登仕籍者幾三十人至正末紅巾亂祠遂燬里人沈善長遷其像於思范橋北廡之下餼羊僅存入我朝天順中諸生黃裔蒐舉廢墜告於同學沈嘉猷聞義甫風而興起者乃復謀搆祠捐己資俾慈雲寺僧宗旺協力營辦不數月而成肖三賢像於祠中曰三賢書院又捐良田三十畝供春秋祭祀之費玉泉張公來宰吳江記其事已悉茲欲延師設學以教生徒則三賢之賢垂及於無窮矣嗚呼祀不祀於三賢無加損也第念鄉有先哲能表章立則以起斯人嚮往思齊之心教化因之而行風俗因之而美人才輩出殆不止如宋元已爾

故祠之建也厥係亦大不有繼述以昭來裔則今日重建之由無自而知後有變更雖欲繼作亦無由而考也予雖不敏能無言乎噫創義舉於一時垂風教於百世宋之沈義甫元之沈善長今之沈嘉猷誠有補於一鄉有功於三賢矣然則三沈之名又安知不附三賢同久邪因幷書之嘉靖丁酉仲春月

明故太學生可山徐君墓志銘 幷序

嘉靖十六年丁酉十月十三日己未新城知縣徐君應龍葬其父可山于邑西南卯字圩祖塋傍之新阡乃撰事狀來乞銘按狀君諱資字逢原別號可山世居吳江秋澤村曾祖眞國初以人材授浙江麗水丞祖琛始業儒徙居邑城福建東寧知縣父章浙江金華府推官母皇甫氏生君而穎敏治毛詩爲縣學生性剛介好面折人過每致忿恚然心無齗箾卒無深銜之者里人搆隙多就君解紛官有疑事亦咨決焉君雖

爲諸生而所與交游者皆當時縉紳及援例爲國子生尤友天下之士故君諳練世故長於經緯著取善之助居多初金華公貢於京師卒業南雝筮仕永州再改金華君皆隨侍以行奉養備至至於治家養生則子錢起責居積餘羨營居必壯麗受田必膏沃器用服食必精好皆金華公所未及爲而君先意承志以爲之可謂孝矣中年務攝生學吐納之術自是無疾疢年雖艾若少壯時或勸之仕曰吾志有所適吾不能爲斗米折腰於人乃與鄉之耆老尋盟結社探幽覽勝以優游天年卒老于家云嘉靖丙申六月二十一日卒距其生成化乙酉三月四日享年七十有二娶同邑王氏封御史宗吉之女子男三人長即應龍王出娶同邑李氏於潛令經之女次應旦縣學生娶長洲沈氏田州推官注之女次應數聘吳縣顧氏汀州通判言之女俱側室張出孫男三人曰鼎曰盉曰卣女一人銘曰

惟玉必售胡爾韜晦施政于家奚必有位享茲永年爰格乎天彼吐納者我何有焉乃菑乃搆而康而壽而考終命爾福孔厚西原膴膴有墳斯土曰窆曰時從厥昭祖慶澤源源施子若孫疇欲速朽不朽者存

此石於民國九年由河南客民墾土得之今藏余浩歌堂外壁間去病誌

卷二十一 完

同邑 柳棄疾 鄭瑛 校錄

卷二十二　　邑後學　陳去病　纂輯

明二人

沈　漢字宗海號水西正德十六年辛巳進士官戶科給事中隆慶初贈太常寺少卿有水西諫疏二卷存

廣聖德疏

竊惟人君爲治之要莫先於足民而足民之要莫先於薄稅然欲薄稅又在奉行得人推廣德意溥博均平使百姓咸受其惠斯可矣使上固行之下固沮之德澤壅而不流姦頑者獨擅其利良善者徒受虛名則非聖世至公至平之法也臣伏覩今年四月二十二日明詔一欵正德十五年十二月以前各處實徵稅糧馬草農桑人丁絲絹布疋絲綿花絨屯田皇莊莊田子粒牧馬草場子粒租銀及甲丁二庫蠟茶銅漆銀

硃鹽課廚料戶口食鹽猪羊鷄鵝備用孳生馬騾山廠柴夫後府柴炭軍器沿河軍衛有司蘆葦荄草夫價及閘壩泉溜洪淺等夫幷椿草等料及贖役等項銀兩一應歲派歲辦奏派但係該納官錢糧物件拖欠未徵者盡數蠲免以蘇民困已徵在官該起解者照舊起解准作本戶以後年分該納之數各造册奏繳查考敢有將已徵捏作未徵侵欺盜用者許諸人首告巡撫巡按及按察司官訪察拏問重治造册官吏參奏提問戶工二部差去催徵官員卽日回京欽此欽遵詔下之日天下之民仰荷聖恩猶出諸膏火之中而納諸衽席之上也然大賚之仁不可使一夫之不獲惠鮮之政不可使鰥寡之或遺竊照今之逋負官錢者率皆姦豪巨族而非良善小民也蓋良善小民稍能自存者甫至該徵之時則固如期而完矣其貧而無出者則上被官府督責之威下受里胥催徵之擾甚不得已則賣產鬻子以償之雖欲逋負不可得也其

豪右之家則府縣不能寘於法里胥不敢及其門故得而負之耳今日之事固宜痛抑豪强優恤窮困可也奈何府縣官員皆以小民易欺大戶難制不問上年已完未完今年一切徵收則是姦頑拖欠者獨蒙宥免而畏法之良善不得沾尺寸之恩也自是而後則人皆知拖欠者之有利亦孰肯如期而完乎則是敎良善而爲姦頑甚非國家之福也且明詔所開正德十五年十二月以前已徵在官該起解者照舊起解准作本戶以後年分該納之數正慮已納之民不蒙其惠故特爲此至公至平之法也大哉王言雖漢文蠲租之詔亦不過此而有司不能仰承德意何哉良由不得明詔之意耳故人持一見各立一法科條不類輕重不倫下無法守吏緣爲姦則是陛下今日之恩典反爲姦貪者欺罔之資也伏望急敕戶部議處定爲畫一之法使上下曉然知所適從如本戶該徵錢糧物件以十分爲率上年全戶拖欠者今年則全戶追徵

上年全户完納者今年則全户蠲免上年已納三分者今年則免其三分而徵其七分上年已納五分者今年則免其五分而徵其五分兩年通融每年蠲免五分比照嘉靖元年事例則有司庶得明白奉行上供不至缺乏而民困亦得稍蘇矣然或所徵之數不足兑運四百萬石此又在陛下出内帑之需以濟之耳先帝南征北幸所過地方軍餉之煩轉輸之勞苦加之以天時之水旱有司額外之征求奈之何民不窮且困也天之生財止有此數不在官則在民先帝籍没錢寧家産今陛下籍没江彬家産累數百萬若人豈能神運鬼輸以生財耶此皆百姓之脂膏也陛下發出於太倉者僅一百餘萬其他尚積於内府也獨不能盡出之以補不足乎今又籍没廖鵬等一十餘家其産亦不下數十萬乞即命收貯太倉更不可復輸於内府而爲私藏也傳曰百姓足君孰與不足百姓不足君孰與足陸贄亦曰天子之富豈憂乏財誠不可

不以人爲本以財爲末損上而益下也伏望陛下思稼穡之艱難念小民之疾苦將臣所言敕下戶部議處幷嘉靖元年蠲免五分之數亦要預爲分豁轉行南北直隸幷浙江等十三布政司衙門一體施行務令小民咸受實惠無得徒受虛名致有不均之歎其監收之人敢有通同作弊將已徵捏作未徵洗改文移偷換簿籍者着撫按衙門訪察參奏提問則奉行者皆得其人而小民咸受實惠矣天下幸甚

終聽言疏

臣聞之賈誼有言人主之威非特雷霆勢重非特萬鈞開導而求諫和顔色而受之用其言而顯其身士猶恐懼而不敢自盡又况於縱欲恣肆惡聞其過乎誼之此言非特爲漢文告實爲萬世君天下者告也夫忠義之臣識高而見明慮遠而憂大其進言每過於切直蓋不如是則不足以開人君之心而動其聽爲人君者方且以其言之逆耳也或怒

而不受或罪而不容則天下皆以言爲諱而直諒忠正之士遠矣直諒忠正之士遠則姦邪得志惟彼之所欲爲而無所憚欲禍亂不生災害不作不可得也仰惟皇上入繼大統之初深懲先朝之失求賢若渴從諫如流故一時臺諫抑鬱於數年之間有言之而不行及欲言而不敢者莫不奮髯攘袂皆欲爲陛下言之陛下當是之時用賢方專去邪方決求治方切聽言方聰故於臣下之建白無有言之而不聽聽之而不行者臣伏讀批答之辭有曰這所言有理朕當次第舉行有曰這所言皆關切新政朕當一一舉行有曰事關朕躬的自有處置此即大禹之聞善則拜成湯之從諫弗咈也故天下想望風采莫不延頸拭目以觀陛下夫何改元以來惑於羣小之言昵於左右之請於凡逆耳之言漸不見聽臣請自春夏以來旨意而觀之各衙門題奏事有切於陛下者方欲責之以躬行乃曰該衙門知道則是憚於自責而爲是退託之辭

也陛下所行或有未安臣下執奏以爲不可乃曰已有旨了能則是吝於改過而蹈因循之弊也是雖不從其言然猶未明言以拒之也繼此則曰如何又來奏擾曰摭拾妄言曰不准則是明言以拒之矣然猶未見罪也今則繼之以回話又繼之以罰俸矣夫今日之臺諫卽昔日之臺諫也豈昔日所言皆是而今之所言皆非邪夫亦陛下納諫之誠漸不克終耳陛下納諫既不克終則於忠諫者必疑其爲謗訕深計者必疑其爲妖言執狐疑之心以來讒賊之口始則不信其言終則併其人而不信矣始則不用其言終則併其人而不用矣諍臣既去則朝廷之闕失又將使誰執哉釀成禍階天下之事殆有非臣子所忍言者先朝逆瑾之將擅權也以爲不箝天下之口則吾之所爲彼得而發其奸故言有忤旨者或摘細過以月逐之或假他事以中傷之於是人皆畏禍不言而瑾之勢熾矣詩曰殷鑒不遠在夏后之世今日之鑒近在先帝

而已頃者南都風雷之變陛下特降德音與臣下同加修省此誠聖后明王克謹天戒之至意也然羣臣應詔陳言不下數十餘疏陛下漫不加之意焉則是陛下所謂修省者不過區區於祭告之虛文避殿撤樂素服减膳之末節而已今者京師地震得非上天以陛下不悟故復假此以警動之乎謹按漢五行志曰地之戒莫重於震動謂地陰也法當安靜今乃越陰之職專陽之政其異孰甚焉此蓋陰邪專權用事之徵也陛下亦可以少省矣漢唐令主一有天災必求直言極諫之士以陳時政闕失今陛下之遇災也不惟不求直言而反厭聽人言以是而欲當天心致和氣此臣之所未解也伏望皇上圖維厥終勿替其始日於退朝之餘即御便殿臣下章疏一一留神省覽時召內閣元老大臣與之商搉其言有可采者即賜施行其有未當亦望曲賜優容勿加譴責以開言路如是而化理未孚天災未弭萬萬無此理也昔唐太宗納諫

漸不克終魏鄭公極言其失太宗嘉納之卒成貞觀之治臣以襪綫之才固不敢以魏公自期而所以望於陛下者則不止於唐之太宗而已也臣無任拳拳忠懇之至

慎刑獄疏

臣聞法者天子所與天下共而廷尉者實天下之平臺諫者則又天下公議之所在也法爲天下之所公共其生殺之柄雖出於朝廷而參聽之職則掌於司寇天子不得而私之也廷尉爲天下之平則人有犯者必當付之有司按事以求情依律以擬斷天子不得而專之也臺諫爲天下公議之所在則臺諫有所建白天子不得不改容以聽之虛心以受之也今張瑾所奏羅洪載責打軍職羅洪載所奏張瑾高臺斛而是皆一偏之詞其非是曲直陛下初不得而知也使陛下於兩人之奏俱付之法司則法司者必將訊之於公廷質之於證佐按法定罪威嚴之

下誰敢重輕其曲果在於洪載不得而故出之其直果在於張瑾亦不得而故入之豈不兩平而不寃也哉今陛下誤聽張瑾膚受之言就令錦衣衛拏送鎮撫司打問夫張瑾錦衣衛之官也羅洪載張瑾之讎也執其讎以歸之而使之訊焉雖三尺童子亦皆知其不可而爲之憤惋不平矣其窘辱之狀臣得之於風聞而尙書林俊則得之於目擊夫朝房人所共見聞之地也尙且無忌而敢於作威如此則其下獄也臣不知其若之何矣不亦大可爲之寒心也哉今尙書林俊言之旣不聽都給事中劉濟等言之又不聽則是陛下今日之舉爲錦衣立威爲張瑾報怨法司不必設諫官不必置矣天下聞之臣恐羣臣之解體也臣嘗考之太祖高皇帝卽位之初稽古建官在內卽設刑部都察院大理寺以掌天下之刑名於洪武十五年始置錦衣衛若有重囚下本衛鎮撫司推鞫二十年以非法凌虐命以本衛刑具燒毁以所繫囚送刑部二

十六年又申明鞫刑之禁凡罪囚俱送法司著爲令甲耿耿不磨其所以愼刑獄一體統者其慮至深遠矣近自正德年間權姦用事錢寧挾錦衣之權張銳恃東廠之勢官以賄成獄以貨鬻故今日差官校齎駕帖拏某官來京明日差官校齎駕帖拏某官下獄事不付之法司一皆繫之祕獄或假此以爲報復之地或緣此以開賄賂之門於是綱紀蕩然而民無所措手足以陛下即位之初夙夜憂勤圖治釐革先帝之弊政恪遵太祖之成規於凡大姦大惡如劉吉張銳張雄王綸甯果等一應重囚俱付法司擬斷今羅洪載所犯較之此輩其輕重何如也何獨下之於鎮撫之獄乎陛下頃因雨雪愆期怪風屢作塵霾蔽天恐刑獄枉濫囚繫久淹以致人心愁怨上干天和乃敕諭羣臣同加修省此誠

聖帝明王克謹天戒之盛心也今羅洪載不能將順德意顧乃正當齋戒之時非理用刑固已不能無失矣而陛下今日之所以處洪載者抑

又甚焉殆與敕諭所云大不相合也以是而欲弭災致祥其可得乎伏望陛下於臣所奏留神省覽俯聽尚書林俊都給事中劉濟等所言收回成命將羅洪載張瑾付之法司從公議擬照例發落則聽斷公而人不至於偏枉體統一而政不出於多門人怨可消天災可弭而太平可興矣

專任老臣疏

臣聞之召公之告成王有曰無遺壽耇曰其稽古人之德矧曰其有能稽謀自天蓋言老臣不可以不用也然用之之道又不在乎隆之以虛禮而唯在乎與之以實心溫旨之丁寧綸音之慰答羈之以高官縻之以厚祿是皆所謂虛禮也肝膽之相照意氣之相投言焉而必聽諫焉而必行是則所謂實心也人君之待老臣也苟實心之不足而徒虛禮之有餘則老臣者亦幡然而去矣又況并虛禮而失之豈能一日安乎

其位哉我皇上嗣登大寶之初圖惟治理登崇俊良凡先朝遺棄老臣悉召起用誠千載一時也先任都察院都御史今陞刑部尚書林俊致政數年已絕仕進之心矣其初被命也疏凡數上不蒙俞允而登途其既來也疏又數上不蒙俞允而就列舉朝之臣皆曰陛下之知俊如彼其深也用俊如彼其專也俊之抱負不獲展於先朝者必得展於今日矣而俊也亦自幸眷注之非常念遭逢之不偶益篤忠貞以圖輔維新之化奈何陛下重所聞而忽所見銳於始而怠於終於俊之言不見采納臣姑以耳目所覩記者言之如李文昌李舉用索財害人該部擬罪法也俊言之而不聽王玘陳俊賈全等侵盜錢糧該部提追法也俊言之而不聽李全禮打死人命夤緣得免行提俊言之而不聽張敏成劉進盜分贓銀賄賂得免追究俊言之而不聽他如欲立興獻帝親弟之子以主祀事欲禁革僧道齋醮以正人心陛下漫皆不之聽焉俊於是

時已有求去之心矣故今日上疏乞骸明日上疏致仕陛下不能諒俊求去之心俱賜溫旨勉留一則曰亟出供職二則曰暫免朝參慮禮隆洽俊不獲已復隱忍而出焉尙冀行其言之一二也曾未幾時陛下誤聽小人張瑾之愬下羅洪載於法司又未幾時誤聽姦邪崔文之請奪宋鈺而歸之鎭撫洪載之獄俊嘗言之然止於不聽而已猶未見罪也今宋鈺之事俊言之不惟不見聽又從而罪之矣夫俊之所執者祖宗之法也俊之所守者司寇之職也今執法而責之以違旨守職而責之以囘話則并前慮禮而俱失之矣是豈陛下召俊之初心哉天下之道二出與處而已矣君子出則行道以盡事君之忠處則求志以全守身之節今陛下於俊之處也則強其出而不能遂其高於俊之出也則違其志而不能行其學使俊進退兩失所據此豈任用大臣之道乎伏望

皇上俯聽臣言卽將李鳳陽宋鈺等一干人犯敕下法司擬斷隨遣鴻

臚往諭朝廷所以倚任至意使俊無懷嫌疑即日亟出供職無得固辭仍望自今以始於俊之言一一采用勿間以憸人勿撓其職守夫然則信任專而賢才無憂讒之心上下交而德業有可成之理不然俊一動搖則羣賢解體皆將相繼引去甚非宗社之福也惟陛下其留意焉臣干冒天威無任隕越之至

崇先賢疏

臣聞昔人有言自天子至於庶人其功德在人者必求其嗣而奉之政如子文不可使無後於楚君子以爲知言又況造斯道之閫奧得文學之精華上有以繼夫往聖下有以開夫來學其功德出於子文萬萬者顧可使之無後哉竊照吳公言偃蘇之常熟人圖經載偃之故宅在縣治西北巷名子游橋名文學其遺跡故趾可考也勾吳在春秋時目爲區區之國荆蠻之邦朴鄙不文尚未與中國通也公生其間乃獨能悅

周公仲尼之道北學中國卒之得聖人之一體爲孔門之高弟故太史公記稱孔門諸子多東州士獨偃爲吳人而魏了翁朱熹亦以三代典章賴子游以有存皆以豪傑之士稱之自是以來東南學者始知聖賢之道而不惑於他歧彬彬然人材輩出而其後遂甲於天下遡本窮源實吳公用夏變夷之功也微斯人吾其被髮左衽矣夫立萬世之功者必當尊崇其祭祀垂無窮之澤者必當錄用其子孫吳公之功萬世之功也吳公之澤無窮之澤也今其嫡派子孫傳衍於本土者微弱不振下同編氓貧窮不能自立其祠宇僅存則亦規模卑隘日就傾頹弗稱祀事甚非我國家尊師重道之心崇德報功之典也臣查得顏孟朱熹子孫先朝皆錄用一人世襲爲五經博士近日御史王完又以朱熹子孫在建安者恩典已隆其在婺源者乞再錄廕一人以主祀事節該禮部覆題奉聖旨是朱墅准與佐翰林院五經博士奉祀欽此此誠一代

之殊恩曠古之盛舉也吳公之在聖門方之顔孟朱熹其造詣之淺深有非後學所敢輕議至論其興起斯文主張吾道之功則不敢有所軒輕也今褒崇之典獨子游不之及焉誠聖朝之闕典也前直隸提督學校御史張鰲山巡歷其地深憫聖賢之後泯沒無聞即具本言之時値先帝南征武事方殷遂寢不報士林失望每懷憮然臣吳人也沐吳公之化爲最深被吳公之澤爲甚厚深用愧悚故披竭愚衷爲陛下言之伏乞特敕諭部議處比照顔孟朱熹事例劄行該府奏保言氏嫡派子孫一人除授五經博士使得世襲以掌祭禮再乞比照山東鄒縣孟廟規制改建廟庭務令廣大仍爲量置祭田數百畝令主祀者掌之供祀之外其羨餘則周給族人之不足者用敦禮讓之風以爲士民之望夫然則聖賢之後不至下同於齊民而褒崇之典眞能高出於往古矣斯文幸甚

駁正章奏疏

臣伏覩大明會典開載題奏本格式如題本則某衙門某官謹題爲某事如奏本則某衙門某官謹奏爲某事備事由云云此昭代之典章萬世臣民所當恪遵而弗敢背者也今霍韜奏本止云奏言而不云謹奏爲某事故違典章輕廢禮制奏本之式尚不知之他復何說也臣嘗反覆霍韜所奏其言則支離而無狀其事則扞格而難行請爲陛下言之往年大禮之定此皇上愛親之至情因心之大孝本於天性斷自宸衷非羣臣之所能與知也經曰非天子不議禮不制度不考文追尊典禮實皇上自定之而韜乃自敘與桂蕚張聰席書方獻夫之所議亹亹千言是貪天功以爲己力何無恥之甚也書曰嘉謨嘉猷則入告爾后于內爾乃順之于外曰斯謨斯猷惟我后之德韜讀書未嘗至此乎縱使韜等所議眞足以正萬世之綱常如韜所云亦臣子之職耳何矜伐之

有臣故曰議禮可也緣此而得官不可也緣此而驕人不可也緣此而立黨不可也緣此而沽名不可也韜之祿不肯受豈亦良心發見眞有所靦顏乎韜又言邇年流弊欲定內外官員遷轉資格永爲遵守臣惟自古帝王創業守成不同故制度文爲亦異何也時使然也洪武草創之初禮文未遑官制未定人材隱于山林賢俊淹于下位故我太祖高皇帝用人不拘一途設賢良方正聰明正直孝弟力田通經孝廉等科或從耆民或稅戶人材與科貢之士兼收並用不問出身不通年格其人可任爲某官者卽任爲某官其人可陞爲某官者卽陞爲某官故有以布衣而驟登臺省者矣有以吏員而輒爲卿佐者矣此多出自親擢非銓選之常法也自是以來科貢設矣人才出矣官志定矣選法立矣夫取人于科第所以塞雜進之路用人以資格所以抑奔競之風百餘年來治成政理循此道也而韜乃一旦欲變之上自內閣卿佐下而部

屬科道則出而補外外自監司守令及教官舉人歲貢人員不拘出身來歷其學問優長政績卓異者則擢而補内如韜之言則是在内者文學政事一無足觀而在外者皆全才也是何重外而輕内也使此法一行則筮仕之初人皆樂爲外官而不願立于朝矣何也其初在内者終則咸補外而疎遠其初在外者終則咸補内而近侍也其法果可行乎韜又言吏部四司以郎署而假天子黜陟之權據熱津而司百官榮辱之命其權要而且重斯言似矣臣謂吏部之權雖若重而實不重者以有常格在焉故也今吏部之用人也必拘年勞必詢出身來歷其法一定而不可易故各衙門一或有缺則人皆私相擬議是缺也某人當補之某人當候之而吏部者亦恐人之議其後也故必謹守成規雖私所喜者不得而超遷之私所惡者不得而故淹之是資格者亦防姦之具也而韜乃謂今日吏部凡陞某官必查某例格例拘礙少越分毫卽爲

超躐指爲銓曹之弊欲舉常格而盡廢之使吏部得人猶之可也或非其人則優劣狥情高下唯意通賫緣而超陟淸階聽請託而驟遷美職問之則曰此學問優長者也政績卓異者也常格不得而拘也人孰得而議之吏部之權于是爲愈重矣韜惡吏部之專權而顧假之以權何其言之自相矛盾也故法有未弊守之可也更之適足以召亂而已矣昔曹參守法而漢家致治王安石變法而宋室幾危觀此可少鑒矣然韜豈昧於此哉蓋韜之初會試禮部也名偶第一則以爲狀元及第可必得矣既而居于二甲則以內閣爲不知人矣忿忿養病而去及病痊復來又自以爲科道可必得矣既而選爲部屬則以吏部爲不知人矣復忿忿養病而去心懷怨望往復很戾故其所爲多不可人意韜之心路人所知也今日之奏正欲發泄其平昔無聊之情抑鬱之氣其如國家之事何哉伏望皇上凝神淵默端拱穆淸念守成之道在恭己而無

爲保治之規在守法而弗失切責霍韜使之安靜供職無作聰明以亂舊章無以側言而改成法當惜國體當畏人言共敦雍睦之風以成玄默之化宗社幸甚天下幸甚

費氏宗譜序

周禮大宗小宗之法詳哉其言之矣古者家和族睦里美風淳由是道也晚近禮湮敦宗恤族者不少概見甚至祖禰以上莫知所自祖免而後不相往來即五世之內而相凌相軋者有之譜牒亡而宗支混由來漸矣間有一二世家綴輯家譜遠溯受姓之祖旁搜同姓之族羅列名賢鉅公以誇舊閥非誣則僞於水源木本之義何取焉故歐陽蘇氏族譜皆衷自可見者狄武襄不敢自附梁公識者韙之要以崇先世恤後裔獎善誨愚斯足述耳東城費氏表表名門其來久矣丙子秋子厚兄與予同舉南闈迨同上公車於淮揚舟次出家譜示予反覆閱之自參

政而下凡十世其文質其事該詳而不複條而有體一秉歐蘇之法洵非荒遠誣僞者所可擬也足稱費氏信史矣費氏自參政太常別駕教授徵仕諸公累世簪纓若彥平舉鄉貢進士朝用伯英東川諸公俱擅文學遊庠子厚兄年方弱冠以葩經領鄉薦行將魁天下舉閥閱益光大之且其累世盛德宏儒碩士將接踵出矣異日稱江左甲族非費氏而誰耶

上毛尚書伯溫書

僕東吳之鄙人也誤蒙朝廷厚恩備員諫職夙夜冰兢勉圖報稱力小任重卒與禍會近聞明公拔茅起廢復欲薦僕於朝意甚厚也然竊恨明公不量其有不可者故敢以書聞焉始僕少時自負頗重初在諫垣與聞政事即欲乘時有所建白以佐天子維新之治然不審機宜不識忌諱首劾張桂繼彈席霍末言張寅觸犯武定之數臣者皆天子之股

肱所親任而信之者也僕以疏遠小臣一旦深言若此得無犯疎間親之戒哉則雖投之荒裔置之重典自人言之孰不爲固當然者然賴主上明聖止於落職生還故鄉實出意外而此數人怨入骨髓則未嘗一日忘情於不肖也以故得罪以來食不甘味眠不安席憂惶交集惟恐再羅法網以無自解於天下此明公之所熟聞者也向使不肖冥頑不悛則當道之人承望風旨而下石者有之矣安能笑傲園池竹石之間有此今日也哉古之仕者有二大者行道小者爲貧僕自受恩首違孔子信而後諫之義繼此東歸戮力耕藝家有餘財可以自給上之不能行道於時而取高位次之無所貧乏以待祿貧僕於二仕無一可者優哉游哉爲聖世之逸民足矣往年張桂席霍相繼死亡武定近亦逮獄僕始得高枕而臥蔬食而樂較之向時刀鋸若其在前芒刺若其在後已不勝大願況願其他以求仕進哉然公之意則已藏之胸中矣古人

云人各有志僕今志在山水不能從公於台鼎黼扆之側也

大中大夫四川布政司右參政維石吳公墓誌銘

正德二年吳公瞻之領應天鄉薦三年與兄靜之同舉進士拜行人六年陞工科給事中十二年陞戶科右給事中凡兩月復陞刑科左階十五年陞掌工科十六年陞四川布政司右參政嘉靖三年奉表入賀便道歸家卒於姑蘇舟中實五月九日也享年四十有九公名巖瞻之其字別號維石先世居淮揚間九世祖千一始遷吳江曾祖伯昂祖廷用俱贈大中大夫太僕寺卿廷用以孝聞父禹疇累官至南京刑部尚書母王氏累贈至夫人繼夏氏贈淑人邱氏封夫人妻徐氏同邑金華府推官章之女先卒繼德清沈氏俱封孺人子男三邦模娶王氏邦楷邦材俱幼女二一嫁縣學生史璧一許聘龐杰司寇公命邦模以卒之明年乙酉三月十一日葬公於邑西文奎宇圩之原先是以狀屬陳君明

而以銘屬予余二人重傷公之不幸輒書輒止及葬余始參狀而次第之曰公性通悟爲文明決可誦初試憲臺即獲首選歷數科不售司寇公將使從蔭又念公繼母弟嶠失恃意欲之未决會提學御史陳公玉嗃來京師稱公有進士才不可使從蔭遂以嶠襲之未幾公果第人以是益服陳公之知人其居家孝弟事兄如父事姊如母撫弟如子遇繼母忌辰如母儀司公冠總憲閩時公閒往省朝夕奉命惟謹邱夫人愛之加於所生母族不給者極力生植之能自立者亦曲護爲使保其業其仕爲行人使於楚府爲禮不苟委而中則諸凡餽遺悉却不受一時號爲良使其在工科指陳時弊以直諫稱壬申遼夷入境守臣誤殺之既而夷人稱寃闕下守臣亦奏之事久不解詔公往覈其事公勞悴白髮面爲凍腐不敢少懈卒得其情刑恤各當夷夏兩服焉乾清宮災下詔求言羣臣勸上早朝晏罷日御經筵建儲嗣而斥義子接儒臣而出

番僧遣邊兵而能中市言者不一公上言此皆臣所欲言而羣臣先言之伏願陛下列羣言於座右次第施行之庶不負求言之意君子謂公不恃一已之見博采衆人之言分疏而條解之可謂善諫者矣其在刑科乞恩歸省時朝廷方遣使徵逋禍及無辜公目覩之入朝上言東南民力已竭不勝殘敝乞還使者以能徵求上特允之又言東南財賦之區地苦下濕太湖之水由吳淞白茆以達於海今吳淞淤淺白茆成陸一遇水漫則入海之道塞而民受害矣乞命大臣開濬之上可其奏小民無知疑公此舉識者謂爲久長之利係焉其他極論權嬖之奸囘請毀閹人之祠院前後章奏不下數十悉爲人稱賞其在四川奉命理賦不專徵求而無逋負於公又能經紀羨餘以行賑貸蜀人方仰之而公不起矣公平生疏爽寬裕不爲瑣屑及居輔導明習舊章老成莫及交游好自克無責怨於人先公舉者不嫉後之者不慢視焉嗚呼始公自

工科拜命於蜀予適以是日領擢刑垣予作詩紀異以送公行孰謂是行遽成永别耶可哀也已銘曰

於惟吳氏我知其先有美大中一孝格天篤生秋卿完名而去公之兄弟頡頏以繼皇皇使者諤諤諫臣公於所事亦云委身天不憖遺公實可哀蜀道不難而難蘇臺城西之原具區之左有碑峨峨峴山橫浦

伍餘福字寒泉自號曲江浪史

三吳水利論

一論五堰

古者宣歙金陵九陽江之水皆入蕪湖以五堰爲之障也其地在今溧陽縣界自唐景福三年有楊行密者作此以爲拖舸饋糧之計而蘇軾奏議稱五堰所以節前項諸水其後販賣簰木以入東西二浙者又以五堰爲阻遂廢去而東西二壩列焉於是前項諸水多入荆溪間有入

蕪湖者亦西北之源而非東南之勢也其故道尙在去溧陽八十里而宋進士單鍔亦嘗言之雖蘇軾尙有不能必行於仁宗之朝者其他可知也

二論九陽江

九陽江或以爲中江者非也或以爲東江者亦非也考唐仲初之賦薛士龍之說末復折衷於禹貢則知淞江七十里分流東北入海者爲婁江東南流者爲東江併淞江爲三江而九陽江乃出三江之外正溧陽之所謂穎陽江是也其源出自曹姥山流爲瀨渚昔子胥避楚乞食於一婦餔之卒投千金不報之義以酬七日不火之恩至今有李太白碑在焉

三論夾苧干

夾苧干宜興志無也惟宋進士單鍔遺書論及其事而今無復有知故

道者近抵其地始得聞其詳半在宜興半在金壇半在武進東抵滆湖北通長蕩湖西接五堰蓋古人以泄長蕩湖之水以入滆湖泄滆湖之水以入大吳瀆塘口瀆白魚灣高梅瀆四瀆及白鶴溪而北入常州運以歸大江於水勢甚便自五堰既廢之後而其所謂夾苧干者亦復湮塞皆爲桑麻之區雖有淸東淸西相去百里終非水道至於橋名亦訛爲䳘嘴之呼將掩其舊以圖其新去其不利以冀其利而其鄉父老亦有能知利害者曰是禹之利也爲鯀壅之是欲去鯀以就禹也始信鍔之言不誣而今縣尹谷繼宗者相與通議以爲一勞永逸之計蓋此計一行上可以接滆湖而運河有功下可以遠荆溪而震澤無害鍔稱深利於三州以予觀之豈獨三州然哉惜乎自宋以來一奪於滆湖之田戶再奪於兩浙之豪民良法美意寢而不行至今識者惜之而三縣之民亦置之何有噫

四論荊溪

宜興之水爲溪者九而荊溪正當縣治東西之閒按志稱中江出蕪湖之西荊溪又受宣歙等數郡之水流注震澤以入海而西溪尤其要者蓋中外諸水之會也夫何近年以來蘆葦壅其流溪田擅其利大非汪洋無畔之區而收民者又不能去官以就利一遇大潦輒復狂瀾如之何其可也若夫疏瀹排決之責則有司存

五論百瀆

按縣志稱百瀆在宜興者七十四在武進者二十六顧其亦有不能盡如古者何則時異而勢亦殊利盡而弊亦起安能爲之一哉就如志有五千瀆而册則亡册有大墟瀆而志則少其名號已不能無魯魚之訛而況古之所謂瀆者吾恐未必然也或者勢家豪族有去彼取此之意乎不然何另立一名以淆之也吾觀其地勢縣東南爲上瀆縣東北爲

下瀆古人以荆溪不能當衆流奔注之勢遂於震澤之口疏爲百派各有分域而又開橫塘以貫之約有四十餘里蓋橫塘者水之經也所以直南北者也百瀆者水之緯也所以列東西者也然則荆溪之害可以謂之無而未必無震澤之利可以謂之有而未必有豈其天作而人壞之耶

六論七十三漊

按諸漊界烏程長興之間跂而視之烏程三十有九長興三十有四總而論之計七十有三其畫圖所載名號今古不同訪之父老亦鮮有知其詳者初入其境大者如溪河小者如石澗塞者如陸沈通者如神瀵湖塘皆有桑麻蘆葦之類以扼其流而民之利其業者又憚于疏濬以積其弊無怪乎儲之者有湖而泄之者無漊也蓋浙西之水皆從天目天目據上游之地而十二龍潭出焉或時雨大至四野奔流其注廣德

者由四安以入方山淸泉其注餘杭者由德淸以合銅峴諸山其注孝豐者由廣苕以入小溪沿之爲苕溪射之爲霅川萃之爲江子匯皆自七十三漊通經遞脈以殺其奔衝必潰之勢而今則有不能盡然者是可嘆也

七論長橋百洞

宋單子論吳江長橋爲三吳諸水之足以承震澤之腹而往來吐納之勢率由于此爲其出淞江以入海故也蓋自唐刺史王仲舒先築石堤以順牽挽至宋慶曆間邑宰李問始駕木以橋其上又至泰定間州判張均參知政事馬思忽郡守殷鵬翼輩白諸丞相答剌罕遂捐萬緡爲首倡而士民胥應者駢集竟成鉅功夫古人豈不知東流滔滔之勢而故爲之障哉障之所以節之節之所以利之非直爲美觀而已吾蘇本爲水國而非此障則狂瀾倒矣狂瀾倒而何有於浙西哉吾嘗登垂虹

亭而望之其浩淼無涯牛馬莫辨長橋河西南以上皆納數郡之水以備旱潦而今淤塞有如此河者已過其半大則瀼爲圩田小則散爲草埂居民比屋沃壁連疇此治農者之所當患也說者謂以東則泄至龐山以東北則泄至同里由此歸海而不知淞江盤龍一曲沮塞者多先臣范文正公蓋嘗有行之者而況此哉爲今之計去其泥沙以伐其葦草仍令佃之者經野分守以時蕩滌而后水有餘利久無滔天壅積之患矣

八論震澤

今之所謂太湖古之所謂震澤也書曰震澤底定謂其振撼不定之勢何以殺之曰三江有所歸也三江而上有堈阜焉昔也截其流今也順其利爲禹鑿之也其利民也深而民之飲其利也亦深於是由三江以入海自古皆然而今三江僅通其一所謂吳淞江者是也其瀕湖之地

皆卑猶在江水之下與江湖相連何以乾封其沿海之地皆高反在江水之上與江湖相遠何以潤澤是故環湖者多水患沿海者多旱菑無怪其然也蘇湖常三郡皆隸太湖而吾蘇獨當太湖之中若一盂然藏垢納汚何所不有吾生長其地每有望洋之歎而亦不能無探源之心按圖論之中有七十二峯襟帶三州而夏屋仙宮多出東西洞庭馬跡之上其爲勝可取也其爲害亦可慮也上入而下自洩西納而東自流是故汎觀之則有縱有横約取之則有倫有要其間有自石湖洩之者有自鮎魚口洩之者有自管瀆洩之者有自小溪港洩之者有自張家河洩之者有自北車橋洩之者有自漾湖溪洩之者有自上瀆港洩之者有自陸家浜洩之者有自虎山橋洩之者有自石家浜洩之者有自南宫洩之者有自蒯家涇洩之者有自九曲港洩之者有自后塘橋洩之者有自梅梁溪洩之者有自龍塘河洩之者有自迎城山洩之者有

自菱湖港洩之者有自太平橋洩之者有自澤塘浜洩之者有自灌瀆浜洩之者有自和尙浜洩之者有自長洛浜洩之者有自王家漾洩之者有自山涇港洩之者有自渡水港洩之者有自黃瀆港洩之者有自後保河洩之者此其大略也其他支流餘裔不可枚舉而繪事者錯綜陳之亦贅矣是故舉此例彼而具區爲藪之大者源流在焉可忽乎哉蓋太湖之水本以瀦水將以潤田三州之田將以利田先以資水通則百脈皆和不通則百病皆至此單子手足之喻深爲有見而或有不能盡如其意者古今之勢異也說者謂宣溧以上西北之水可入於蕪湖而不可使注于荆溪蘇常以下東南之水可趨于盤龍而不可使積于震澤其道無他焉曰疏之濬之循其故也故者以利爲本

商賢大夫墓銘

孝豐有老彭墓歲久草荒曲江浪史伍餘福過而悲焉表之復銘之是

亦孔子竊比意也銘曰

昔也薙林今也狐穴肇自商周彭傳孔竊述作何憑大戴則揭爵於而朝墓於而浙不見異人空聞異說六月社兒寒以送超何經何怪天機恐洩誰謂猖狂惟身有節誰謂妖孽鍾靈有烈厥廟惟對八貢九折負陰抱陽堂封者岀下有龜蛇上有日月我表其阡如垂斯絕海桑幾更文或弗滅嘉靖癸巳夏五月立石據吳江廠溪錢氏宗譜去病案錢譜稱伍君爲吳江人因急錄之

卷二十二完

女兒緐祥校錄

松陵文集三編　　　　　　　　百尺樓叢書

卷二十三

　　　　　　　　　　　邑後學　陳去病　纂輯

明五八

陳　策字獻可嘉靖元年舉人曹縣教諭有吳江志稿已佚曹縣志

　說鈴九華集東行集俱未見

羅田張侯去思碑

今天子紀元嘉靖十有三年歲甲午羅田張侯自判滁陽而令吳江越明年乙未冬甫及期刑部郎缺廷議以侯嘗倅中臺宜召還上請可侯被命剋日治裝戒行凡邑士大夫父老及兒童叱隸販負之徒莫不咨嗟涕洟歔欷戀慕欲挽留之侯亦依依不忍別去父老徐臯趙宏輩恐歲久事泯大懼無以稱侯之惠且以策嘗辱教謀礱碑以永其傳策辭不獲乃拜手而序之夫吳江東南望邑歲計五十萬石前令或弗軌輒

須於長賦者名常例其貳以下率倣之責於長長弗堪則轉科於民民坐是踣而長亦均病矣侯至手爲文以矢於神曰某所不與民同心者有如日貳以下皆色動未幾猶有以墨敗者侯嘆曰神其不我欺耶皁隸雇役銀例入官侯曰若亦有家也傭其身而受若直何居與其直而若梗吾法法之不怨遂還給之今歲夏大旱渴雨侯重爲民憂露禱於天且禮於闔邑應祀之神期於必雨已而果雨民感其誠然禾不及秋者殆半乃以災告於撫巡諸公達諸朝適臺檄屬吳縣朱侯來體覆而轉以吳縣屬侯朱至乃命民羅拜之謂朱曰民敝矣願寬一分某亦不敢負若民邑當孔道使節日旁午餽送無度民苦煩侯至一切裁省或以薄讓侯侯退曰寧被譴剝民以要巳名不忍爲也往時公宴治具窮極豐腆禁之亦從省故里長之役於鄉及城之坊長其費比常減十之七民貧貸於勢家積久度不能償多流散設法撫徠之卒歸業民以訟

至令自拘審非大故不公差鄉民終歲鮮有識吏卒者或事連骨肉則召至庭曲爲剖諭必令感悔乃已未嘗輕抵於法朔望視學進諸生與談經義刺刺如家人語聞者逌然諸生時庭謁雖少年者必以禮遇事有不得已言于侯率從厚社學久圮屬其貳李侯文瑞葺之以便蒙養且倣古制爲禮衣衣之名童子衣遴選鄉師時往臨之察其敎祠廟橋梁久多不治侯謂邑之儀觀也不宜煩後人所在繕飭完好然皆因事興工而民不知費邑有仙里橋相傳陳昉昇仙處卽其上建仙跡亭錄昉詩及小學所載馮球事榜楣間以警在服夫侯之治行類如此策固不足以知之竊謂大要以崇儉厚生睦倫敦化奬進人才彰癉善惡爲賢其極歸於爲民而已然而清修一節乃侯本心自前令以來所未有侯嘗曰利與害相須吾幸居官食祿而復苟圖若天道何且人生所享有限何苦子子爲子孫計雖所得俸資居常不令有餘凡遇禮賓及時

節喜慶事費皆已出不煩民聞一貧嫗鬻其孫以償官逋得直偶亡去一孤豎亦以官逋被繫訴於侯侯憐之皆爲代償他所爲惠及無告者多不能載解舍罄懸薪水時或不贍家人有難色侯不顧瀕行止攜來時兩敝籠去侯性疏朗公暇間從縉紳之賢者觴詠垂虹雪灘之濱則追歡盡日舒嘯風煙其於□□□□也是□侯之所以爲民者實□□□□惻怛之情而形於作興鼓舞□□□不徒簿書期會之爲務爾使侯□□□月則政成而民方攸賴而侯惜去矣然甫期而民心固已翕翕如此非盛德能至爾邪如侯者雖古之遺愛其亦不足尙矣碑成僭題之曰去思用最侯之治行而復系以詩俾民歌之庶幾甘棠之意云

侯名明道字希程號玉泉學者稱玉泉先生己丑名進士詩曰侯來何遲民汔勞止侯車至止民汔阜止豈第君子侯之謂矣父母孔邇胥相媢矣云胡言旋寧莫我顧天子有命不遑啓處明明天子願還我侯惠

我東人而莫不休侯日遠矣民之孔懷豈侯爾私維德之培嗣侯者誰維侯是師前召後杜儷此穹碑

毛　衢字大亨號六泉六都人遷黎里嘉靖二年癸未進士官四川提學副使有六泉詩文集已佚今存詩文賸各一卷

鴻臚白徵夫使還序

黔嗣子終喪以士服聽天子命得拜爵於國內封公如初報謝天子葵之使司儀白徵夫來錫命將上公之服若干襲異數也及至公具徒郊逆司事畢涖及登稽首拜辱對揚休命畣虔及成將反命天子郊送事每若至于是藩臬諸大夫相謂曰是禮也司儀以之罔不尊其所往餞之金馬之陽各贈以言衢從諸大夫之後敢諉不敏揖而言曰夫使以展義以迪度以廣志三者不忒則不辱天子其有光華是故命有所受辭其可釋乎司儀其善于辭者矣觀其致天子之命若曰昔我皇祖奄

有中國遂荒南詔莫敢不若惟昭靖之口口畀作幹世得食土之毛嗣係在沖朕圖歎祖命載錫爾爵爾惟似之或怙爾世祿匪九禁之難朕不難汝議君子曰是能道天子德意志慮俾知好惡而辟行之謂之展義其抗於賓禮若曰惟我康敏歷事三宗爲大司寇實保王之躬茲惠徼先世敢不祗訓又曷敢辱王吏貽先大夫羞是故致積則辭致館則辭致贈亦如之受則必稱不私於有司儀容揖讓之節無不協君子曰是能恭敬撙節以明禮不物于輕重謂之迪度其接于諸大夫又若曰予有志四方故嘗使嶺表逾於九疑歷於羅浮達於閩遼海而南凡此禮俗孅惡庶幾有知茲藉天子寵靈旣望於衡嶽至金海滄洱之區行且浮于蜀江大觀于楚澤繇嵩雒而北得以周覽天下之故當爲一書以獻君子曰是能咨謀詢度思以副天子之意謂之廣志廣志則達迪度則貞展義則忠忠則不貳矣貞則不怵矣達則不蠱矣臣之道也諸

大夫曰是道也司儀有焉行道有福其在後乎可以贈

壽鮑憲副乃翁嶂山序

惟正月朔旦南方岳羣臣祝天子萬壽禮成于是臬大夫思庵鮑子至自臨安會於滇若不色喜諸大夫曰方今聖王御極禮樂登馨陰陽驩咨凡我臣工罔不忻忻然以承休美大夫獨何憂思庵子曰某不佞沐浴膏澤有年數矣忭舞之私則予莫敢後惟我父今年八十我母更溢三歲乃茲月在壽星爲我父初度之辰既縻于茲不能自引去拜膝下以稱壽惡得而勿憂諸大夫曰陟岵有懷北山興歎忠臣孝子之心大夫有焉盍以爲壽庶以廣大夫之意遂屬于下吏徧余聞孝子無私憂無私樂父母之所憂憂之父母之所樂樂之然則父母所樂立身揚名固其大者朝夕之奉不與焉乃若泯泯然無所見于世而惟煦煦婷嬿以爲歡祇以貽之戚耳傳曰子而能仕父孝之忠古之制也是故涖官

不敬聖人不以爲孝移孝作忠其道一也大夫之心則亦何歉焉曰嘗游于鄣之學士大夫故知嶂山先生之行爲詳蓋亦抱道守正可以立名當世惜乎未究於用故不能無待云夫其峻度以砥節剫詭以脫俗考中以度衷崇儉以厲裁救災䘏匱多其功利而不希尊譽衛逸坊淫不以比周賓正而相引於勢利惟以其父時明公有至孝不能顯其名以詔來者皇皇焉如弗能子君子之道無以增於是矣譬之風焉正以厚所積而將勝其大者故嘗以朱晦翁之言自厲曰勿求人知而求天知勿求同俗而求同理又慕范文正公之爲人以之訓大夫曰士當先天下之憂而憂後天下之樂而樂其所以自淑其身者若此而所以願望其子者又若此其志云何詩曰詒厥孫謀以燕翼子先生之謂也又曰永言孝思孝思維則則在大夫矣繇是則所以植體廣用以成其志者此正大夫今日之事是故遹駿以奮庸抗口以樹烈肅憲度於臺省

流德澤於江漢而且飭法訓武揚休撫南夷以同于中夏俾天子無復憂顧勳業懋昭以顯其親於不朽此固先生所許君子之孝莫大於此是則爲可樂矣於是諸大夫爲之祝曰樂只君子萬壽無期又爲之祝曰孝子不匱永錫爾類思庵子則釋然起曰諸君子以孝教某某敢不拜重貺以祝某敢不再拜遂往此以爲壽

送廣西右方伯洪西涂之任序

國家經制畿甸以外乃建布政司以蕃王室乃立左右布政使以敷王政官視古方伯則稱爲左右轄以象職也祖宗之時九卿優於經濟者每出以布政政有凝績者得特進或復召入爲卿匪徒均其勞也惟其職重若是今皇帝緝熙治功登遂俊良左右惟其人乃十有七載冬十一月進雲南按察使西涂洪大夫爲廣西右布政使惟滇若廣爲今宸慮簡注之地厥惟懋哉衢時亦繇參議往承蜀乏方惟脫輻是懼因因

諸同僚之屬乃諗政於執事者曰位尊者德不可以薄官大者治不可以小地廣者制不可以狹位惟稱德治貴識體古之道矣今夫天下猶車也君爲蓋民爲軫法制爲輈道德爲輪方伯所以承蓋之覆受軫之載準輈之度中輪之材管之以轄而致之遠焉是故蓋欲其崇不可蔽也軫欲其附不可遠也輈欲其和不可偏也輪欲其完不可敝也轄欲其至不可敧也合是數者則車爲良然則察車之道必自輪始輪固本也輈則用也轄則要也審於政者知所重爾夫然故得其要進可謀退亦可謀若左右固不宜天下咸若是天下無不治矣西崈篤於道明達治體先爲浙守爲參政循譽籍甚既按察於斯蠲削煩苛則無戚也申勅憲度則無胔也令不便民寧失之樸不爲疾以苦事關是非利害之大者惟視其正不嫌于廉不撓也亦不以侈則不觥於法故可以規亦可以矩一時稱爲廉平既爲方伯其位固益尊矣聯數十州縣合數郡

盡其民物軍賦而統理之則所受不既大乎廣西地爲百粤山川風俗未可謂盡同中國秉以蠻獠猺獞間亦擁搪却我軌迹甚或怒臂以當轍夫以國家威靈非不能草薙而禽獮之第以王者之政治以不治固其體也不猶蓋而有冒姑係之綫云乎或者不知大事溺職於法則操切繁怵益以長僞牽於文口又闊略優宕恣民之奸而不之禁此則文武不備若囹口右有民官則以亂大夫惠徼天王之福不泯其地則亦布其利顧其土宜袪其蔽濟其同欲察其緩急以握其要先之道德以任其孫輔之法制以和其理必縝而堅焉必疏而柔焉必無所茹焉必無所吐焉陰陽立其體文武並爲之用所謂澤杼山而倖各適其宜惟輪之良尚何深則折淺則負爲輈之病也繇是民罔不載朝廷體統日益以尊如天之無所不覆矣如地之無所不載矣若其蚩蠢而相逐者左右惟命雖野之道路宿息井樹罔敢相翔以犯國禁孰曰天有時地

有氣獨不得爲良耶神而化之存乎其人而已易曰君子得輿又曰大車以載相之道也謂之國輔又進而爲大夫望

去思序贈方伯沈平墅

甘棠蔽芾召公去矣袞衣繡裳周公來矣必有遺德則以永其思必有孚譽則以慰其望此則天機相感非人所可得而私者是故君子所以皎潔當年垂光後來者固有道以基之若其來也忽焉去也寂焉無所輕重於斯人人亦無所欣戚於其去來則國家何賴焉傳曰立德立功立言皆所爲不朽也君子之道其在斯乎我觀平墅沈公之於滇則有是矣昔其來爲御史也奉揚休命振肅風紀節儉著素絲之風堅貞厲金矢之介則是已有造於斯也惟時守臣驕橫於世祿城狐社鼠窟穴其間睚眦爲仇剽掠於晝市有司不以聞當道者不敢問乃則樹之風聲是以有節制莊佃之法百司庶吏黷賄成風耽耽然如虎攫人必獲

乃已甚有屠斮瘡殘以濟涎染至天子寵臣則又名徵而禍刼之民益無所乃則道之禮則是以有禁絶貪墨之法法以宣政政以弘化故凡吏於其士者終其身不敢貨視其下幽枉者若獲昭蘇民到于今稱其德天蹩南國突生厲階安銓作難於尋甸朝文搆亂於武定械其王官迭其亭障蕩析其屋廬尚冀其悔心也我是以决策議堂先之以撫諭之師彼猶不悛復入我州邑翦我賦馬震驚我冠裳虔劉我司徒干我天紀罪在不赦我是以徵兵列郡大舉討罰之師遂解馬隆摧蛇山燒火勒敗於普渡斬首於阿亡執俘於東川渠魁悉獲脅從者罔治用是地方底靖民有寧宇威震百蠻乃知我天子殺伐利害如雷如霆惟恐犯之暴就糜滅南人至今賴其功俗沿於夷令極宕弛當事者彌縫朝夕支撑東西卒亦因陋就簡而已公復作誓於衆曰令之不一政之二也何以善後自其軍職之籍占濫也則有嚴覈之疏自其有司之獄訟

寃也則有明愼之疏自其土軍之朘於官也則有寛恤之疏自其鹽課之槖於私也則有清理之疏自其學校之隘於陋也則有增設以弘道教之疏承之以俞旨昭之以訓典綱條彪烈炳若丹青嗣以執令者守若畫一衆隷卒以爲憑惟舊章其言兹既爲方伯也則旬宣有來保釐惟重乃若審官敘吏考俗擾民則有典矣度支經費稽器展事則有制矣褒揚忠義警飭官箴則有勸矣凡所以宣布大政以裨邦教者視昔益有光烈足以昭之不朽君子之道何所增於斯是故昔之去也民思之如失今之來也民喜之如獲若公者可謂終始乎滇之人夫人亦終始於公者矣公今以進賀天子萬壽則遂去滇矣人不得以私之則思之當益新其所以推之天下詔之來世者不基於是乎儞不佞嘗獲私於公交知最深所以願望之者獨至故次第其事以備頌詠是爲贈

賀册立皇太子表 代巡撫上今上

伏以聖主握乾樞啓會昌之運皇儲居震式瞻長發之祥百王之典斯存萬國之貞攸繫恭惟皇帝陛下至仁饗帝大孝尊親永懷宗祏之圖憲天立嫡蚤副臣民之望稽古重宗光前載闡夫鴻猷裕後克謀於燕翼禮成册寶號渙絲綸臣某職忝撫臣躬逢盛事慶我皇之有子知主器之得人伏願奕德重華綿本支於百世祈天永命綏壽考於萬年臣無任欣躍慶祝之至

又代巡撫上東宮

伏以前星啓耀誕昭上嗣之祥繼炤重光麗正少陽之位敬惟皇太子殿下涵輝璿極毓秀紫廷英姿夙表於珪璋主器有光夫七鬯允副承華之託茂膺正始之儀臣某迹遠彤墀心馳甲觀伏願蚤愼姆師預隆保傅養蒙以正弘基啓作聖之功齒學克脩備善邁元良之慶國家幸甚天下幸甚臣無任祝願之至

又 代巡撫上皇太后

伏以姜姒隆周成王業於文武曹高啓宋邁家法於漢唐風化始基慶源濬發恭惟昭聖恭安康惠慈壽皇太后陛下端凝母範擁翌聖躬皇慈覃被於長秋鴻號茂隆於太上精禋協帝祈祖秩之無疆景命自天喜孫將之有託臣某式懷坤造快覩震維少海騰祥潤德願同春育太陰立極遐齡祝配天長臣無任慶忭之至

又 代巡撫上皇后

伏以皇娥佐舜式觀內治之休姜后配宣懋建中興之績閨門爲王化之始子孫惟福履之將敬惟皇后殿下含美坤靈承施乾始端母儀於宸極萬國尊親彰婦道於壼闈六宮脩順樛木惠周乎逮下螽斯祥協於多男欽若皇姑繩其祖武克昌後嗣貽厥孫謀仰承宗廟之靈默相神明之統臣某伏願弼成元聖垂罔極之旻慈嗣奕徽音集維繁之帝

祉臣無任慶祝之至

上汝黎川先生書

養翁岳父大人先生下吏衢無似仰承敎愛有素茲辱弗鄙庸微俯諸姻好是雖天啓長緣而曲成之德曷敢忘所受也銘刻銘刻邇拜華札捧誦如覿神馳千里欲晤末由重感重感恭諗道履碩亨賢聲懋著寵階有日忭賀不勝方公書稱確實外溫内介甚敬禮之覯其言則大人先生獲上之美久益彰矣入覲回司諒須一月計衢欽限不踰三月望日竊擬新正廿日挾舟抵揚當與令郎尊舅暨邱靜之聯轡陸行趨謁門下婚期卜于二月中旬斯時未識騶從得先至止否子揚書至京之日乞託李汝詩年兄轉送書意亦姻事欲其推愛再三更容先期回任耳衢素守廉薄高明所知百凡不能如禮統希鑒容幸甚嚴寒伏惟崇愛以需光渥是祈九月廿九日肅啓

與汝一齋内兄書

寓都下眷侍生毛衢頓首拜一齋尊舅先生大人下執事六月十二日家兄自臨清囘曾具啓左右嗣後廿八日抵京日惟吏宂所奪且乏鴻便乃疎修問馳慕之私實弗能已凌口汝明相繼來此獲領手教恭諗動履徵休家庭協吉且糧役無累官司不擾矣深慰七八月間尊翁二三書至宦況甚佳考滿文書已申巡鹽衙門批稱本官署管分司足有幹理留待有官交代方行起送以故未得就來續差御史宋邦輔接管分司官亦已除去冬間或以嚴寒未來至春諒無阻矣尊堂于六月間略覺違和旋卽痊可汝廉到此於七月初六日遣之囘司尊翁之意欲宅報常寄至京然後轉寄河東甚爲方便今後千乞介意薄宦如昨無足齒錄家眷幸賴平安令妹女德夙聞婦道尤孅尊翁家教有素足以有徵而吾舅相勸之助亦不可誣也佩感佩感小僕南還匆匆聊此馳

布伏惟照悉幸幸

明故大智覺雪巢和尚墓誌銘

師諱戒玉世家吳江之桃溪姓陸氏陸以先姓後代有偉雋母吳嘗夢紫衣神告之曰錫爾昌胤服我道惟謹已而舉師淵懿恭默弱齡不作童孩態好讀內典若宿有佛授記者母以前夢故年十二遣從蘇州承天寺都綱澤師又數年澤既老改禮應天禧吉葊為師續其香燈嘗曰佛去中國二萬餘里其道傳二千餘禩言微而人疑道玄而俗病以戒為墉而人弗親以定為戶而人莫入周公孔子之道昭如日星闡於炎漢佛以善惡之說誘之也乾旋坤轉以成萬物機也欲行我道其以儒乎洒日與秀生偉士為詩酒交去其譸張之習講求性命之理化行於鄉人樂親之井飲田食弗期而裕福倚于禍天道之或有者正德庚午有司推典鄉賦潦而無年民不能輸師曰我道本以愛施而反懲民民

何生爲乃殫其所有以供國餉而力弗逮部使以催科爲績竟置師深文謫戍淛之金鄉衛師曰苟安於命合於道窮涯荒服皆樂土也遂翩然作南征計賦詩曰拊掌豁然成一笑惠休今已作湯休其所得爲何如今皇帝改元赦歸每旦雞鳴起誦金剛雜華嚴等經尤肆力於詩時成篇章有可誦者得壽八十僧夏六十有八嘉靖乙未七月初三日終於寺先一年薙須髮如故態屬其徒及孫定魯方靜廣惠曰從佛教者自我出者也心儒道者自我爲者也生寄不可久捐者或外形死則期於久不可以不窆穴也汝曹其圖之卜嘉靖丙申八月壬寅將瘞師於雅字圍之原壽藏其孫超凡不遠千里跣石重繭來乞銘爲之銘曰

東來象教日就蕪曹溪眞傳混泥塗有美異人出中吳不佛其佛飾以儒江流萬派咸東趨弄筆瑤篇作細娛珊瑚木難明月珠暮年一蹶淛海隅識者盡悼師無辜金雞放赦道不孤魯望𢿱舟范蠡湖長明之燈

付羣徒隻履西歸不可呼青山有地藏璠璵年千世百僧範模

鄢陵縣知縣黎川汝公象贊

德星邃茂才鑑清遠妙略逢時功名丕顯鸞鳳聲蜚龍蛇筆展一峯嶽

峙仰止雲巘

滇南三司祭白巡按乃父文

岷山西戒黑水徂東苞結爲區神明聿鍾於蔚銅梁有白振宗嗣世稽

卜遂大於潼猗與先生允蹈退蹤映心冲素葆眞內融藝學斯稷籍禮

作宮榮茲天爵鬱爲人龍崇以丕基舉緜積風誕旣詔胤適雋登庸简

協九儀宣於四國旣告厥成爰補袞職羽儀肅貞邦之司直繡斧行驄

八閩生色茂膺寵光俾貤爾錫象服惟衷龍章並奕帝眷南詔民虹乃

棘申命御史欽往作式淑問有孚聲教敷及鋈鋈金精廉潤玉栗法緣

情麗威以惠翕俾用寧宇國服是息惟此徽庸疇樹之則耿光前綏遺

靈載緝惟考作室厥子克構南人頌德具曰驚受百拜稽首祝公萬壽胡弗慭遺百六奄遘少微掩采執法嬰疢素騑星犇巷哭慘書某等媿乏平生實殷寤寐太丘何如元方口類典刑溘逝縉紳彌瘁束帛遠將藉此情寄願崇於社俎豆千祀嗚呼尚饗

四川撫按三司告城隍山川社稷文

惟神協相上帝率育西土庶徵維時昭貺是與既登來牟將熟稌黍康年有占百禮可舉某等均司化理茂對休口敬謝神功再祈虛佑尚饗

史　臣原名曾同字邦直號南湖鑑孫嘉靖二年癸未進士官雲南布政司參議有四書講義未見

重修顯忠寺碑記

蓋聞道由文載東魯之章句易知行以心修西方之虛寂難悟非有非無之論本於心術之微不生不滅之談出於耳目之外然而求生靜土

者以茹齋爲長修行沙門者以誦經爲法孰知無緣之慈慈室先登勿照之慧慧門洞啓古之帝王究輪迴之説講涅盤之餘或驗之星或徵之夢或誕之徒倡無稽之説競爲像塑飾以丹青列剎相望卒爲雄觀而不知優游雖崇臺峻宇寧得而棲之哉嘗怪以文字談經以殿宇事佛者適爲佛之一累也顯忠寺者皇明景泰中僧法之所建也前此爲宋樞密王公祠堂法值兵火之餘聞齊粱之風而期踵寶坊金田之舊其法嗣惠遠徒孫口口承衣鉢之傳憫風雨所淩而無毀柰苑秪園之觀福德甫修善類響應里人吳孟剛吳孟桀興工聚石力以悦赴工忘其勞玉殿内明華旛外颺遠稱標絶邇羨煇煌梅堰馳名三吳增勝其心以九泉之下可出鼎鑊八難之中可免冰炭者而不知心即佛也佛即心也法身無像在於吾心佛不外求心求即佛不懺窮兵黷武之惡而表祈年望仙之宫不探掩室杜口之玄而遵秦王漢武之陋者惑也

雖然四流□□三教並陳學佛而究竟於慈信能續沙門之緒毀像而希寵於上安在爲聖人之徒愚不善言道洌寧子以碑記見託因有所感故爲之記云時嘉靖二十五年歲在丙午清和月

明故浙江杭州府新城縣知縣蕉園徐君墓誌銘

君姓徐氏諱應龍字辰夫蕉園其號也世爲蘇之吴江人入國朝有諱貞者始以人材授麗水丞麗水公生琛由儒業爲泰寧令良有嘉績卒今泰寧稱名宦吴江稱鄉賢兩邑率以春秋祀之泰寧公生章爲永州金華兩府推官竺厚嚴飭所居則化一如泰寧公也金華公生太學生資號可山可山雖弗通顯迺克紹其世懿而闕其聲名所與游者多天下賢豪焉娶王氏爲中丞好齋公妹婦順母則咸正無缺生君迺可山嫡冢嗣也君少而穎異壯而倜儻感槩偉度雄譚卓焉不撓初游邑庠善舉子業爲莆田黃公所重食以廪而尤善詩歌古文辭棠陵方公宰

崑山聞君名而造之則分韻賦詩萬言立就方公驚訝嗟嘆曰安有如此而長不遇者乎于是聲稱籍甚一時若水西沈公石里陸公後河申公則皆相觀而摩之友也然屢擯于有司卒與計偕荐紳先生多恤焉方天子登極之始興道致理而大學士張羅山條奏三途並用弗限年格專選才行繇是君得爲新城令誠簡命也新城民多桀黠喜訟號難治嘗有奸如山歷數尹不敢犯君性既剛毅而又以一時知遇慨然欲革其俗務在摧抑强禦矜哀愚弱而奸豪竊窺已自疑畏値縣舊有殺人者屍亡無驗而反係無辜者家疑莫能辨殆十年矣君一日行覗民稅倉庾間有蛙鳴走而前君謂方今冬時而蟄蟲乃出意者有寃欲伸乎則詢左右得舊殺人者家甚邇卽命捕其奴至一訊而得其情蓋瘞屍于土而樹竹其上已成林矣其事遠久則得昭雪由是徧邑中頌其神明而昔之奸豪疑畏益甚以爲徐君發摘奸伏如此吾輩將安所容

身乎乃相與拾君之幾微誣訴上官上官不能白遂左遷爲山東東昌衛經歷瓦衛指揮使剸裁于上而經歷司其文移往來顧爲屬吏又武臣籍其世資率多驕恣君乃嘆曰嗟乎吾結髮讀書所著何若而乃使我仰事武弁耶陶彭澤不爲五斗折腰有以也夫即拂衣起竟歸不復仕矣居無何遭可山之喪自始斂暨葬諸凡儀節罔違于禮既而無所事事常游遨于所謂蕉園者而著述益富焉昔之三友又致政家居乃日與還往盡山水林池之樂常稱曰吾適吾志耳安能爲流俗俯仰哉剛方獨立始終以之而庸衆人頗訕誚矣忽一日嬰疾度不可爲也悉召親黨故舊賓客贄聚爲别則出所著文山寄弟妹眞蹟題其後以屬異母弟應旦曰康吾老母字吾幼孤毋易吾家範吾死不恨所爲示文山之札者以兄弟之情不殊也言訖而别觀者無不嘆其親親厚託孤明焉又數日疾革已不能言徒舉手書空連作正字其異母弟應數曰

欲遷正寢乎則爲首肯遂遷就席而瞑嗚呼人莫大于死生之際世之號丈夫者鮮不爲兒女子涕泣悲哀而君乃爾非素讀書明于道理烏能如是耶君有詩文遺稿若干卷未暇梓行配李氏於潛令南園女淑媛宜家更僕難數先君十年卒子男一人曰鼎側室魯出聘史氏即余之幼女也女五人三李出壻顧文翰吳沖陸漢餘側室李出一受趙氏聘一尚幼鼎始孤單弱不克葬今生十五年矣足以自樹乃卜卒之六年十二月二日葬于邑西南卯字圍祖塋之側啓李氏之殯合焉君生爲成化二十年七月二十五日卒爲嘉靖二十三年十月初四日壽爲六十有一余與君雅相好而晚聯姻知君頗悉故因鼎之請遂次其事而爲之銘銘曰

南州之胤爲吳名族五世其昌維君方穀作爲文章珪璋滿櫝厥治蜚聲紀異有錄眷彼文山昭哉爾嘱以正而終伊誰不淑嚴霜未乾有蕉

徒綠鬱彼祥丘坎爾玄玉百千萬年尚歆豐祀（去病案此石今藏予浩歌堂）

祭仲父松丘公文

惟史之先自浙來吳世傳書香聲在江左五世而有西村先生實光大之先生生二子我父南園與吾叔耳我父丁丑歿姪以典型在叔矣不意十餘年而又哭叔也叔讀祖父書天性剛介不肯少假借於人祭祀以敬率由舊章不顧一族之議謂之不改父道服役以義定交而求不顧一鄉之議謂之以身狥國姪竊論之宗廟之重莫重於祭州司之酷莫酷於役何已丑庚寅之際負叔之累而姪猶不悟也今過而能知知而能改而叔已長逝不及白於叔之生前也不能白於生前獨不可自責於叔之死後哉

王　守字履約別號涵峯山人同里人本姓章嘉靖五年丙戌進士（吳縣籍）官至鄖陽巡撫右副都御史有履約集今未見

雅宜山人集序

余即履吉氏弱冠攻古文辭才情俊逸川至雲起垂二十年著述蓋千餘篇余幼共席硯交師友蓬蒿環堵彈琴詠歌响响朝夕相樂也中歲慕祿仕散遊四方嗟乎遽意遂棄余而逝耶余悲夫才哲者之夭傷顧余蹇劣以獨存每讀其文未嘗不呼天而泣也乃選其詩八卷文二卷因年編次庶可考其進云明嘉靖丙申七月一日

答陸五湖札

眷生王守頓首大台望五湖陸先生大人文侍令弟來承佳章香扇枉惠雅情垂念良深感戢聞道履清嘉逸興閒適忻慰守鰥曠無立多慚故人唯迂疏偷安耳衡翁清秋想勝游賦詠可以同娛遙羨遙羨時有趣旨得丹青小幅寄覎尤幸尤幸仲秋十四日守頓首拜去病案此札今藏沈廷鏞家行書都十五行有鈐記一爲涵峯二字

陳　椿字子年號同菴同里人嘉靖十四年乙未進士仕至荆州府知府

文林郎慶符知縣汝君墓誌銘

君姓汝諱礪字啓商號石齋世爲黎里望族曾祖衡仲曾祖妣呂氏祖思遠以子貴贈兵部武選司員外郎祖妣黄氏贈宜人生祖妣計氏封太宜人考諱訥由鄉進士授中書舍人仕至南安府太守妣陸氏封宜人生母張氏君幼而朗秀嗜學工文與伯兄趙州牧濟商從弟鄢陵尹養和浸灌磨礱奕奕競爽甫弱冠部使者最其文以儒士試應天不售進隸學宫旋食餼廪人謂必得科目顧屢困棘闈竟以年資卒業南雍方圖經奮有爲而齒日以長遡拜慶符之命君臨事開敏嚼然不滓當路器之嘗檢校逋租廉得侵漁者數輩夜持千金餽君君斥之旦聲其事一裁之以法有兄弟相爭者君召族屬集之庭分陳義理言詞懇切

二人感動泣下歡然如初慶符接界苗夷常遭燔刼爲民害君獨設方便督甲士爲聲援賊因解散桴鼓不驚而民居安堵君行淳政修滌穢剔垢膏枯沃萎遺愛多矣六載秩滿上其績於銓司考稱上上秉鈞者方擬擢君乃飄然卷懷乞身而歸家居日惟檢書課農徜徉詩酒間縣大夫延禮賓致恐後而君跡不涉公庭時以是益重之君性恭儉不問家業白首淸風蕭然儒素雖不能發揚功名有赫赫之譽顧其時多掊克罔遹君獨以廉約稱可謂矯矯矣爲文以意勝詩蕭散有致有西歸集藏於家卒于嘉靖十九年十一月初八日年七十有七配錢孺人生一子曰世德先公踰年卒卜以嘉靖某年某月某日葬于髮字圩之原其姪齊賢扶其幼孫柏來乞銘下闕

明故文林郎玉溪顧君墓誌銘

玉溪君金華令曾唯之父也姓顧名文藻字子潤號玉溪爲吳江縣著

姓曾祖盤窩翁始卜築江之同里里之東有古宅並溪喬木鬱然而深秀者顧之世業也感梅翁踵而承之益開乃家傳至獨村翁以宗人之長居焉盤窩感梅二翁代以孝友仁厚聞于吳故號稱同里顧氏厥惟舊矣獨村翁行誼具少傅王文恪公所爲墓誌翁正室爾碩人生三子君實自側室董碩人出最季君生而容貌恭淳進止詳雅望而知爲名宗子也于羣從中尤能守禮法感梅翁甚鍾愛之天資穎慧始就外傅誦習循謹業舉子不利于有司卽棄去天性孝友甫十三而喪父哀毀踰禮二母共居一堂旦夕承事融融洩洩均得其歡心雖爾碩人亦忘其孤孽也爾卒含斂窆竁之治與諸昆竭力營治不愆于儀待諸昆巽順有加諸昆終亦莫敢凌之待析產先世遺業悉讓于諸昆弗較奉董碩人僻處西偏母子二人煢煢相倚戮力滲瀡不以窶廢穉戀依依非有故不輒離左右及生曾唯既長乃戒之曰我已無意進取汝勉思自

樹以振揚先烈貲産何爲故求田問舍一切無所營心乃獨取先世遺書課曾唯讀之夙夜程督愛而知勞所居僅有亭數椽書屋四楹君日坐其中博綜典籍子史百家多所涉獵尤熟于故實與人談所聞見縷縷而出悉有根據攻書筆法遒美作詩出人意表性善酒客至壺傾共醉陶然雅歌雖終日不及于亂聞佳山水乘船出遊興盡而返然終其身未嘗一謁達官貴人素履清修一介不苟取予攻苦食淡晏如也至貸古書名帖則無所靳久之諸昆相繼淪沒君于諸昆之孤嫠撫恤尤至然業漸窘岌岌乎幾于僨矣君乃詔曾唯曰夫是業也祖之所埱也父之所遺也而汝坐視其顛非夫也曾唯益感激奮迅勵志于學日進名日起嘉靖己酉遂以易魁南畿君始忻然笑曰成吾志者兒曰吾聊以是自慰耳汝更思勉之毋以此自畫甫踰年君患風癱疾遂不起越三載爲癸丑曾唯擢進士第授金華令閎閈燀赫頓易舊觀東溪

世業弗績而翁隆君之志酬矣竟不及一見嗚呼悲哉君生于弘治十三年庚申五月二十七日卒于嘉靖二十九年庚戌九月二十七日享年五十有一娶周氏子男三長曾唯娶朱氏次曾學娶樂氏次曾約娶吳氏女二長適府學生施時雨次適朱榜孫男四而語而訓而誠而諴孫女一甲寅春曾唯取道歸省且圖所以葬親者乃手書其同年友翰林徐魯菴所爲狀踵予門泣而拜曰曾唯不幸先君早世今雖叨從子大夫後恨進也晚未效一日之養將以年月日葬于室境字圩新阡惟是一二懿行不忍泯泯敢乞公一言銘之蓋覆先君有知將瞑目于土中矣予曰孤亦有父之喪皇皇未葬且草野語懼無以光照先公之令德敢辭曾唯又泣而語曰公與先君有中表之誼幼同硯席雅善善也知先君者無如公公之言且信也信則傳固以請予乃受狀而讀之因重有感焉顧氏積德百有四十餘年始發于令君之叙也上光祖先下

成令子亢宗拓產愀其家聲若君者可不謂賢乎辭弗獲則爲之銘銘

曰

東溪泚泚厥澤孔長方折有玉厥德孔良貿用不售韞匵而藏毓秀孕
靈爲圭爲瓚貢之明堂釐而毀祼世德馨香光也璀璨有福若堂吳淞
之麓完璞以歸瘞于靈谷寵錫自天永受茀祿

卷二十三完

同邑柳棄疾 鄭瑛 校錄

卷二十四　邑後學　陳去病　纂輯

明一人

王　寵字履仁更字履吉別號雅宜山人守弟嘉靖十五年丙申貢士吳縣籍有雅宜山人集十卷今存白雀稿未見

感舊賦有序

正德辛未寵師事林屋先生于包山精舍凡再閱暑寒而退迄今庚辰八年于茲矣乃復來山中作感舊賦其辭曰

紛余慕夫好修兮濳大道以游神漭江河之浩漾兮悵欲渡而無津彼哲匠之巍峨兮揚日月于八埏折疏麻之瑤華兮將以贈夫斯人亟儻俛而仰鑽兮又靡知其所止紛虬龍之下上兮尺蠖蜷旋于泥滓車既殆而馬煩兮阻山川而徙倚忽日月之我遒兮去冉冉而不已經疇昔

之故居兮志欲憾而頹洮滯淹留以無成兮將復修吾初服佩長劍之陸離兮冠切雲而邐邐民生各有所樂兮放吾道于容谷吸朝霞以爲糇兮夕復餐夫秋鞠苟矩矱之攸存兮冀來者之可追吾令羲和弭節兮將以窮乎我師路漫漫其阻修兮殫吾生以求之亂曰驂騑斯皇莫予好也洵彼前修爲我導也海獄嶄巖何當造也長夜漫漫志澂操也矢心白日遵長道也

試劍石賦 有序

石在虎邱道傍云吳王鑄劍成而試之或云秦始皇掘得吳殉劍而試之茲兩存其義云

赤堇之精邪溪之英伉儷翦爪百鍊始成太陽五金寄氣託靈龜文縵理價重連城其鍔瑩冰其鋒凝霜脊挾霆威鐔流電光頳烏揚輝慧雞剮芒歛以鵜膏磨以礜硎走蚴蟉於浚蝎飛夭驕於旋冥十步去一人

千里不留行惟時皆順理之事當晦其迹而國有逆理之謀則見其形故無道則去有道則呈也就爾長一國者用之盍刑長頸之宿讎可刎佞舌之宰鄙夫何反賜乎忠臣是倒持而莫知所以乃自絕夫至德之開國致伯業之就圯俾若君天下者得之宜斬臂鷹之禁術當誅指鹿之閹豎夫何反加乎令子是逆施以亂人之紀乃自傾百二之山河致鮑腥之不已妄肆一時之暴卒遺萬年之恥於乎青天可倚白雲可抉雖有利器兮那克任其剛烈博浪之挫未明靈姑之辱莫雪彼磐陀有何辜兮徑劈之齊裂徒裝駕乎猛鷙曾未翦除乎妖孼想當時破櫱嶭震訇割號罔兩於巖扃飛火電之列缺駭海山之巨靈迸丹邱之鬼血故於歷世之千祀猶存雲根之兩截蝕苔蘚之青蒼示隱磷之晉屑使後人之來觀訝靈蹤之未滅顧世事之若茲爰長歎而欲咽據蘇州府志○乘疾

案此文集中未錄

拙政園賦 有序

侍御王公敬止世吳人也寓籍于燕弱冠登進士官侍御史出按遼陽以不阿法抗中貴謫上杭丞再丞崖之都許驛徙知永嘉判高州竟致官歸吳焉公疏朗峻潔博學能文辭遇事踔發當孝宗朝峨冠簪筆儼然柱下有古直臣風一不當當路意三投炎海折翼而下可畏哉戒途之難也公則茫焉如遺逍遥以嬉乃築室闔閭之城背廨市面水竹斬蕪糞莽取勝自然頗愛潘安仁閑居之篇附于拙者之政寵遂賦之以歌厥事焉其詞曰

緊蹇蹇之王臣秉靖恭於爾位企遐風於往哲干青雲而高議際明時以自奮謂諤諤其無忌冠切雲而直指惟一人之余媢鏌鎁利而鈆刀揮毛嬙都而嫫母恚信人情之翩翻羌愛釁其奚自睇天門之遥遥臣得罪而遠去猘犬吠而掉尾虎磨牙而蹲踞快一斥之不復薄炎荒而

窮馭占巫咸兮則訾決唐生之猶豫爾乃稅鞅故國徊翔首丘豈宇宙之迢遙何余栖栖而倦游我蔭有廬我耕有疇彼季子之奚人逃卷衣於長洲洵伯通之不覊賦五噫而聿逌經山川之故墟眷君子而夷猶撫嘉木之蓊翳接吳會之長流羅以爲圃言旋于休乃有滄浪之池夢隱之樓臺以退觀堂則若墅竹柏得眞橘柚皇樹郁李張梨櫻胡棠棣菡萏荼蘪丹瓜綠芋華實駢羅溝塍錯互於是風妍景熙六合澄朗時鳥變聲鮮雲如掌曳山篇之接䍦披王恭之鶴氅良儔言集恣意偃仰修山陰之故事和蘇門之遺響朱果在摘頳鱗挂罔醽醁載浮圖書弘敞信巧拙之何居澹玄心於天壤眄鴻飛之冥冥知下上之泱漭彼爰居之逍遙奚鐘鼓之爲饗吸元化以潛神潄瑤津而獨往永寤歌於聖明錫萬年之鳩杖

迎春賦

欣陽和之廻馭穆上皇於東方晻山河以占氣羌朝霽而蒼蒼瀹萬里之風煙靄容與而含光何芳春之乍臨而膏沐之滂汪也於時皇風載夷長吏崇規矧三吳之靈境表都會於南陲山川環帶風氣華靡百花洲上春雲麗烏鵲橋邊春日遲春雲春日共交輝無數樓臺向景披紛九衢之紆直貫金城而交馳抗飛梁於螭首跨綠水之逶迤若個陌頭無擁面若個遊人不解眉共傳春色天涯至爭道春光今日宜龍銜寶勝飛雙隊鳳吐流蘇拂四垂粲綵花之歷亂紛羅葉之葳蕤窮翦綴於萬態絢丹碧之陸離玉釵弄影娉婷女紈袴棲香輕薄兒高調遏雲而羣奏繁絃應手以逞奇莫不目眩神竦耳觸心悲則有王孫接騎公子交嬉千金換馬尾搖絲八寶裝鞍光照地飛鞭偶觸綺羅車蔽鐙誰知臺府吏慕鴛鴦之野偶顧鸞皇而接翅弄袖妝妍傾身伴醉冀目成之我與又恍惚而靡遂雲開朱閣對芙蓉日射彤簾藏翡翠芙蓉翡翠一

時新纔是江東絕世人動館娃之春思慕西子之芳塵蟬鬢新傳宮掖樣雲光恰似洛波神每嬌羞而掩態或搖曳以呈身翩翩飛燕能輕舉嬝嬝遊龍不可親默含情而未吐恨鬱思以何伸祇道春歸春意濃寧知春到春心亂嘆佳期之寂寞悲年華之屢換朝朝璠圃愛花開夜夜蘭堂看月滿花月娟娟能幾時容華冉冉嗟將半信春思之飄揚亦春愁之瀰漫年年風景倍傷春歲歲彫零無故伴於是僕本賤人沈淪江海見河際之春歸驚天南之歲改紫禁春光不可攀朱顔春色那能待悵日月之易逭撫功名之安在齊雲樓下幾逢春祇是當年原憲貧差池春羽慚黃鳥憔悴春衣懸紫鶉吁嗟乎弱柳絲絲拂建章宮花朶朶豔長楊人生不及春花柳長得天池繞鳳皇

觀物賦 有序

家兄有金罏朱几各一予觀而愛之因命賦焉其辭曰

信茲物之佳麗超羣美而莫當液金精以鍊質騁寶刀而呈祥文章並發規矩齊良爾其委蛇甲帳燕寢洞房或玄談於素室亦雲會於朱堂隨宜不滯應用無方薦右座之錦席飄南海之奇香丹轂掩色紫蘭能芳瑤華之器君子之光

參差賦 有序

余聞王卿子美文子壽承皆善吹簫賦以贈之曰

彼江南兮紫管洞孕節兮條遒掘會合兮象牙爛朱脣兮金鏤承公子兮光御發宮商兮淸秋光明月兮翔東美要眇兮雲中攜佳人兮燕後宮臨曲池兮伏丹檻吹激楚兮順揚風霓裳飄飄兮鸞凰若逢紛予去故而就新兮四海焉窮蹇誰留兮中止忽婉孌兮聲靡眘寶結兮同心矢偕老兮君子終嘽嘽兮縱所之朱顏倏忽兮能不悲人生幾何兮朝露晞歡樂不常兮日月馳安得千秋兮永若斯亂曰繁音促薄兮蕩人

心罔象相求兮窮高深神歸來兮勿周章彷徨四出兮恐弗勝聊逍遙兮澹容與哀中則兮樂不淫

秦漢文序

嘉靖癸未天水可泉先生來刺我邦慮古振文式崇化本數進諸生館下追琢礱厲範以矩矱越明年出所編次秦漢文授之讀既受卒業寵跽而請曰是編何居先生曰五經其炳矣日月宇宙弗可湮已近古而閎麗者其秦乎其漢之西京乎今士以文進古之制也而業之者弗古是程吾惑焉攟摭經傳苟以徼于有司其尤疵者口耳乎帖括剽裂乎估俾秦與漢無庸及焉吾怪其涉之流而不飲其源也將浚之使邃闢之使廓而毋用是譾譾促數也文其有倡乎寵曰然則左傳國語尚已何遺焉先生曰左傳國語其旨奥其辭簡其爲書也聯屬而成章經之翼也小子識之爾烏得而選諸寵曰然則西山眞氏之所輯者不既韙

乎先生曰夫文也終始有體節奏有變繁簡有裁經緯有章辟之樂焉一音弗備樂弗諧矣吾竊疑其析而不屬也離而不理也懼學者之窺其一而遺其二也寵曰然則東京以後不亦有可錄者乎先生曰氣未見其渾也體未見其雅也間有之吾懼學者之作法於涼也故略而僅存焉寵既聞命爲之刊其訛而是正之郡人湯氏愿而好修請以梓梓成寵敬以所聞者載諸首

送大司寇莆田林公還閩序

正德辛巳今天子既嗣大歷服曰咨宰臣天既命予有家亦賚予良弼越在閩粤之野茲惟共工乃諸僉曰休哉則使使自京師東南馳數千里起家拜公爲工部尚書嚴督之駕公疏辭天子弗允再疏辭再弗允連三疏辭灕席益亟使節交至越明年嘉靖壬午公力疾驅道遷刑部尚書俾帥若屬以掌邦禁居無何公謁告入乞身於朝天子挽之益牢

公弗克起又明年癸未七月上可公行於是天下之士相與議公之出處臆决唱聲各持一談曰方今天下皆進而公獨矯之以退天下皆圜而公獨斲之以方要亦異夫人而已矣則又曰君仁臣恭禮之經也一龍一蛇時之化也公何心哉其視天下如浮雲之飛揚往來於太虛也而天下望之如鳳皇之翔于千仞摶扶搖而弗下也公何心哉之二者皆非也公之心天下之心也夫自結髮入朝弼亮三世德劭功焯屹爲元臣既卷而懷王鼎重輕彷徉海隅以俟其清既而際明君履文石斡旋天機經緯六符調之齊之大羹其和廸我高后繼明緝熙千載一時也而公豈自失厥會躭高尙之名而薄金匱之業哉故曰之二者皆非也緊公之行殆必有掣于事而局于時者矣掣則肘不可以運掌局則道不足以廣謀孔孟其猶病諸而獨今之君子乎此所以不得已而行而不能以三年淹也寵不佞何足以窺公而衆言淆亂敢以是折衷焉

謹序

送天水胡公序

敍曰自秦郡縣天下而有郡縣吏秦吏大抵皆酷也漢良吏爲盛班固氏傳循酷而吏道備矣余讀循吏傳論考其世未嘗不喟然歎也蓋鈎姦擿伏取威樹聲赫赫乎若揭日月而行者世所稱良也至若風學敦禮植本培化使民囘心而嚮道漢吏亦無幾焉夫以循名者猶然而況其下乎我皇明受命溥將疆理萬國循吏如林然窘於期會書牒者繁焉故聖人作而化鑾禮樂衰而風微薦紳先生所扼腕也嘉靖癸未吾師天水胡公自皖守徙吳吳啓於泰伯春秋時有季札子游輩興故其民以廉讓文學相高猶有先王風也然瀕海下濕土浮而民惰卒難帖服亦其地然也公下車葺泰伯之宮崇子游之祀廣厲學宮躬師諸生習射鄉冠祭之禮飭匏絃管柷金玉之器磬折盤辟示以揖讓執經講

解與相問難酬答褒其異者降爲主客之儀不朞月而吳之風泱泱矣夫吳號難治以金穀溢騰賓傅狼藉吏隸舞法謫刺叢興也而教化獨闕焉豈非隆本抑末顚倒無當哉公超然遠覽獨追古之人而與之上下挙晝奮以泰伯子游爲必可師而進我吳于三代之列故化易行而功則倍信道不惑之驗彰明也使吏天下郡縣者皆如吏吳之吏王道成矣迺夫廉以遠利明以蔽獄詳以理賦嚴以督姦儉以節費恤以柔民皆炳然爲天下稱首而求所以綱維鼓運回斡轉易則唯古之道也故略而弗著焉乃丁亥之秋聖天子擢公爲山東左參政吳民丁壯號哭老人兒啼曰公去我乎民將安歸於是其門人王寵識公爲政之大者以序其行以爲他日傳循良者告也

送王子祿之會試詩序

尸子曰凡水其方折者有玉其員折者有璣也蓄寶之淵必異常流彼

漫漶而崩奔者是礫石也已故寶彰於蓄士見於藏豈待登清廟綴玄冕而後窺其景曜坐明堂籌紫幄而後挹其風概哉王子祿之產于名家胚胎前光出遊鉅人斧藻令德羈貫隸學官弱冠舉于鄉聲華漸起顯庸可俟王子方挾册從諸生講受偘偘翼翼矩折規旋濯纓清流掃軌塵雜汎濫羣籍操追古人視世之穢汙澳淈不啻鵷雛之騰于九霄而下睨鴟鳶也即使王子服官盛時鵲起當路其必爲矯矯激揚玉潔珠光而不爲脂韋突梯自混瓦礫斷斷明矣歲己丑天下士羣試禮部王子以戊子嘉平月先事北征告别于嘗所來往各爲歌詩以贈之余與王子有一日之長僭引首篇易不云乎素履往無咎王子愼之哉

送給事中陸君浚明校文還朝序

嘉靖戊子皇帝履大寶之七載也天下士當羣比于鄉廷臣建議以人才國家所急而悉自有司匪明匪愼畯良曷登請以京朝官典文衡便

制曰可于是工科給事中吳郡陸君浚明承命典淛之試事事竣還朝其游王寵揖而視之曰給事天子肘腋臣也典文重奇也淛天下名藩也是三者世所華豔焉而萃之于君君自諸生卓犖淵偉已隱然望東南既連起危科讀書中祕天下想聞其風聲以是握鑑而照操衡而度淛之士無留良矣休哉乎陸君寵竊聞之上臣事君以人其次以身以身者一世之臣也以人者百世之臣也然惟宰相爲能以人惟有司爲能以人有司羅天下之才以致之宰相宰相度德程能以詔王廢置而布在庶官庶官以和百揆以序是宰相與有司之權鈞重也卽有司非明且愼焉天下之才不必盡得相雖聽聽於上無能爲也則有司綦重譬之棟明堂梁清廟梗楠豫樟千尋之名材羅于肆下而工師可擇卽所采者皆液樠空中輪囷離奇規矩弗能經斧藻弗能施工師亦奈之何哉夫能取者必能用陸君今日爲良有司能取天下之才矣他日履

台握斗進退庶官以弼成我聖天子之治將不爲賢宰相矣乎是又可占已詩曰于以采蘩于澗之中于以用之公侯之宮陸君以之又曰思皇多士生此王國王國克生維周之楨濟濟多士文王以寧我明以之

送楊子任序

士君子窮足以樂斯達足以行心志匪曠形骸匪適標格匪勝名理匪暢羈愁恚懟冰炭相搏衡門之下若拘囚然斯亦奚足與有爲耶東方生云築土爲室編蓬爲户彈琴其中詠先生之風亦可以樂而忘死矣余性佚宕不耐齷齪守闤井築居石湖之上悠然以山水禽魚自娱楊子子任辱與余遊數年矣子任闓爽駿發絶無城府醇雅醞藉余神酣焉日與余搜窮巖剔幽壑棲古寺攀危磴挾書册鼎鐺栝匜陰于喬林之下琅琅諷讀長吟遐嘯聲答崖谷或劇談古人功德照焯名節慷慨輒窮日纚纚弗休罷則釃酒相勞氣酣耳熱輒自奮他日果得侍明天

子履文石之陛當鯁挺特拔標古人而趨無容容作轅下駒余所否者有如此酒聞之者或以爲狂爲僻爲迂余與子任輩樂也子任以嘉靖辛卯應應天鄉薦北上春官别余于舊隱余酌之以酒而告之曰子任今果行矣幸無忘石湖之言

張鼎用字説

吾師古閩先生張公以明經奥學閎德夷量流聲當道來範我邦三吳秀民焱至雲蒸咸願服儒衣冠肄業館下感道懷和千里風動厥子鉉玉質象賢岐嶷嶄嶄旦夕在門暱我兄弟禮冠三加爰字鼎用命寵作説以章祝規乃不獲辭而爲之敍曰夫鉉之於鼎以貫耳也引重致用非鉉不舉鉉可忽乎哉周公曰鼎玉鉉貴之也今夫鼎有耳其隆有腹其容有足其崇巖廊之下清廟之旁天子省犧宗伯視調以饗上帝以養聖賢我后之靈上格于天穆穆賓師肅秩禮筵乾坤清夷九土晏然

阿衡元臣扶日祭璇匪唯鼎功鉉有勞焉故黃帝采銅于首山文王奠位于郟鄏萬禩永寶神明相之張君鍾武夷之靈秉巽德之晶敬承我師蒙養以貞不出戶堂而屹乎重器矣既乃磨礱乎日月根柢乎仁義濡漫乎典墳鑢錫乎英傑奮發乎文章時則有烏獲孟賁扛之明堂軒姬之主有不肅以袞冕歌以樂章禋郊假廟永爲我光者哉吾固爲張君願之也是爲祝

四子述壽論

天水胡博士先生吾師可泉大參公之尊翁也先生嘗宦蜀爲博士挂冠還山若干年矣今兹歲在戊子齒躋八袠門下士吳郡黃生省曾袁生褧王生穀祥文生彭凡數輩圖獻萬年之觴于堂下而閡以遼邈也乃相與揚摧讚述各吐胸臆黃子曰雍州之域土厚水深古稱陸海表以太華終南朱圉鳥鼠之山帶以濁河涇渭之川表裏經緯阨塞險巖

其丈夫多魁礨碩頎山立而都顫實揚休俁俁弗撓先生稟靈含和尤掇厥英詩不云乎終南何有有紀有堂君子至止黻衣繡裳佩玉鏘鏘壽考不忘先生以之是宜壽袁子曰赫赫駿命物畀之福嗇取有時淫用不足優哉優哉可以卒歲先生抱王佐之略蓄曜世之寶韜其景炎弗登于朝浮沉一庠鳴鐸一隅暮出蚤歸養之脩如深耕而廉穫閟積而薄發天之蕃錫吾不知其所屆是宜壽王子曰天降時雨山川出雲江湖之潤浸淫九里玄功冥冥匪人覩聞先生迪成哲嗣作王之楨文惟國華德實士程累典大邦出殿雄藩循良之風扇于東南慕義者謳吟飲德者尸祝考績論烈烏呼無自哉聞之樹陰德者必荷顯祿其先生乎是宜壽文子曰西北神明之隩厥多僊靈窟處林棲呼噏吐納蒸之以靈芝潤之以醴泉熙神練色千歲童顏總轡乎瑤水之陽弄景乎仙掌之巔無爲自得體妙心玄先生其蟬蛻塵埃之外嚼然與日月齊

光者乎烏可以常算紀哉於是有王生寵者顓蒙偪塞文質無所底聞四子之論莫能贊辭遂撰次而書之以爲先生祝

五扣贈别袁子永之

嘉靖乙酉吳郡袁子永之年二十有四領薦應天第一既而偕計北上客有觴于道者曰子行矣應龍天飛飆雲爲翼懺悅欻忽摩于無極余焉測子之所際邪願扣子之志汎觀流示華實殊軌秦粵異轡久要之言徵于遠詣可乎遂言曰夸夫狥權曲士射利鷙擊鵲起濁世一致取樂當年弃慾逸駟窮靡極曼以明得意子其豔諸袁子反視仰膺若無聞者

客曰奮跡南紀蜚聲紫闥天子仄坐羣公扣謁射策彤墀爛若星月雄壓九服縮頸吐舌高步玉堂致身巀嶭履台踐斗唾手可掇請爲子祝炙手附熱袁子曰遐舉乘風顯宦待時余何心哉

客曰星緯曜天川嶽炳地哲人含靈金精玉思總統前聞妙握能事虎觀增光石渠長價掃蕩雕蟲力振大雅一言九鼎百代凌跨茫茫周秦高視不下淵雲之徒鎔冶渾化願子登壇取威定霸袁子色喜曰善矣雖然僕願食其實也

客曰經緯六符均調八氣大廈構天寰海仰庇玄澤滂流仁風遐被翊我昌明勤功金匱子孫黎民尚亦有利君子樂之是謂得志辭未及終而袁子曰善

客曰太山峨峨蔚彼孔林載登其堂石磬瑤琴欲往從之道阻且深東望徂徠實勞我心願子停輈爲我躊躇竹簡壁書庶幾啓予勿謂聖遠人抱玄珠袁子奮然曰美哉言乎蔑以加矣山有木工則度之我有心客則獲之請綴厥詞以爲我規投文于囊而車騰馬馳矣

送大學士延陵吳公展墓還朝頌

遙遙延陵千禩篤祜有聿其興作我明輔我輔伊何畯德以升維鼎有鉉天子所馮維北有斗元氣酌斟掌制代言式玉式金臣拜稽首籲天而呼臣則何能先臣是謨襲訓蹈方以幸無辜祿弗代養臣心如刳有蕞者原交走兔狐乞臣之身我冀我驅帝曰咨嗟若痼在余汝往欽哉遄而來而璽書煌煌相臣啓行其從如雲東南于征祖考咸喜孝孫歸止神旗豹尾六轡耳耳天平之阡其氣鬱葱翁仲石馬有光如虹日吉辰良協于蓍龜鳩我祝宗麗牲于碑孝孫來享載弁球球肩臑胉骼籩鉶以羞有玄有清其酒思柔降登受胙賚爾思成翼翼孝孫維王之楨錫之萬年秉國持衡爾駕爾車天子爾思孝孫稽首握鬯涕洟豈不永懷畏此簡書肅我徒旅敢遑寧居前驅畢燧後乘抗旌注心紫闥結慮承明如渴如飢軫我皇情胡不夙夜僕臺倍程維我相臣既孝既忠秉心塞淵以奏膚公孰不有君孰不有父允矣哲人萬邦作矩昔周之宣

爰有吉甫燕喜孝友載歌于雅於赫我明主聖臣良穆穆皇皇于周有光小子作頌誕告多方

張先生傳

張先生者吳閶門里人也吳爲東南會閶則扼要據便輻湊天下水土百物其丈夫習化居罕文而多薄先生長于市人獨深藏好書不耐闤里浮沉故亦高貲縱不問生產作業坐一室左右筐篋而校摩之假易所無輒手自謄寫攻苦食淡洋洋如也家嘗治䍃工騎縈糞掃先生筆于檐下坐自如子適來請之迺愕起其沈精弗撓類此居無何或挾之商于蜀先生奇其行心獨樂之起東陲西溯岷江幾萬里往來登覽悉論纂其山川風土之勝橐中裝卒無一錢還尤篤孝友垂白饗祭未嘗不淚霑衣也弟頗驚時作誶言輒解以和兩人終不得盛氣語大抵朴茂醇篤類古之長者以其學教授里中門下積十數百人有疑難走往

質之卽刺刺語弗能休或抽其架上書指示無不滿意去峨冠獵纓蓋儼然稱師者幾十餘年後生小人亦頗嚴憚焉年七十九卒先生名翼字南伯云

贊曰自周官法壞而閭師之職廢率桀驁無恥者充焉豈其人哉豈其人哉若先生者殆古所謂三老孝弟者與明王在上可以籩豆于庠矣余故摭其行義著于篇

張琴師傳

張琴師吾同閈人也楠其名大本其字大本無它長獨於琴則專握門戶浙東西之操縵者咸奔走之名琅琅聞江湖間也然不大業家年五十四以窮死悲夫大本嘗謂余言始習琴於陸墓張氏陸墓張氏吳之最名能琴者也大本羈貫而操張氏師年已七十餘矣遽曰孺子繼我孺子繼我遂倒其譜授之既乃涵精揉思窮幽折微宵吟晝揮手與心

維巇乎其若幾茫乎其若迷積之三十年而汪洋恣睢窅眇希夷濁清疾徐惟我之施鸞虬鏘鳴若或鼓之鬼神嘯啼不可端倪蓋於是而陸墓之傳益恢以奇也豈韓子所謂造其堂而嚌其胾者耶嗚呼琴亦藝也古聖人兼焉今之君子不暇焉然其磨礱洊至有類夫學道者之爲吾是以有感也而大本坎壈困躓纏其身以死若造物者尤焉吾是以重有感也今天下名都沃區侯王肺腑游琴其門者如麻出則陪輿入則交舄突梯滑稽軟媚脂韋以私其金錢以席其寵靈而藝不必大本若也問其名皆嚄唶縮恧卽遇之羞不敢露手乃大本則弛置自便都不識覘伺人飲酒呼歌揚揚如也唯其獨得於中而與世抹殺其窮而死也則宜

贊曰雞鶩爭食靈鳥不顧有噎其音爰合韶濩洩彼天和師曠往愬洞庭斯張帝聿其怒于摶于鍛棲之故伍琅玕之林崐崘之圃

明故承直郎應天府通判祝公行狀

公姓祝氏諱允明字希哲蘇州長洲人也祝之先出古太祝以官氏或曰武王封黄帝之後于祝蓋以國氏也春秋時稍見於鄭衛漢有九江祝生歷唐宋多名士而江閩之祝最著其籍長洲也自元大德元祐間有碧山府君者由松江來爲漕府經歷陞平江路總管有五丈夫子季九鼎因家焉生子潛潛生景彰景彰生煥文煥文生顥明正統間起家進士官給事中累陞山西布政司右參政生瓛娶兵部尚書華蓋殿大學士武功伯徐公有貞女生公生有殊質絶倫五歲作徑尺大字讀書過目不忘九歲病瘍寢處有古詩一編因徧和之名已隱起稍長益閎肆博洽其于書自六經子史外玄詮釋典稗官小說之類無所不通既天才卓踔横從四溢重以内外二祖咸當代魁儒礱錯夾持浸漬穠沃覃思發藻虎躍龍翔蔚然名家超追百代太僕少卿李公應禎風裁峻

整慎與可人時以中書舍人奉使過吳妻之子焉弘治壬子王文恪公典文南畿公遂膺薦文恪以得公爲華累試南宫輒不利然聲實益恢典述崇積閉門掃轍萬言騰涌儒林傳譯寶于隨和當道奇其才將特薦預史事公以獵貲僥榮不屑也又數年選知廣東興寧縣興寧民尚譁訐訟牒旁午公至懲其一二尤無良者姦黠斂迹故多盜竄處山谷時出焚刦爲民害公設方略捕之一旦獲三十餘輩桴鼓不警土俗婚姻喪祭多違禮疾不迎醫而尙祈禱公皆爲條約禁止暇則親涖學官進諸生課試講解嶺之南彬彬嚮風矣嘗攝令南海治之如興寧丙子己卯再鄉試公皆參典文衡得士之盛與有勞焉在嶺南幾五年以當道剡薦陞應天府通判專督財賦公悉力經緫民不擾而事集居無何乞身歸欒室吳城日華里益事著述洞觀天人或放浪山水間翛然樂也書法上軌鍾王下視近代晚歲益出入變化莫可端倪酒酣縱筆神

鬼怪幻墨客塡門購之厚直以嘉靖丙戌十二月二十七日卒距其生爲天順庚辰十二月六日春秋六十有七妻李氏封孺人子男二人曰續由進士官給事中累陞陝西按察司副使次側出幼未名女一人嫁潮州府經歷王轂禎孫女三人公爲人簡易佚蕩不耐齪齪守繩法或任性自便目無旁人然默而好深湛之思濡毫展卷游心玄間賓衆雜遝凝神反視川奔雲爛捷若宿搆殆天所殊畀乎生平雖湛浮不羈亦以濩落難偶大觀逍遥傲睨當時軼出塵壒非可與拘方之士道也母徐夫人歿事繼母陳極盡誠孝與人交坦坦無他腸延奬後進不憚折行尤不喜蓄藏咄嗟揮霍糞土金帛若其經緯術略局于薄宦曾不僅試莫能殫述端可慨已所著有祝子通若干卷祝子罪知若干卷祝子雜若干卷蠶衣一卷浮物一卷成化間蘇材小纂若干卷野記若干卷語怪若干卷語怪四編若干卷江海殲渠記一卷金石契一卷輿寧志

五卷詩文集六十卷後集若干卷寵不佞辱公知愛最深輒與其子憲副君參摭遺行一二以備采擇辭不詮次莫可發揚功德惟大君子賜之銘以傳世信後幸甚謹狀

序班湯公合葬墓志銘

寵與湯君儒暨其子盤均隸博士爲弟子湯君雅馴闇闇内修人也盤駿踔父子並著名字先是儒喪其父鴻臚公卜葬堯峯未有銘后十年喪其母鄭碩人將合葬乃自爲狀謁銘於寵寵讀其書則喟然而嘆曰夫文猶水乎水無源潢潦爾矣文無自謬悠爾矣夫文猶水乎湯氏再世藝文朗秀而斐則先鴻臚公之自也鴻臚公世吴人諱珪字文潔别號素軒雅善詞翰嘗以詩謁徐定國定國異之純皇帝時定國推轂爲鴻臚寺序班直文華殿光顯矣居文華以親老棄其官歸性篤孝親沒尤嚴烝享享年七十有七碩人胄長洲諱安字妙安婉若而嫕相鴻臚

公爲好述享年八十有七生子一儒吳縣學生娶陸氏女二嫁賀放計

昺孫男一盤領應天辛卯鄉薦娶陸氏孫女一嫁陸鏜曾孫男一元會

君子謂鴻臚公於是乎君子矣以親故靡戀纓韍脩然卷懷卒以遺其

後人詩曰孝子不匱永錫而類鴻臚公有焉鴻臚之父濱號順菴大父

彥祥贈大興縣尹母袁碩人公本袁出即袁碩人之猶子也順菴翁乞

以爲子生正統甲子閏七月十六日卒正德庚辰十二月二十四日碩

人父信母盧氏生甲子八月二十日卒嘉靖庚寅十月二十日葬之日

爲壬辰十二月廿九日銘曰

業業文華三光紫微載筆入侍璆琊朱衣亦既華止言遄其歸有懷二

人寧躭瑣闈發不盡藏殖祉彌昌迺昌厥胤球玉琳琅烝烝鴻臚淵畜

流光我作銘詩勒之玄堂尙後有徵千禩考祥

從母朱碩人墓志銘

吾從母朱碩人嫁于梁爲冰溪君之配年七十有七而卒吾母同產兄弟五人皆出我外大父翁妣陸氏碩人最長吾母季也吾母年三十有七而亡吾時童髫未甚哀也稍長始知悲慕每自痛生平不知有母子之樂見人母子慈戀嫗煦相保持未嘗不愴然心摧也獨時時見碩人儀容聲咳髣髴吾母之存而今又已矣吾痛曷有既耶碩人初歸梁方赫盛賓客鼎食冰溪跅跑自便不甚事事碩人裹之外內斬斬有理累乳皆女不宜男側室竟生二子晚歲冰溪君卒碩人依季女以居益精內典日掃一室焚香禮佛口不茹葷足不闚戶如是者數十年二子長乾娶某氏早卒次子坤娶某氏生子某碩人愛之如已出坤事碩人如所生母子雖析處慈孝訢訢如也女二長適劉某次適顧言碩人所依以居者甚得子婿禮某等將以某月某日奉碩人柩安厝于某鄉合冰溪君兆寵爲之銘銘曰

莫莫葛藟施于樛木洵美碩人綏此百福克有令子亦既有孫本支蕃昌以亢梁門我銘其幽以詔後昆

弔吳嗣業文

弘治間故禮部尚書兼翰林學士謚文定吳公以天子宮師掌制內閣道德文章伏天下天下縉紳士大夫之欲銘功德灸聲光者踵交躡于門然其家一如未貴時不翕翕熱雖文定之教使然乃子弟之賢可徵已嗣業視文定爲伯父尤名能守家法而文釆醞藉弗墜益彰稍束髮即屬其碩士秀民以嬉磨礱浸灌務敦儒素視聲勢烜赫一切掃刮絕去簡夷混同無賤貴皆可詡詡逮文定卒不覺有絲毫異嗚呼亦賢矣哉並以氣力相取下席有尺寸之廕雖平居故歡比反眼若不相識擿搪淩轢以爲快樂者皆是也及一旦失勢奪怙則更竄縮避毒迺不若齊民焉嗚呼是特反覆手耳日相環於天下而人不悟顧蹈襲爲常何

哉聞嗣業之風亦可以自媿矣嗣業美風儀倩盼而髯鬑停玉立儼若仙輩然性逸曠喜自便飲酒舞歌屐舄交錯盧梟叫嘯詩籌如蝟連日夜不厭卒以此得疾死死時年四十八余少交嗣業淺嗣業則爲余盡哭之過時而悲弔之以文曰握手醉言肉肺肝以相示也簡禮任率恣詼調以爲樂也挾日必合合乃忘其所之也斯人則亡疇復得此類也二孤煢煢孰撫其遺也偉矣簪纓孰振其宗也落魄浮沈嵇阮爾徒也蛟龍岌纏頡斯爾逼也腥鱐腐鼠臭穢彼類也嗚呼嗣業何日而忘也

山中答湯子重書

昨奉教誨鋪揚偉麗怵心劌目信文之爛發者也且高敍山林之樂推獎不肖似欲趨而納諸風騷之域自顧惡劣展卷發汗然僕之逃竄伏陝越在草莽心自樂之足下果余亮否也總髮以來連不得志于有司樊維檻束動觸四隅似亦可憤然惟喜曠蕩不耐齪齷身世浮沈其拒

而不受于懷也若隄之障水莫能暴齧我生不有命在天戚何益也但家本酤徒生長廛市入則楣柱塞目出則蹄足擁履呼籌握算之聲徹晝夜每一焦煩心腸沸熱以故山水之好倍于儕輩徜徉湖上樂而忘返莊周言逃蓬藋者聞人足音則跫然喜僕雖日窮鹿豕壞斷徑絕愈覺心神俱爽耳且生平無他好頗躭文辭登臨稍倦則左圖右書與古人晤語縱不能盡解片言會心莞然獨笑飢而食飽而嬉人生適意耳須富貴何時誠日夕私賀恐後之不如今也倘安望哉子重乎非足下誰則知者頃來放浪無似日增騃蠢漸不覺有官司城府時行村野間聞閭師里胥行談途議則怛然驚疑他日雖欲衣冠揖讓更從諸君之列恐踉蹡麤率重爲執禮者譏笑矣神志散漫言不詮次刺刺覼縷聊酬來訊不宣此文見明賢尺牘惟首尾割裂不完今從本集

致象孫牋

寵再拜象孫先生足下承惠長牋累千百言疑僕以壹鬱得戾嗟乎遇不遇天也天所廢置誰能違之足下愛則深矣文則華矣然未諒余衷也僕築室石湖之濱山水禽魚足以自娛頗有遺世之志此休承輩所知也一第得失何足重輕哉長卿遭遇武帝奮藻雲臺然窮年消渴婆娑茂陵之下亦豈壹鬱不遇耶若僕以一第之故違老莊養生之旨逐子年魏闕之戀焦心灼腸以與天競是夸父逐日也豈不愚哉足下何時過我莊居覽雲物之華窮山水之趣徜徉丘壑遊目弋鉤亦且傲然脫滓梢忘江湖之上來札所謂被酒悲歌慷慨淚下亦無庸矣況僕耶方餌朮作報不一一壬辰臘月廿五日寵頓首再拜去病案此札真跡藏同邑沈廷颺家

與明賢尺牘所載答陸之裘書略有同異

答淩谿書

侍生王寵頓首拜啓淩谿大參尊丈老先生大人執事下久不通問門

下道里遼邈重以疎嬾坐是獲罪於長者方切悚媿承盛使下臨拜手

教之辱既以腆儀益深慚赧謹已再拜登受家兄釋褐幸慰老父之懷

寵亦得托廕自逸放浪林泉先生愛我喜慰周悉捧誦話言有骨肉之

好自顧鄙劣何以蒙此側聞玉體稍有不和今已康復益用欣慰今歲

酷暑異常長江南北想同之耳寵亦臥病經旬茲漸向愈第志業日頹

淪落自廢宗工鉅儒猶齒錄于人數中適增汗出恭維雲臥江海典述

日崇振興昭代之華柄在先生數公耳倘得時賜金玉楷我後學曷勝

感仰使還謹勒手狀承起居倘冀保嗇自愛不宣六月晦日侍生王寵

頓首再拜

答南墩牋

侍弟王寵頓首啓南墩契丈先生門下往歲都下旦夕周還辱教實深

何日忘之薄命蹇劣自鷄山嬰疾抵家殊殆凡涉二寒暑未愈今春來

忽遇異醫數日間大勢頓去八九始有可起之狀承手敎遠存開函驚躍悲喜交集如面故人也重以珍惠益感僕病困之餘得延殘喘逍遥林壑足矣後盟未有期誦佳章渢渢乎古雅之音也梅花圖姑俟後便請教力疾不能一一正月廿日寵頓首再拜

與人牋

僕此疾占算者皆云立秋可望愈今秋風灑然眞覺沈疴漸去兩日山居甚樂也痔苦久已平復惟脾氣未佳方事調節耳吾丈出胥門渡葉舟費銀二分僕自能辦何必淹留待望耶爲我謝滄浪上人寵頓首

答人札

昨辱手教在山莊失裁答罪罪賤體稍佳尙未全勝游飲石湖之上未能也家兄四月廿八日出京到陝軍中紀功幸北虜引退五月廿二日已有旨取還此時想在京矣前寄上堯峯卷幸爲揮灑山僧每來致懇

望勿孤其意千萬早賜感感門生王寵百拜尊師大人先生門下去病案右

札真跡均沈廷鏞所藏

硯銘

如玉之潤如乳之滑端谿片雲詞源三峽棄疾案此硯爲外舅鄭二貽先生慈穀舊藏婦兄伯鳳傳貽余者硯長今尺四寸七分廣三寸三分高七分銘詞刻畫極娟秀下署王寵書於辛夷館旁有葉廣陵翁廣平同觀鶴臞觀陸念祖觀赤峯子藏諸款集中未載

卷二十四完

女兒緜祥校録

卷二十五

邑後學　陳去病　纂輯

明八人

沈　啓字子由號江邨嘉靖十七年戊戌進士官湖廣按察司副使

贈都御史有吳江水考五卷今存南廠志南船記牧越議略晴窗

便覽家居稿南北稿西臺浄稿越吟稿楚吟稿雞窠嶺稿杜律七

言註俱未見

吳江水考序

東南水政有書更何考焉考者考吳江水也吳江奚考蓋源委之要潴

洩之樞也何言乎要樞夫東南之水源者天目委者東海相距數百里

間瀠洄澎湃而値其中爲吳江吳江邑也邑之西窪而廓如者爲太湖

承受源水之來邑之東紆而條如者爲吳淞江導引委水之去太湖不

能盡容也亞而爲湖爲蕩爲漾爲堰爲潭爲坑爲池者二百有奇皆翕受而分瀦太湖之不盡者也吳淞江不能盡引也亞江而爲川爲瀆爲溪爲浦爲河爲港爲渠爲涇爲漊爲衖爲浜爲洪者千計有奇皆連絡而分洩江之不駛者也東南之區莫是窟焉故曰澤國而邑當夫交會之衝苟有小水囊納獨先諸他郡邑是以歲之豐凶民之利害國計之詘伸恆是乎先節宣之法孰茲爲最故善觀水者觀吳江思過半矣觀之善者孰如古聖人其始之憂水也曰昏墊曰阻饑及其治之也決九川瀹溝澮後先有敘小大不遺要其終底於績也務奠居務遒粒務成賦中邦而後已脩弛之間利害攸判天下治亂所從出也而肯末焉視乎哉繼是迄今知國之本恆於斯者必寬農詔重農官以修水政以濟民饑以裕國用吾未見其有改也迨至我明尤致重焉初責守令繼總撫臣小潦必除微堙必濬其享豐阜胥忘德恩久而守令弗遑從役也

添設倅丞撫臣難親細勞也添設工官或憲官於是撫偕郡邑各有所委水之利害不入於心矣官水者未必皆不舉職也每或以節費汰冗疏而革之必待極潦大侵另請復設蹇後索裘無救卒歲河淸之竢能免胥溺也乎方革而設方設而革彼間設者客也暫差者寄也帶攝者他人之田也修節宣之政以爲豫遠之圖者誰歟無怪乎民逋日竄而督稅之使時遣而歲不能復命也嗚呼政修奚遺爲哉議者猶歸罪天時而不察人政之未修墜久遐遺識無什一可惘也邇來湖承於源者賴堰壩之節也或崩或占奔潰日注而無掣江洩於海者在汀渚之決也或萑或葦淤洽日久而不通猶之人也口鼻浸灌不停膀胱窒滯不洩胸腹能不脹蠱以至於斃者幾希矣余歸田數年躬親鄉國之艱羊不圖存後將焉考爲緝吳江水考五卷凡十條條間爲箋庶前賢之心與政不盡泯也若以不合於舊或陵谷移形名號易故猶水經之不同

於職方職方之不同於禹貢勢則然矣司農執而裁制之斯考或不爲東南覆瓿也噫嘉靖甲子春日江村七十四翁沈啓序

重刻半江趙先生集序

孔子曰言之無文行之弗遠是言貴文也文矣而有傳有弗傳者何哉夫傳以集集有全而逸者有選而略者全其大也選其精也皆作述所不廢也惟逸與略爲文之遺此君子所以興弗覩全文之嘆是故孔壁汲塚石皷不可謂無功於六經也已至漢史不足彪續之蔡書罔存琰筆之存十一於千百非藝苑之盛而迄今爲光者哉余鄉半江趙先生秉靈抱穎德粹道冲吐辭揮翰風馳電掣自魁春榜著比曹衡浙文廉廣按察所歷飛灑以文名於天下凡酬答糾紛不爲屬草皆立就於尊俎笑談之間無怪乎家藏之稿無孑遺也人咸稱其有應制才茲讀其集不其信乎及觀鵝湖費公陽明王公二序費得其大而王得其精矣

矣得其精其詞曰親見先生所重復删改者悉已無存蓋嘗詢之舊集所緝皆博搜雜拾於海内聞見所及其弗及者未知多寡於所及否也全且未必而矧盡夫精乎茲先生仲子韶郡别駕綸以舊板湮滅將復梓之購求得先生手錄一册於太史三江毛公之故第蓋先生自得自選托之讎較者四失其三是雖壁破塚穿鼓毁猶幸一者之存也即而讀之益肆而法愈藻而奇謂非陽明所親見其改定者耶夫得其精斯可選可選斯可傳可傳斯謂之全亦可也是梓也可少乎哉嘗見世之爲子若孫以不墜前人之緒爲克肖至有家藏名物珍玩寶器世守勿失豈惟人從羡之而子若孫亦自以爲賢孰有寶前人散落之文求其精者於四五十年之後以圖垂於永永哉綸作而言曰在毛三册在廣四册尤晚筆莫之求也奈何余謂昔朱壽昌失其母不知所在求而得之堅是心也能以壽昌求母之心求父之文則先生之壽昌矣後先光

裕彪琰何足多時嘉靖四十年歲在辛酉雞窠中七十一野人沈啓序

勝墩歌引

次泉楊侯嘉靖癸丑之終以名進士來令吴江性平政和與民安集適海變横作郡縣不陸沈者無幾侯選兵飭武首挫賊鋒於陳湖至石湖黿湖泖湖瀾溪功亦維旅而惟盛墩一捷扼其長驅北犯之勢斬首三千餘級稽古東征惟信國湯公之功爲偉所斬僅千蓋未有此勝也士民侈之遂以勝易盛以名其墩自後海逆無復犯界民賴爲生茲侯陟南京戶部河南司主事傳曰周之東遷晉鄭焉依行矣誦侯者各有紀述而勝墩之勝不可與諸功埒也爲作歌以待采焉

重建城隍廟記

嘉靖三十五年歲在丙辰吴江重建城隍廟成邑之耆老請記於予予惟城隍有廟所以祀城隍之神也國朝自兩京畿而郡而州而縣凡一

千一百三十有奇有有廟而無城隍未有有城隍而無廟者制也法在禦災捍患而衛民是故歲有凶荒兵喪札瘥宽不能白隱不能鉤官與民必禱而禳之亦制得爲而非僭且濫也吳江神廟襟江帶湖中土是宅風雨所會神以靈著者素矣而其額獨以昭靈稱圖經有云侯爲唐太宗第十四子國於曹刺於蘇祠於吳淞後梁開平三年淮寇圍蘇刺史禱而賊破請册爲侯卽城隍廟而祀之歷代相因至今爲烈保元皇謏有禱輒應善者恃而惡者懼其有裨於政化也夫豈一朝夕已哉先乙酉歲廟一日忽盡毁以署縣者誤對監司之問也士民駭愕共爲搆締及完而毁者盡斃神之不爽播動京國邇年自壬子海寇倡亂據我華土歲侵月犯郡邑僅以城保城之外免於煨燼者無幾甲寅之夏賊乇角直逼我淞濟邑大夫楊公禱於神而討之斬馘連連創挫其鋒議者咸謂東南首功大夫慮賊入之無常也又告於神畢力崇城以備之

乙卯城甫完正月二十有四日賊寇杭湖頓於平望大夫告於神而禦之是夜廟災次日賊氣沮而南走四月復大舉由松江而嘉興統制聚兵於茲莫能遏賊直趨王江涇以至盛墩東南震慄大夫復告於神率兵扼其長驅之勢於唐家湖大雨三日賊敗而奔土兵乘之戡刈殆盡陽設陰施謂非默相之功乎賊退而議新神廟或者曰城新廟亦宜新故災予曰若而然是乘危厲民以自奉非靈之昭也郎時觀變得無以一廟而代一邑之災也乎習俗淳漓天爲賞罰轉禍造福厥有攸存昔天降殷旱成湯身請爲犧而天雨郲之遷也不利君而利民卒遷以存國則夫廟之災也寧無爲耶不然何賊至而災災而賊敗耶又不然崑常嘉太郭外子無遺椽而何神廟之無恙耶天人倚伏機不容掩民心有神經始孔亟仰惟大夫捐俸以倡之擇官以董之而尤頒籍以稽之貧富樂輸裒然充給承事者度用鳩工物萃財良凡五易月而落成門

殿宮廡宏敞偉麗視舊加隆神安威揚翼予捍衛烝庶其有依乎嗚呼唐湖如沼賊勢方張鯨奔蜺視目何全吳之有睢陽無沮天下其免於鼙鼓之擅乎東南畿輔賴以保全近免陵寢之驚遠寬宵旰之慮功在海防幽明競偉茲在幽者民得自展其圖廟食百世以爲之報而在明者則刻在民心播在民口竟以沒沒民力不能達於天閽神庸弗之懸乎神能自毀以庇民必知神之不安於自享而忘同事之功也旌別彰癉有功食報時其風雨屢其豐年戢其兵喪保其土宇則天之紀國之制於是昭矣巍乎廟堂郁乎香火與金湯斯相永乎邑大夫不有其功惟民心之不能忘也容不存之血食之所是爲記

南湖史公墓志銘

吳江右族凡四黃溪史其一焉先世家秀水自東軒公遷黃溪故黃溪後衍繁郡邑者俱東軒爲始云四傳友桂名珩公之曾也尙友讀書西

郋名鑑公之祖也好古文奇字博洽訂核長於史學有集若干卷聲動江左皆稱西郋先生贈工部主事南園名永錫公之考也公初名曾同與曾祖同生也後易臣字邦直年二十補邑庠生有時名四試舉丁卯鄉薦六試舉癸未進士觀吏部政時選司在理舉攝焉異遭也授工部營繕司主事專理贖刑詿選也陞刑部河南司員外郎出僉山東事陞雲南參議未任解官時年六十有一又二十餘年卒惟公之初生也淵穎沉毅有抱秦僧祿命術者來謁西郋命演之曰貴當三品七歲就家塾書唯默誦年十二三未有所見家攤鬱攸他無所恤惟抱書而逃舅氏視之且以爲癡有以爲穎者曰必亢史宗西郋心自信之命受易于萊蕪吳口口南濠都玄敬二先生時匏菴吳公天全徐公少卿李公皆海內偉望日偕西郋倡酬低昂古今見公時藝皆謂西郋有孫初赴郡試曹侯鳳卽以進士目之公嘗謂人曰舉世皆就功名之士非勤不足

成名非廉不足持位是以屢鼓而氣不衰卒取科第涖官亢潔可質鬼神其始主繕司也牘可上下剌每盈軒公悉爲絶時論稱公敌轉刑部平反甚多至僉山東每語寮屬曰聽獄貴虛抱成案者多寃嘗錄囚濟南府長白山寺僧以奸殺婦罪死者入公以婦屍暴寺門爲疑求寺鄰得死者姊諷之姊曰死之日婦來告曰夫爲人殺姊疑其言不衷屏諸門外公密求而知先與郡吏通案吏吐實謀殺其夫將擕以逃懼其見姊言漏乃復殺之吏伏辜東土稱快公分歷青萊巡按周御史寵横索土金死者甚衆幾爲變公曰國典得相糾舉面爲叱之具疏奏聞適遇滇南之命吏科饒給事中從而論曰面被史僉事咄叱周因以黜周孽公遂不復出後禍施及公之長子長惟公坦率不爲骩骳態雖達官貴人面折不顧是以冒機觸權莫之避也晚年家居究心堪輿禄命之學日談不倦築菟裘于鶯湖之南因號南湖云年七十三居母救封吳宜

人之喪喪明至爾時確事較水論山罔不斬斬丙辰秋患獖長進藥公曰以治病不足延年吾年至此足矣時公年八十有三卒于七月廿一日其生則成化甲午十月廿八日也配敕封宜人陶氏嘉禾贈監察御史菊亭女子男三長長娶大參吳維石女次論側室陸出娶翰林孔目馬鐵屏女次斷側室周出娶郡守吳春塘女女四適太學生陶遠鄉進士沈爚庠生徐昇張問官孫男三學詩世本索隱學詩太學生娶于金世本娶于申俱長出曾孫男一倘幼卒之明年月日長從治命卜葬異字圩新阡以啓爲知手狀徵錄不能以不文辭惟公以介自高介非時尚以直而爲舉世所不敢爲之典嘗于身及于家不以咎人不以咎已非自信之篤而不奪于世者耶系之以銘銘曰

惟周太史式肇其始直哉子魚屹植臣紀公茲誕生揚芬濟美以歲守官以時則詭臺分內外官有遐邇舉劾既專風斯唯唯會典炳昭公獨

首舉身投其艱忠則無滓甯子之愚孔子所是寥寥千載愚能不死膴膴鮮原之子所遺斯窆斯銘貞石何已

國學生旅川汝君墓誌銘

君諱世德字恆之號旅川慶符尹石齋公礪之子也大父諱訥仕終南安守曾大父諱昊再贈兵部武選司郎自七世祖義之公當元之末計退紅巾賊鄉里德之故汝氏自南渡來著姓吳江世居邑之黎里鎭旅川生而聰慧銳志力學作文日數篇督學章公優拔之補邑學生母錢孺人病廢日夜憂思迎醫祈祝靡所不至迨歿哀毀幾絶殯殮喪葬皆盡禮服除奉例充國子生南科給諫曹公命題試之首拔其卷送應天府丁酉鄉試不售遂卒業南雍還石翁致政歸得風疾君左右維持與配邱氏祝曰吾翁延一日之養庶盡人子一日之心也後二年遽得怯疾不旬月先石翁而卒年三十君性溫雅好整潔未嘗疾言遽色雖嗜

酒終不及亂審於接物里黨愛其睦宗族稱其孝朋友信其誠外視樸茂中實條理精密事無大小日之所聞所行夜必書之久而成帙君生於正德庚午三月二十一日卒於嘉靖己亥十月初四日配邱氏子一曰栢邑庠生娶沈氏給事中漢女女三人長許嫁余仲孫令儀次許嫁按察僉事諱鏷曹公子應龍三許太學劉君之子默卜以嘉靖某年月日葬于髮字圍之新阡乞銘于余余與君婚不敢以不銘銘曰

泉之醴不原而委煜煜之紫不根而卉彭歟殤歟華顛顏子何齊其生不齊其死達士觀之一而已矣

明誥授中憲大夫雲南尋甸府知府款江周公墓表

尋甸周公嘉靖三十四年謝病歸吳與江鄉諸老修洛之社未幾疾作至壬戌之二月之五日訃至偕往弔焉冬初公之子鄉進士京偕諸弟捧大司諫魯蕃徐公之狀來曰先大夫卜於明年癸亥正月三日壬午

合先妣顧恭人之兆葬於溪西鉏宇圩之新阡立石墓左乞一言以表
先德余謂公秩四品制所當碣不敢以不文辭按狀公諱國南字伯麟
別號欸江冢宰恭肅公之冢嗣也公少敏而重和而慤督學績文爲庠
生試輒高等餘於官恭肅參嶺南藩時行部於外母施夫人以疾暴卒
公在任視含斂無遺悔千里扶櫬東歸泣無時窀穸盡禮至嘉靖初更
貢法超其優公當應從正貢某詣公曰君才取靑紫如拾芥吾惟此途
耳幸念之公即許諾試取完卷遜以成之公應省試者三以恭肅廕陞
大學仍應試不第歎曰貴賤命也窮達時也得失數也順受可也我叨
國恩當得一官可與寒士競進耶遂棄舉子業遊獵子史以資博洽時
與恭肅低昂今古恭肅輒喜其啓發曰吾有子矣二十四年公謁選拜
右軍都督府都事時恭肅典內臺位冢宰機權是在天下奔趨公在邸
第嚴禁鑰絶干謁虔承恭肅之志焉常謂所親曰名節易損敢不愼歟

二十六年恭肅當天下入覲考覈盡瘁卒于位公請謚與葬扶柩南還哀禮無異施夫人服除補南京後府都事陞南中府經歷凡衛府歲上賀表制由中府檢閲類進公知諸武以不速爲懼至即閲而遣之諸咸稱便有簽書都督萬某病免已久忽檄支府俸公卻之曰原衛有常俸敢以堂屬而容冒乎不爲發同寮王某卒而貧公爲歛爲木爲倡以助之歸三十三年陞南京宗人府經歷尋陞雲南尋甸府太守公歎曰吾少不能効錐刀之末以自附於竹帛今老矣安能復立功名於萬里外耶遂謝病歸爛溪之故第日課諸子學皆大成理家斬斬益振前烈諸父同晚而子曰圖南從日者言託公乳之公以屬配顧恭人保傅不異己子圖南至今視公猶父然公養靜簡出非慶弔不入城府歲速鄉飲賓位間赴輒辭人咸重之稱曰醇篤君子云公生於弘治十二年庚申正月二十日至卒之日享年六十有三遡其先曾大父瑄大父昂並贈

資政大夫南京右都御史父用太子少保吏部尚書贈太子太保光祿大夫勳柱國謚恭肅母即施夫人誥封一品夫人配即顧恭人茶陵判瑞之長女子男五長即京次曰甸曰采皆縣學生曰旬曰賚皆太學生女三壻縣學生顧名義太學生張尚志皆顧出一未字側室朱出旬與名義先卒孫男九長寶餘未名狀具云任子之法肇自兩漢賢俊輩出獨盛於宋正以慨今時之法有不盡然者而不盡無其人若夫恭肅之作則於前而非公濟美於後幾何不爲世之挾美招納內外騷而爲天下所共目者哉惟公之稟獨粹而見莫貞紛華莫眩雖非夫蔭也必不靳於貢也揚鑣繼武將先於諸季樹勳振業將恢乎家政斷可識矣尋甸之隘豈展素酬負之地哉宜其喟然勇退也及退而啓迪後嗣競率攸行唐韋宋呂盛焉獨擅偉乎輔前開後之功顧無可傳歟銘則勒於王吏部之誌函之玄室矣敬述其實而表之以授諸碣石

史鴻逵原名曾逵號萬湖永齡子廩生撫按會題孝友恩給正七品

冠帶鄉飲大賓

策問二道代邑尹作

問民不易御也官不易履也是故有謂介潔而無政事者非撥亂之器儒雅而乏治略者非龔亮之才是故有謂君子將入而旭旭義先聞也既入而嘆嘆民受福也是故或事五人或仰百吏或定四戒或遺三惠或治縣有譜或諭蒙有篇或晉城敷教或漳州正俗或田得水利或雨滅火災或風不鳴條或雹不入邑或化鳴梟或攤飛鵲或號慈君或推良令或父老播歌或民生建祠此皆無愧于古人之所謂也已邇欲駑者齊度遠驤鈍者比光利解不知竟何如以致之請明以教我執此以往

問吳之財賦天下首之吳江之財賦吳下首之無何邇年以來赤地生

蝗黑眚煽禍三冬不雪一春多寒蝝之乘氣已出如蠶古有謂天生百穀以給民用而蝗蟲四起爲國多邪人蟲與爭食不救則兵起是言蝗之生以人也然歟否歟又有謂春魚如粟埋于土中如遇旱乾水及故岸則子爲日暴乃生飛蝗是言蝗之生以氣也然歟否歟或曰言之不從是謂不義厥咎僭厥罰恆陽厥極憂時則有蟲蠥蝗果蟲孽之謂歟又曰聽之不聰是謂不謀厥咎急厥罰恆寒厥極貧時則有魚孽蝗果魚孽之謂歟春秋書螽書螟擬有甚之之義詩人咏螣咏賊寧無去之之方是故有墮水而盡者有至江而散者有化爲魚蝦者有食於飛鳥者其能以德勝妖也可得而聞歟是故有分道以殺者有募民以捕者有露坐於界者有受錢於斗者其能以力驅蝗也可得而聞歟閔予不類尹兹劇邑民窮而徵不已事滯而刑不蠲凡以暴虐罔厭則雨螽抵冒取財則生蟊未必不犯昔賢之所以擬議者寡於過在忠言弭於災

在多賢時欲早除蝗子勿俾遺害田稼民望靡鬱國計罔虧未必無一良策也爲國有懷者願爾弗諱裨予不逮何如

趙　綸字敬孚寬子嘉靖十八年己亥貢士仕至韶州府通判

國學誠齋王公象贊

握槧提鉛閟宫泮泉三都兩京洛下爭傳蘭摧玉折宿草寒煙雁塔龍門留與後賢嗚呼人固不可以無年

龔　洪字石溪韭溪人

重建東林橋碑記

去松陵之南三十里許曰韭溪者其地僻其人稠有祠一所曰東林蓋建於元也祠隅有石梁一座亦曰東林者因祠而附焉建亦自元但濱於湖而急湍怒濤之所奔衝迄今歲久而湮沒甫二百餘年矣雖遺址尚存而貿易往來者咸爲不便余大父守耕君存時欲利其人而爲之

重創嘉靖戊子募人捐財以治之恐易廢弛而爲之堅固乃功大而物貴垂成而遂止弗果厥謀亦橋之不遇也今年春南橋錢君樂漁嚴子深慨口口之廢墜乃力爲之圖完一方之人咸鼓舞之亦不惜資而爲之助也於是斯橋遂成矣尚何徒涉之急哉鄉尊口鄙命余記之余感二君深慰大父之所望故不辭疏陋而遂書於石嘉靖乙巳歲仲春朔

石溪龔洪譔小溪龔澤書去病案守耕字甫雲見前周恭肅公守耕說

史　長原名璧字伯兼號龍灣臣子廩例監生有韭溪集未見

仲妣沈碩人墓志

仲妣沈碩人諱某御史中丞公林之子當憲宗武宗朝外晦內明卓然中立權奸勢人不少詭隨若脩然長眉麗服峨冠好賢樂士士林推高封光祿典簿知剛者公之子碩人之兄也炳在機先謙居人後詼諧浪燦然成章太學生知柔者亦公之子碩人之弟也碩人家饒於財毋

計夫人嘗語中丞公擇儒流爲碩人夫我曾王父西郇先生以文行著東南其資凉非耦也然先聲足以慰中丞公與夫人及公之子仲父溪陽爲西郇之孫王父南園之仲子幼而穎年又與碩人相若故中丞公許碩人爲溪陽婦夫人及公子爭以財厚嫁碩人溪陽得以擴我曾王父之業者碩人之助也碩人年幾四十方舉子夫人與公子重碩人之有子具以金帛牛酒爲壽招喬氏九娘以爲佐酒喬蓋留都名姬也人不能輕見公子竟招之至麗曲治容耳亂目眩望之者比爲瑶池之宴一時勝集人以爲奇然非碩人上鍾父母之愛下獲昆弟之心詎至是哉碩人以始之得子艱後爲夫置婢妾遂多男子蓋其性寬而有容婦道無虧受之母氏之敎有素也嘉靖丙午冬十二月二十二日先大夫葬我王母吳太安人於博士塢祖塋有工地理朱宜山者謂予曰是日不可葬葬當尅宅母先安人陶爲冢婦先碩人沒應在介婦同聽者指

以爲誕卒以是日葬至明年丁未三月十三日竟以暴疾卒術士之驗一至此哉自生年壬寅至丁未享年六十有六不可不謂之壽子一人卽天與娶陳氏誠信孝友不可不謂之有子女二人皆適士宦特位有高下不可不謂之得壻某年天與合葬碩人於溪陽新塋以墓中之石見委然碩人爲婦道爲妻道爲母道種種盡善長爲猶子非長不能悉故不敢以不能文而辭其志云

穆溪叔大父墓志銘

穆溪先生自少喜客家饒金帛性好施予客以是歸之四方輻湊門無虛日者三十餘年人稱小孟嘗君若吾邑之士大夫出其門者尤多甚至約爲婚姻要以肝膽聞風接踵雖其子有限願爲葭莩之好者無盡也雖其座不容求爲雞狗之報者亦無盡也至先生沒之日昔及門之客不復一至矣乃知爲先生客者非客也先生姓史氏諱永濟字若川

爲銓之才爲珪之孫爲昌之曾孫世以耕讀爲業先生以孝義行於家聞於人播於天下天下人至今稱之不置客雖去於先生也何損焉夫存足以招客沒足以逐客先生亦人傑哉竊嘗論之人以百歲爲期先生壽不過五十人以尊貴爲榮先生名止於一命人爲之惜然而不亡之壽不爵之貴孰有過於先生哉先生子三人女一人壬戌之歲十二月某日葬先生於横山之麓從孫長爲之志其墓云銘曰

坏土封丘先生已矣碑在人口銘無加矣吾於先生無遺憾矣

祭叔大父穆溪文

嗚呼情有所繫者不能不嬰於懷時有所感者不能不追於舊公之毋子心計口語以累貲業輕財好施以走冠蓋而今已矣長也爲屬疏爲分卑而受愛則深同憂樂通有無含餳如母子忘形如兄弟者三十餘年曩不自量抱瑝琇之忿遭裴李之誣瑣尾流離侵尋遼隔餽遺問訊

不憚千里入比春暉縫線之恩方欲報稱以竭所私天不祿善戊申之年哭公辛亥之年哭公之母後先四年兩喪相繼昔之爲公客者又散而爲人客自縣繐幃貌不相關觸目激衷何能爲言今當永離恨不能效枌楡之力聊爲哀籲未死之靈哀哉尚饗

又

嗚呼公年不至五十痛公爲夭者多矣不知死而令人不忘孰有壽如公者耶公爲人慷慨倜儻竭產招客歿之日客若不知有公長自前年避兵郡城得與顧子從化游朝夕聚首每以公不及與爲不樂然從化亦公之故人也乙卯之秋七月丙辰之夜忽夢與公泛舟石湖之上座有客曰某曰某者數人相歡笑晏飲無異公生日嗚呼信公之精誠尚能致客耶客寧作老饕强從公游耶長以從化之不忘情於公者例視諸客故爲是夢耶是皆不可曉也丙辰之春與從化偶談是夢買舟絜

酒出公墓下爲告之曰一死一生乃知交情世態之薄已非一日公其有知當無遺憾嗚呼哀哉尚饗

祭厚崗文

君少失怙中遭困厄舅氏馮凌僮僕慢侮若今日之先意取容者未至也內子之歲吾姊歸君門庭闃然形影單孑凡有所謀必就吾大人大人貴十有餘年往來益密未嘗一日相離令子尚幼有不能知君或能記憶有不屑言也心計口語無扶致富一經教子遠紹書香韭溪之人方以顧眄爲幸昔之馮凌慢侮心醉膽落者有三十年而今已矣嗚呼哀哉長始爲通家邇得同里覩君遺烈能不興嗟死生雖殊幽冥無閒君雖忘於塵世必能鑒於泉壤君無來期能無一詞嗚呼哀哉尚饗

祭中古泉文

公吾吳之望也賦性剛直操履端方厲色揚眉意氣昂昂開口張目英

風涼涼一邑之人奔走後先無不以公顧眄爲喜以叱咤爲懼而況乎委身農耒褢足畎畝之人卒然相覩愕然無措而能吐一詞哉去年春吾値內變其黨皆人而獸者肆其惡而不終若公陰使之意消苟排難解紛而無所利於其間又豈特吾吳之望哉吾與公少爲同澤晚得聯姻而翁先世之好公然未忘既而衰年不幸造事多窮意外之禍沓來洊至數年之間問訊幾絕此蓋吳之人以家業之盛衰爲交情之厚薄世態之常無足怪者特恨邇來婚嫁及時緣是得以追蹤於一觴一詠求不爲公墜履遺簪也不意公遘疾竟不能起而以期相見於泉壤耶嗚呼哀哉音不再聞容不再視繐帳高懸蒼頭猶侍人皆爲公痛矣遺芳餘澤碑勒人口死而不忘謂之曰壽獨不爲公慰哉

祭張慤齋妹丈文

維嘉靖四十二年歲次癸亥二月朔庚戌越二十有八日丁丑內兄長

弟某謹備牲醴致祭於愨齋妹丈先生之靈曰昔我先君館爾爲甥一堂之上玉與金幷先君不幸爾來哀悼相我含殮情何懇到爾病經年未遑一顧邈不相關卒聞報訃嗚呼哀哉孰謂愨齋妙質茂行卒以早世若我長者淺識疎才猶得以長年也嘗念爾之才能爲我之少游若我愚而自用不能爲爾子瞻也人方爾之夭允矣古之顔淵若我老而不死誠爲今之原壤也嗚呼哀哉才不一試命不能永人人爲爾痛者多矣進而不容不如退而肆志也生而無稱不如死而不忘也獨不爲爾慰哉禍福無憑夭壽難測生前不可見泉下永相期哀哉尙饗

史　論字仲輿號龍山又號存湖臣次子廩例監貢生

垛上叢祠疏

道惟三敎要在兼修生止百年豈應虛度欲結緣而植本必喜捨以同仁予世家吳江之黃溪其東北隅有洪流垛嶼之勝先曾大父西材翁

詩有東垛西垛釣魚處之句蓋謂此也自後建祠其上以奉觀世音大士水府三官大帝北極玄天上帝之神廟貌莊嚴鄉民瞻仰不意屢遭家難興廢靡常而其在於今頹圮尤甚有僧某來主祠之香火謀爲興復事聞於予而予適官京師董建宮闕何暇爲私家之計然仙佛善緣乃人所欣結故工程小費亦與衆圖之所有十方善男信女賢士達官或聞風而發願或睹景而興懷量力隨緣均爲嘉惠捐金輸粟總出處心共成勝事於當時定種福田於異日蓮花池上坐九品之香臺鶴背雲中行十洲之靈境謹疏

史羊生字玄年號合溪鴻逵子廪生耆儒例授正七品冠帶鄉飲大賓有匪莪集志學稿青衿稿合溪吟略俱未見

宵聲賦 并序

嘉靖十有八年孟春之月予無事家居夜半室中有聲殷殷不絕者久

乃攝衣而起作賦以問之援筆而減其詞曰

惟淵獻之經歲兮横招搖而東指當癸巳之春宵兮奄室中而聲起始綿延以連續兮既循環而無已若圓機之運鼉鼓兮新雷之從地起也予乃按劍而囑之曰嗟來聲乎爾何爲者乎將詭譎而爲妖兮復音高而響厲將爲瑞而昭祥兮卽輒聲而屏烈叶 疾予答以自明兮莫予嘿而爲戾於是響絶聲沈驍然而應曰惟大造之無方兮陶陰陽于萬區道靡常而不蓄兮物何怪而不儲神遠博而罔悉兮疇其異而稱諸必屢接以爲正兮暫罕遇而爲奇彼曲士之陋識兮遭斯靈而自疑不昭化以廣志兮駕罔兩於希夷歷古昔以詠言兮孰謂斯之爲戮有逢玆而爲禍兮或值之而致福諒人事之吉凶兮詎妖祥之反覆堯聖德以光天兮豈蓂莢之所淑禹鴻勳以御宇兮匪黄龍之兆祿戊克修而振殷兮桑穀拱其奚瓶丁受命而中興兮雉雊鼎而罔釁襄狐綏以蒙刃

兮非野彘之爲尤桓杖義以伯世兮獵委蛇而疾瘳荆飛㲉而克濟兮蛟擁航而終休梁叟涵而戕子兮對黎丘之幻仇昭寡援而墜命兮忌外蛇之內劉景淫刑以搆病兮畏大厲之宜讎衅從命以殪伯兮德虐山之獻籌平 失道而中衰兮化巽羽其何居袁迫懿而齒劍兮罪繁眩之所基博弛宜于將相兮豈洪韻之能知信吉凶之在人兮匪妖祥之所爲惟至人之渾噩兮識大道之多歧故逢災而無惕兮雖遭瑞而不怡非利害之罔顧兮通分理而袪拘不枉道以邪徑兮何他患之足虞彼衆人之惑惑兮積欲惡于胸臆援造物以滓己兮馳遙思于空寂棄人道而不修兮要非望于苟得遇小嫌以自軫兮心惴惴如投棘顧舍近而圖遠兮曾有識之所力予混沌之儵忽兮莫於茲而遘釁且細故之相觸兮庸詎詢夫順逆鼎自念而不息兮余將逝而爲客

春懷賦 幷敘

嘉靖己亥予生十有九年矣時季冬寒月豁然春意白日薰風琅琅四徹對之茫然因思古之俊乂少年奮起者不可勝數甘羅子奇以弱質彬興賈誼終軍以童齡秀發近則規章徇句之流幼而登庸者亦往往有之嗟乎予之陋薄雖不足以上匹古人下列于今恐不多讓然一越歲則終童建節之年賈生待詔之日也晝學夜思口言身履者亦已久矣而僝名立業一無所就將來之事雖未可知若方之甘氏之子則終所仰慕感時而歎自不能厝諸懷遂爲作賦以寫其怫鬱之情焉其詞曰

天行健而遄運兮四節飄其若馳接玄冥之末緒兮潛獨敷此春暉寒芬淨而俱釋冲氣旋而遂施雖時變之在天實感動乎余思于時旭日潤舒惠風融懌陽景彌岡熒黃被陌木津津以濡莖鳥翩翩而捷翮滄洽洽以安流雉雝雝而徐彳工女惰而摧頹遊童聚而嚄啞於是釋狐

狢襲纖羅覺榮光聽禽歌寒顏解而時溢孱體宜而自和緯四時之代序激百慮之紛摩歲逝兮若此予所就其云何遂喟然而嘆曰機則易失時不可回易悼門庭詩感摽梅徵諸往載職此之階聞乘時而感奮鮮遠茲而不乖附前良之具爾愈耿激而興懷仰瞻移晷俯瞰流波前營玄哲後歷塵途徘徊踯躅悒念弘多退省私而自驚願求全而得傾掩蓬廬而太息悟力命之所爭嗟沉晦之惟曠遲何時而獲榮悵此景之無聊追在已而攄情蓋余心之所願冀邁俗而先鳴博見聞以啓鑑研經典以修程時亹亹而彌高庶幼學而壯行惟通塞之難期遂漸冉而無成自總角而狥茲迄弱冠而徒弸步中庭以煩惋思展轉而乍驚豈余身之多僻何天命之靡貞踟躅無已白日西欹時更景易情漓意移諉既往之空切疑來者之未窺氣凄凄而漸入心役役以阽危當義和之初駕顧偃蹇而委蛇苟日暮而途遠雖倒行其安之終永懷而莫

刻慜伊鬱以若癥視甫田之多莠收逸志而自懲歎饑寒之不恤乃遑卹乎飛騰豈小人之長戚懼沒世而不稱既倦勤于遠慮聊素位以存誠覽聖文之所戒固必需而後亨苟予衷之洵美兮詎能實而不榮忘執形而影責徒中熱其何庸肆內修而外聽躡尼父之遐蹤薄隨行以存道兮任時運之所鍾亂曰君子之生貴有爲兮垂精不朽利因時兮騏驥之衰駑馬同兮孰能鬱鬱作望熊兮對時懷遠自激衷兮匪爲求衒畏永蒙兮忽邇圖遠祇自殛兮居易俟命舊有則兮怨天尤人亦凉德兮盍姑內省毋外徵兮屈伸顯晦惟所招兮反身克己聿靖共兮民之所欲天必從兮胡爲汲汲俾心憧兮

志學稿序

予生七歲爲舉子業九歲能作時義甫及志學之年斐然有篇章之想講誦餘閑流目觸情往往密搆久而成編頗有可讀者因不忍棄去其

在于今殆踰一紀矣緬自弱冠充邑弟子員其先脫來矜餘所爲相半長日閑居因思緝別遂分自禍福論以前爲志學稿後爲青衿稿方名在諸生故後稿未竟錄夫文之爲事其來遠矣伏羲畫卦以開其端蒼頡作書以顯其迹帝王禪繼征誅以與時高下其治亂興衰則因事得失也嗟夫江春山曉作其綺麗之形日照月臨範其光大之氣此作者之極致也然崇道者率多朴易之詞靡文者務爲流淫之態而義始分矣求其本末備舉質文無憾者蓋不多見也今世綴文之士不可謂無人然皆以時學爲綱紀故不得專工與古爭彬彬之盛甚者詆爲害道訐爲廢業深仇而力拒者夫今之經義富貴之筌蹄不可立之名言訓之後世故雖當藉此以致身要不可舍彼而自足吾鄉先正耳目所接如徐武功吳文定皆以髫年著稱文苑而又爭先制科勳在王室由此觀之特才不能兼通非文不能並美也予每思士已屈首受書專精翰

墨而使當世無聞后賢罕述雖標竊名器馳騁一時何足貴焉故不量並劣之資欲爲兼茂之舉非敢以夸邁流俗庶幾覽者取其志焉耳緝文之意欲自驗學問淺深筆力强弱故惟以年月爲後先不復分門別類人之常情孰不欲見其所長掩其所短故不可讀者皆刊而去之至于久立題意未克成篇或旣成篇後輒改定則各從其新不復係之于舊所錄之中或詞不雅馴則又聊成其舊不欲竄之以新以明識別待覆覈少慕昭明文選故是稿多古製初學鮮工故是稿最約而前此遂絕若夫出處有時黻藻無間二稿之後踵步所至更因地賦名嘉靖戊申六月日序

青衿稿序

經世之業莫過于儒而吾儒之學惟在經術故荀卿著儒效之篇漢庭重經術之士有由然也我國家亦以經術取士而一時政績未及三代

議者謂今之經術不過諸偶文字之間而無古聖賢自治治人之實無惑乎功烈之卑也故邇來有欲更取士之法增進人之科者予獨以爲不然何則大冶鑄金金不必越其模範而後可以適用大君進士士不必外其條敎而後可以圖功蓋命世之才既懷用世之志則必爲當世之學以應其求孰肯違戾决裂背時立異以自取廢棄也耶故設科以來崇功偉節列爲名臣者咸出科目之中未聞有他途進者也是則非取人之道未盡也司取人之柄者未盡其道耳苟能不問世類不通私托不以巧投不以賄進而惟才是取又何患于豪傑之或遺而功業之不競耶豪傑之士每恥幸進而且生不必於貴族問其世類未堪也道不屑於苟合欲通私托無援也不爲機事豈能以巧投其會乎不有私財豈能以賞操其柄乎故有殫力學宫而槁死牖下者焉寧其人之非經生耶卽以他途爲網羅而不盡改其誣上行私之素豪傑之士又將

何以自進耶予非豪傑也而乃受其困方少年氣盛之時固嘗歷考試學干謁與時輩並驅爭衡矣而四尙不將一長徒見迄乎知命之年兼有内艱之逼於是皤然而悟喟然而嘆曰是可以已矣得祿而親喪古人不爲又況於徒辱乎遂斷自已已三月已前諸所著作畢青衿稿而身亦不復至黌舍焉乃歲丁丑春陰多暇校而閲之是稿有上通書劄而自後則皆爲平交矣是稿有條陳時務而自後則不復道人間事矣是稿有奮身誓進之言而自後則皆蕭散退閒語矣是稿有慷慨激烈憤鬱不平之氣而自後則氣衰而心亦平矣使有道者觀之必以爲笑使當路者觀之亦不以爲腐儒也後此之稿名匪莪寸地不前顧思却步哀哀父母謂我何如

大石塢八景詩序

夫道本同原物多殊好是以巢高之節與夔益齊稱六月之章與考槃

並載殆未可以靜躁別其離眞去就分其乖轍也若使軒冕懷堦井之譏山林有嚇雛之誚則臧穀均乎亡羊有不在於多歧者矣大石山人顧公聖代之逸民也夙勤問學雅有遠情嘗攬赤城之標攀玄岳之磴南浮江水躡武夷之仙蹤北走朔臺謁文殊之眞口乘虛而往者蓋數十餘年矣大觀既慰歸老林丘即于大石山陽搜剔秘靈名以八景迦各有記記各爲篇所謂目牛無全會心非遠者與故觀其爲景或由天造或假人功均之可以寄傲怡情絕塵不累語其爲名或以事稱或因物著均之可以昭奇表瑞責實無遺閱其爲文近而不俚深而有制罔兩詎迷於問影名言直見乎初心又不獨爲傳信之華而已用能使處士歸誠朝流折節弭棹廻車贈言雲委豈非本同不紛乎末異神全兼化夫形骸者乎予也名實未先見聞方進慕子長之遠迹效康樂之狂游茲區乃致穀之隗臺降龍之葉繪也矧先世之手澤攸存西村翁聯句在焉

後人之締搆斯在則夫覩烏號而折柳感鳳紀而知官有不勝其斐然者矣於是隨其篇記各賦五言率此冥襟要諸一揆者乃公習隱而已成予將仕而未得宜不見於忘言之言也

字四子説

一儒既冠予將字之蘇門山人曰盍悉字諸子緣始竟義策情驚驕斯其時也予曰諾於是字一儒曰宗甫二仲曰翕甫三仁曰成甫四傑曰立甫蘇門山人曰美哉男子之稱宗儒友翕成仁立節庶幾尙論古人矣然子之各取其義者亦隨其材而成之乎亦因其所不足而輔之乎余曰皆非也天下之道惟儒者得其宗故伯也名之定其基矣而餘皆志於是焉儒者之道與勝己者處則進悅不若己者則退故仲也名之程其業矣而餘皆進於是焉道散於萬殊而會於一心博學而詳説之所以成吾心之德也故叔也名之反其本矣而餘皆約於是焉吾道既

成出乎其類拔乎其萃雖蓬累於衆人之中而傑然其不混故季也名之要其終矣而餘皆期於是焉處乎前者顧其後處乎後者視其前處乎中者俯仰而觀法之此則予之意也余家傳經數世而四子之生又同一本故余不欲其去爲他道而各懷異心若四時之順序若四位之奠方若四維之張於國而不可或缺斯可以爲吾子矣於是蘇門山人欣然命酒導余醮之

史鵬生子玄暉一作暈號蕪川又號維佚鴻逵次子嘉靖十九年庚子武舉人吳淞水師游擊鄉飲大賓

赤菊賦

攝提西墜而將北兮粤時序之凓秋霜露凄其交下兮雖在宇而啁啾草木黄而零落兮撫末運而嘆息擢芳華于寂寥兮攬紅萸之淑質顧若植之諒美兮胡不競而透遲衆成功而始盡兮始奮發而敷施時乎

去華以就實兮獨振姸而夸媚戴鶴頂之陸離兮栖猩丹於叢翠夫何羣陰之旣剝兮而火德之攸存竊精靈於火龍兮色炎炎而若焚豈花神嗜酒而縱飲兮遂沉酣而變色抑自恥獨後而無依兮中懷慚而面赤豈逢太素而自厭其朴兮窮侈麗以自娛抑自負其異而不羣兮甘遲暮而華敷俾其夙競于春陽兮何以異于桃李處末路而無以自持兮亦奚異乎衆芳之蕪萎宜其晚節之專美兮流淸藹于華風振炫耀于索然兮起衆芳而莫同吁嗟君子之藏器兮必待時而後舉不自重而來售兮則價輕而道左時運苟其未至兮寧秉操而括囊晚節或其改度兮併前功而盡亡故達人履道而尚志兮愼厥終而彌固克善始而有終兮惟玆卉之可慕願移植于當路兮芟荆榛而去之爲具瞻而矜式兮日相與以委蛇亂曰遭時閉塞運獨通兮風霜結凜志不降叶洪兮萬物轇轕莫與同兮貌美而豔德則貞兮逃炎就涼是其情兮乃審

厥像與要盟兮

家辯書家譜後

同姓胥同宗也而不胥謂同宗者以分之不明也其不明何也以世系之未詳也其不詳何也曰國變家難遷也逸姓逃名微也固其所也自古在昔漢著四姓魏晉取閥閱唐甲右族故爭譜以相高也宋孝宗朝越忠定王之判建康也彙考譜牒著彥虬之爲壯侯三十世也惟則懷則同產昆弟也別越中吳中溧陽號爲三宗也忠定王之序吳中譜與吳中忠恪公之自序甚明也後越譜躋惟則於惟肖惟肖我終南祖也越世凡七越年二百有餘不識誤自何時也溧譜譏越譜之不詳且愼是也而儕惟則爲彥虬胞弟亦誤也吳中志范文穆公成大昉也距五季未遠其言信而有徵也曰惟則以八分飛白聲冠吳弟懷則同科同官學士同葬吳城下也是二人者俱彥虬宗弟也況吳中博平公譜序

詳且核也彥虬守祖廟析埭頭之下莊也惟則懷則因溧陽蔡州公同徙枋頭後卜居嘉興之秀州也惟則子成轉徙四明班班可考也溧陽以勳衛顯越中以功名顯我吳中以節義文章顯也胥十六世也又班班可考也故先徵君修譜不惟本支有圖也且各宗皆有圖也蘇重本宗歐嚴遠冑法也然而譜曷貴也仰芳躅知自强也景往行奮自愛也子孫其永保之也

卷二十五　完

同　邑　柳棄疾　鄭瑛　校録

卷二十六　邑後學　陳去病　纂輯

明八人

錢用商字若尹號後江八都人嘉靖二十二年癸卯舉人仕至肥城知縣

重建清眞道院記

成祖文皇帝踐阼之初首以明道術敦教化爲務而典禮章程一皆盡舉自郊廟以下神之當祀者咸秩而祀之蓋格人心萃天下之道莫要於此故也獨於眞武之神尤竭其材力建廟宇崇祀不與他類遡其時大統雖集羣雄未殄據土怙惡以逞桀驁之氣未卽帖服者實繁有徒帝乃親自出剿滅不用交兵而賊勢潰散人心懾然天下平定此固聖人神武不殺之威所致而眞武默相之功居多商幼歷陝西及近至京

邑凡名山要地皆立廟祀之據所見如此天下可知矣吳江之鎮曰平望遶鶯湖有八景之勝自宋立淸眞道院奉祀眞武與殊勝寺相並嘉靖二十六年七月以不蠲之故日中輒火有浙人童儒於二十八年九月十六日發心行募起造幷出金數百金歷八年落成名玄天宮隨鑄文曲武曲銅像二尊且糾本邑趙文義等各捐已貲擇置大育圩義田一十八畝爲聖降費一方之人虔誠供奉歲月靡懈頻年以來倭寇爲害所過無不殘煨而此宮獨存然宮之存猶不足異吳江爲南北要衝東寇横行於蘇松江湖地方吳江必受其害幸蒙大巡周公如斗兵憲任公環率邑侯楊公芷奉命徂征舉人周大章參贊其內於是勵兵平望相拒數次彼皆南北望而不能越既而倭衆突入意欲撓害境上忽天雨奪魄任所斬獲靡有孑遺嗣後數犯竟不得志而此則尺兵寸鐵一無所損其成功若是皆德在人心布於傳頌難以殫述或以爲吳江

據險之故則彼之所行未必無險也蓋皇明氣運適當隆盛之時而眞武之靈與天心相爲感應是潛孚默佑於其間而諸臣協力前驅賊氛望風喪敗若非出於兵力之所及不然則寇亂已非一處何獨至此而輒潰耶是眞武之靈不特保障一方而江南以來無復受害皆得享其乂安之澤則不惟功在朝廷者甚宏其有德於斯民者亦不淺記曰以勞定國則祀之能捍大患則祀之吳民之受災患何如而捍禦若是其陰騭神功較之勞定國而捍大患者有甚焉矣由今驗古於是益信而世之奉祀不衰也亦宜錢用商記

周兆南字仲陽號兩峯用子嘉靖三十一年壬子舉人許州知州有兩峯遺墨今未見

先母行實

先母姓姜氏考處士諱濟妣王氏世爲浙之歸安人姜於歸安爲著姓

而處士復循雅好禮敦尙素實以善行高於鄉鄉人德之稱之曰長者以故吾母生而凝靜聰穎不類凡育自少讀小學孝經女誡諸書能諳曉大義及長來歸恭肅府君事祖母計夫人左右周旋善揣意嚮所爲溫凊盥櫛無一不當姑意於是得其歡心有賓祭宴饋之事必以命吾母母唯唯受命然不敢專必以請於嫡母施夫人夫人樂吾母之能代事吾姑也以故欸欸欸然益和務相雍洽閫政肅謐庭無譁言府君自舉進士以至於位冢宰歷官四十餘年之間其間以家自隨者無幾吾母從府君於官與不從於官而家居也凡府君服食之所需者必躬爲之紕紝翦製調節醞釀微而至於衣被履舄豉合醬罌之類亦必種種而且焉以其事祖母者而事府君也於是祖母益油油然喜曰幸哉有婦如此吾殆昌乎府君歷官耿介廉潔而撙約淡泊終始如一日人有餽遺雖果蔬之微見之輒不懌故其所至行李蕭然而家無餘蓄衣食之

費時或匱焉吾母艱難辛苦既已備嘗而性又喜於治生不自暇逸晝則持籌籥視出納勾較米鹽夜則御燈火躬紡絡績紉風雪之夕雖肌膚爲之皴縮猶亟亟不自休又善工蠶繅闢地樹桑率協共事歲以爲常蓋吾母以辛苦起家之人而畢力於家人生事之際凡一錢粟之盈縮鐍鑰之啓閉與夫臧獲之奸良雖其錙銖纖悉而聰明智算舉無遺者如是積二十餘年而家稍稍饒給先世居於縣南五十里車谿之上谿四衝五達而廻遠於杭湖之間故多盜府君欲徙居於城嘗度地於城之北而不暇爲迺以土木之費營築之勞屬之吾母吾母爲之規畫措置飭材鳩工顧其時財力稱詘於是次第其規模而舒徐以從事左綴右緝黽勉經營卒之堂宇言言遂如故家若已嘗試而習爲之者卽其綜理有丈夫之志焉吾姑適於陸氏者早寡零丁孤苦幾不能自存吾母數爲之奉養慰藉歲時遣人迎候以來每來必款留數月既去則

訊之使不絶於道未嘗有一厭心舅氏不善治生家日益落吾毋爲之賚予賙卹服食百需無不豐給其女少失所恃卽攜之歸撫育備至既長擇壻而嫁之不自知其不自已出也歲飢設粥以食餓者與施無棺者無慮數百餘人他如繕橋甃衢施佛飯僧之類不可勝紀其平生嚴潔自持起居進止咸有繩度而性尤喜儉薄食無兼味其所御簪珥脱去華靡之飾服澣濯之衣見子姓有市靡麗之物者則呵譴之曰安事此無益之費爲哉必屏絶之不使經目諸凡祀饗婚嫁弔慶往來必先事斟其費使豐約適宜下至僮僕衣屨亦豫爲飭治而以時給之必均其不遺細務類如此至於撫字諸孤愛之甚篤而待之甚嚴自爲擇師傅教之讀書而日課其程每漏下五鼓親叩寢戶使就燈火少間輒督之曰若賴祖父餘業幸無飢寒而不刻骨以自植立是羞余也嘉靖壬子兆南舉順天鄉試戊午式南舉應天鄉試則又以書誡之曰若曹僥

俾於科舉吾不爲喜而以爲憂也若遂不刻志勵行以追配先人將何以自立於世哉孤等識其言而不敢背也先歲丁未府君棄諸孤吾母亦既老矣終日焚香宴坐每食蔬素或中夜坐起取佛家之書而誦之若有意乎齋心修觀之爲者居常命兆南卜地於吴山樹櫝培壠既周以固堪輿家有以龍脉向背禍福爲言者吾母聞之謂兆南曰貴賤分也壽夭數也豈有上天之命反制於一坏之土哉兹土吾所安也兒無惑於言我死其必以此地葬我今不幸吾母奄忽背棄倏踰歲時孤等謹卜日以葬勉襄大事焉不惟祗承吾母之遺訓而不忽忘亦以見堪輿家之言儒生所不敢道也母生於弘治乙卯五月十八日卒於嘉靖癸亥三月十一日春秋六十有九葬以乙丑年月日墓在吴縣靈巖鄉東律字圍故吾母所定也子男三人長兆南娶陶氏次式南娶郁氏次乾南娶薛氏乾南由鄉校升太學先吾母七年卒孫男十人士基禎典

祜獻禮祉祺翰士太學生基禎祜縣學生女二人一許聘太常卿徐公之子一許聘鴻臚丞吳公之孫曾孫男二人女一人痛惟吾母早嘗艱辛中鰲家務而晚年尤苦於多疾曾不得安享數歲之逸孤等既不獲竊一命於朝徼天子之封命爲吾親榮又庸劣惰窳行業不立無以顯揚吾親徒銜思抱慼以終身而已嗚呼痛哉顧行緒著於閨門被於宗族媚黨者不可泯滅謹掇拾大略如右敢乞於立言之君子賜銘勒石列之幽墟則豈惟先德之淳懿藉之以彰而孤等不孝之罪惡亦少逭其萬一伏維鈞慈少垂憐焉無任哀祈懇迫之至

周大章字章之號一夔別號禹川自號禹祈山人嘉靖三十一年壬子舉人瑞安縣知縣有文藝集吳江禦倭武略禹川集五卷禹祈山人詩略一卷今未見

東南大水歌引

嘉靖辛酉倭變之餘瘡痍未復其年自春抵夏東南多陰雨每雨輒先大風雷又輒連日夜其勢如注閏五月十四日癸卯雷風更異常至十五日午時迺止水頓增二尺許是日胥口發蛟汾湖衆魚天飛西水猛亟吾邑東西南三門陸路可舟新城崩裂計二百餘丈沿城居民波濤入室移徙殆盡低鄉湮沒田者相半此時邑田大都僅存十之三六月初二日庚申有龍自西北來至汾湖大木斯拔屋廬都毁虹晝夜見日暈黃及二十八日丙戌雨不輟水旋減旋增田高可望者又沒其半七月十四日壬寅至十九日丁未雨不輟水增尺許此時田之高者盡沒更無望矣水凡三大至初插時再花時三粒時天若有意不知我民何辜嗣是陰雨綿至九月十七日甲辰未時雷鳴雨又不輟連日夜東南諸郡邑皆成巨浸而吾邑水鄉羅變尤甚父老云比之庚午水更多時日更久古云大軍之後必有凶年正德間劉六倡亂庚午大水一驗也

今癸丑倭患慘烈，辛酉復大水，再驗也。變不虛生，豈偶然哉！予同年沈君偉筆水至時日，索而記之，爲作東南大水歌以志時事云。九月二十日大章書。顧有孝云：偉郎杜靜臺先生也。

吳江修城碑陰記

春秋書夏城郎，譏弗時也。江城之役，始自甲寅六月，何備倭也。倭内蝕殘創兩浙，城多被陷。江城瘠薄，我侯不欲煩民，疏募諸士大夫家爭出錢粲之，保國衛民，忠義所激也。侯以鄉官鴻臚寺丞吳君澇主經度，以本學教諭嚴君規稽出入，民不勞而事畢舉也。工半，浮議外搖，役人内潰，故城雖完，風雨輒崩敗，計疎而工虧也。城完於其年臘月，遭延於今始能計之，侯被召也。迺今徵文於致仕郎中吳君涵，君常致書於章言所以鑱碑之故，章以書答曰：次泉楊侯厥功偉矣！瑞巖曹侯立舖平街，遂完故堨。今鳳岡李侯修舉廢墜，日無停驂，其功且倍於昔，向使慎之於始一勞永逸何以煩諸公若是哉故曰今人但知登高可賦寢息不驚而不知當事者之力蓋爲諸公發也噫邑城瞰江以水窪隆較之湖形反高驟風水溢波濤浸淫入城西水悍疾尤甚沿城馬路僅三四尺不甃石築土障之復遠近盜湖爲田者使水有所洩則可灌可嚙其禍當不止於今之崩敗屢修屢復焉已也知其山川利害任疆埸之責也愼毋爲越俎云嘉靖辛酉五月朔周大章譔

吳江縣修學記

學在松江之南四面控湖左三江右七十二飛虹江浙之水中會於此後引笠澤諸湖之水環遶如帶此學之大觀也文襄周公忱建學以來弘治戊申始議修葺廉憲趙公寬爲之記嘉靖癸未再議修葺恭肅周公用爲之記當時文章政事亦爲一新甲午羅田張公明道作令始講濂洛之學刻小學書近思錄於黌宫祀程門三賢於震澤一時士子翕

然知所向往沾濡既深科第相望壬子鄉設中式得七人明年會試復得六人弟子溢四百員人材之盛遂爲蘇郡七邑之冠學歲久傾圮日甚淮康喻公時南昌鍾公崇武在邑所給田税贖金權貯須料癸丑之夏署邑貳守馬平佘公元移檄首事令縣令安陸楊公芷式圖厥成自大成廟至靈星門次明倫堂至泮宫坊咸徹而新之於敬一亭後作時化射圃二亭以考德藝啓聖廟後分鄉賢名宦二祠以崇祀典制增於舊由是江學焕然矣夫以三十餘年之廢墜經營不踰二時貲費不滿百金民不知勞財不妄用修復開拓雖庾庫庖湢圊不綜理蓋程工敦匠協力秉公三先生更主相之而區畫督勸嚴先生之勞尤著孔子曰古之學者爲己今之學者爲人至於程氏則曰古之仕者爲人今之仕者爲己爲己爲人之間内外義利實相乘除若夫牽合割裂以爲文而無益於實用驟至顯榮侈於自奉急於謀子孫且惟日不足能勿爲州

里災害足矣奚暇及人也黃庭堅未爲知道且曰文章政事乃其粉澤要須探其本根則世故之風雨不能飄搖章之所以受命於師與區區講學之所逮聞者在此願與同志檢身及物以仰副我國家養士之典幷張公三先生教人之意三先生者分宜嚴公規涪州張公禹臣安福謝公立敬俱清才粹德善作人匪特修學一事而已敬書之以諗來者俾勿斁

瑞安城東河塘記

甌城南達瑞安八十里故有塘即郡志所載南塘驛路陳止齋所謂石塘百里巨石縱橫鱗萃是已塘屬永嘉者三之一屬瑞安者三之二實閩越孔道元季修築城垣悉毁之陸舟胥病今督府大司馬劉公先令瑞安下車值倭寇之變時有以復驛築塘爲請者公曰二事誠不可緩較莫急於築塘然權不專在余而費實滋大丙辰夏公赴召内拜後十

載歷大中丞司馬開府兩浙父老復以塘爲請公遂屬郡伯豐城李公廷禮綜其事檄兩邑令方經始而瑞令吾鄉朱君霑擢惠郡判公特留之俾彈厥役朱君乃率幕尉莆陽鄭君瑜義士邵元性度境內橋若干所塘若干丈傭值石價若干緡屬橋於耆民屬塘於圩里計其費以請於永嘉亦如之公捐俸金出公帑以倡郡伯以時行縣考成焉自冬十月迨春三月而工告竣于是居者行者莫不稱便爰誌其概于右云爾

儒學公田記

予讀易至頤聖人養賢以及萬民井田學校其法相濟凡名爲士者皆不耕而皆有給無他營爲今之養賢者但借民力以養夫仕者已耳列於庠者郡四十人邑二十人外餼皆莫之予夫古人達則兼善窮則獨善兼善者固足以濟人利物獨善者亦足以激懦廉頑均之有及於民而惟於出者有資貧者略不爲之處聖人養賢不偏於一乎故議者每

欲於學校立公田庶於養賢之道有藉瑞安地瀕海爲溫下邑士之貧者過半而儒學舊學無公田予涖茲土適當道委正疆界定賦役乃率概縣之老耆履畝清丈溢出塗田之高阜者一百畝加耗田五十畝以防蕩析之虞悉歸儒學以爲公田學校中貧不能葬者貧不能娶者貧而親老無資養者貧而有意外之變者貧而在學年久有學行者皆有給必衆論僉同毋出於一人之好惡有餘則貯之毋給貧而無檢者毋給貧而有廩者毋令生員承佃毋令人役假貸毋那移毋出吝毋繼富時主議者撫院海豐谷公中虛巡院古蘄周公禧督學憲副八閩鄭公雲鎣兵道憲副沁水韓公君恩守道少參滁陽邵公夢麟綜理郡伯豐城李公廷禮二守歸善李公大有分理則通守姑蘇劉公常心節推安福趙公格隨時經畫則縣丞東莞尹君沾主簿上饒李君思齊樂觀厥成則學諭盱眙林君莊司訓貴池陳君珂東魯劉君永固知縣周大章

也吳江人

杜　偉字道升號靜臺十一都人嘉靖卅一年壬子舉人工部營繕司主事有順性錄學聚錄正學編靜坐訣尙書筆記四書筆記今未見

重建浮玉菴記

淨玉庵者長湖中隱峙小土丘也土丘一方宛在水中央連柳筠葦環計之可百武餘歲大旱不見水甚減歲大澇不見水甚增若有神爲與波上下者古今以是爲奇迹遠而望之四空無依浴日浸月蒼璧自浮水面然或常擬爲小金山至泊舟登其上則撤土成墩脉無拳石俗呼張家墩莫知張爲誰何墩屬吳江之震澤國版稱浮圍圍首十都稅徵額凡一畝有九分實無可耕可稼菴僧頗爲供稅累焉宋理宗端平二年僧坎堂始建菴既以禪僧中峯至安禪十有五年中峯受普應國師

號普揚宗法當時佛宇禪室略備緇徒雲集持戒律甚嚴菴聲甚振及
中峯入定天目僧禪戒漸弛飲酒食肉借法贍生幾與俗同求其知禪
者鮮矣嘉靖庚寅太守永公聶豐爲蘇州奉詔闢郡汰僧毁寺菴遂廢
僧止子遺眞常本儒林葛氏子自童年入菴爲僧結茅菴竹下號筠菴
禪隱銳然有志起廢遘疾未就日持齋餌藥以觀佛藴者幾二十年迨
隆慶初年丁卯疾頓瘳佃時漸豐募於鄉重建斯菴鄉耆達信常戒行
久咸樂施工始於丁卯告成于戊辰前後佛宇各五楹左右禪室各二
楹繪塑三世諸佛像于其中面臨水築門題其楣曰浮玉菴云嗟乎常
之心力亦勤矣往年常以吾里中西疇呂君介紹請記於余余方病未
能也然嘗榻坐以習忘或誤以爲知禪也常復强之至再乃强爲之記
余笑問常曰若之何重建斯菴也以斯菴爲浮乎以斯菴爲玉乎玉天
下之至堅也眞可常也浮天下之至幻也豈眞可以常邪若既名出家

又復汲汲營菴以爲家而圖終老足以常住是出眞家而入假家也如之何常肅然起對曰如之何常敢以菴爲家也以菴爲家是有菴相也性何相之有如以相而已矣則常之身亦幻也豈獨菴之浮乎如其性也則琢不劇磨不磷入水不濡入火不滅至堅在我矣玉豈在於菴耶雖然常之汲汲營菴者蓋亦有說常今之再建不及坎堂師肇業之半是相有增減人不可得而齊也常恢慕中峯師之禪宗振於斯而定於天目是性無增減可得而學也坎堂始建之後遂有中峯振吾禪焉常今重建之後安知不復有高禪入定如中峯者出乎況常之心非將以家於斯也正將廣參於海上以求定觀而豫爲此終焉之計也出其家而以眞宅常將由此而入安知其不可常邪公何笑常爲也余復莞爾而笑幷其語以記之隆慶三年己巳閏六月記于靜觀臺中

葉可成字懋學號文湖紳孫嘉靖三十二年癸丑進士山陰知縣陞

南京工部虞衡司主事

先考一愚府君行實

先考諱旦字文卿别號一愚始祖福四公由吳江之同里遷分湖之濱福四公而下四世或農或仕曾大父芳以貢士任廣西布政司理問大父紳成化丁未進士歷官禮科左給事中尚寶司卿生三子先考其仲也大父卒於京先考從大母范氏扶櫬南還是時先考生六年矣悲哀哭泣咸中其則弔者謂給諫公有子無何會姻黨以罪株連逮先考先考方髫歲卽挺身當之在縲絏曰心苟不忒禍將自釋已果得釋遂杜門讀書規進取然家日益落投足坎壈程督不肖等力學及不肖舉於鄉又舉進士二弟入黌校乃自慰曰吾今而後可下見先人矣於時日與親故把酒笑傲以爲娱有司屢請以蜡賓嘗兩與非其好也往不肖宰山陰洎擢虞部先考必移書相戒曰克勵厥事毋替乃職不肖用能

祇承父訓以毋替朝命至不肖歸田時或以歲事爲意則又戒之曰我惟以仁厚爲田彼充積者何在又安用此爲也聞者感歎又令不肖出義田以助區役無令異日糧差之及不肖受命如先考指部使者義之檄除縣役專意本宗譜牒商確修輯此其志也先考體氣高亮意度豁然慈仁豈弟事伯氏唯謹與仲氏同居二十年無間言姑少寡而貧嘗給之廩米族有不贍者贍之無德色與人交則出肺腑相示人有過則面質之及其更也懽好如初先考信義孚鄉人咸愛敬稱善人竟以過飲傷脾成疾不起嗚呼痛哉先考生弘治十二年七月廿五日卒隆慶元年十一月初六日享年六十有九先妣汝氏考功郎泰之孫女荊門別駕惟賢之女子男四孫男八孫女二曾孫男四曾孫女一先君懿行不能盡述抆淚摭拾無詮次伏惟立言大君子采而賜之銘以光泉壤死不朽矣不肖孤子葉可成泣血稽顙述

附邑人無名氏葉文湖先生禦倭記略

嘉靖三十二年倭賊入寇江浙郡縣震恐吾邑葉文湖名可成由癸丑進士出宰山陰甫下車倭賊大舉寇曹娥江將入邑勢甚張公躬擐甲冑勇激三軍大敗賊於柯亭坂邑紳士銘其功著平倭詩卷序其績於卷首後胡中丞宗憲開府兩浙强愎自用獨重公才延致幕中有事必曰葉山陰謂何然公不樂居幕下屢請還縣中丞曰漢時太守得自辟其屬予獨不能留君於幕耶凡整肅戎伍相度機宜築敵樓戮徐海皆公左右之力也倭賊潰散後憤以始敗山陰繼殲吳下計皆出於公偵知公居分湖丙辰秋零賊百餘人突至牧犢潭掠吳知府莊旋至分湖而公家人知其必讎先期避去留一園丁守其家迨賊至無所得獲一鹿傷園丁一臂而去

吳邦楨字子寧號仰峯山子嘉靖三十二年癸丑進士官太僕寺卿

重建平望驛皇華堂記

去吳江縣治南四十里曰平望驛道當南北往來之衝賓旅之命殆無虛日建始於唐仍於宋元爲水馬二站至我朝洪武初年革二站即其址設水驛焉歷正統天順間咸經修飾前令郭溪鍾公復因其舊而新之嘉靖甲寅夷虜入寇而平望實受戰之地民居以空驛與失焉更二尹未治也賓旅之至如失所歸若監臨道經必須預備浮宇以徯所須竹木類悉取諸其地之民竣而給之廢幾半矣民甚苦之今李侯繼至則躬閱百務睹厥遺址詢所以廢興之由及其不便於民之故乃慨然歎曰是烏可廢哉是烏可重勞吾民哉是誠在我越明年惠化流行大綱畢舉爰相地宜鳩工度材召其屬驛丞劉世科董其事勗之曰是役也實非獲已爾其善承此意毋擾民毋侈觀毋廢規惟經久是務居民環驛者悉令以均更番服役民懽以趨經始於嘉靖辛酉五月至七月

而落成不百日焉其地前臨運河後枕鶯湖之滸爲亭亭之內爲正門爲儀門又其內爲堂扁曰皇華堂堂之東西爲兩廡事疾而不費制宏而不侈賓以有歸民以無困一舉而兩善兼焉嗟乎吾鄉素號饒庶政化易敷邇來賦役繁夥重以兵變民困極矣而又洪水肆虐則是役也宜民之弗堪而又懽趨若是哉勞也而以爲逸非所謂至愚若神者耶侯之德爲可徵矣若其政事文章自當存之去思載之史册予何以贅爲侯諱遷梧已未進士鳳崗其别號云

明文林郎浙江道監察御史魯齋顧君行狀

我吳江同里顧氏爲邑名族其先有諱仁者始卜居里中凡若干傳至侍御魯齋君以科第起家爲時名臣君既卒之後六年隆慶辛未厥嗣而語偕其諸弟請命于祖母周太孺人將謀以葬君先事而語手自纂組君生平詣余泣曰而語不佞無能鋪揚先人之遺兹乞言宗工爲不

朽圖冀先生以狀中言銓次之俾有緒可繹尋秉筆者易採掇云余與侍御君幼同席研長復同舉進士重以婚姻之好也其何能辭君諱曾唯字一貫别號魯齋曾大父寬大父綱父文藻以君貴贈文林郎浙江金華府金華縣知縣母周氏封太孺人君資稙穎異甫垂髫能日誦數千言一過目即不忘學爲文無事屬草立就就即有警語宗族姻戚長者因大奇之比長補邑庠弟子員每試輒高等刺經綴詞漸向精詣其所業人爭抄傳爲式程名由是籍籍起同輩咸願締交而從游其門者日益衆磨礱淬濯多所成就未幾以試高等廩於官嘉靖己酉領應天鄉試第三名癸丑登進士觀兵部政授浙江金華府金華縣尹君之尹金華也適兵燹驛騷羽檄交下君酌劑盈縮應之以方卒事集而民用不擾稍暇則首重文教視學宫湫隘損所得俸竇民間地廣之而裁節冗費以䘏里役搜遏飛詭以均賦徭申飭鄉約以昭懲勸蓋其所究心

也歲一不登富家多蓋藏而罔厚利則潛移之他郡民食益告艱君嚴其禁闌出入無敢逸越者閭閻玉粒罔使騰踊卒賴以生活民故多詐喜譸張爲訟君聽斷既詳明而當于法者無少貸俗亦駸駸漸改兹矣有商以芝麻從河津募市傭擔之入主家途次絡繹逸去三之一商訴之縣君收其詞麾商去越數日召吏鳩羣傭將他委傭悉入令立西庭下以次自呼名趨而東因置器横甬道趨過者輒取所負僨囊倒扑之見芝蔴糝糝下即擒至堂上一訊具服邑中稱君爲神明治三載有狀遂應召歸京師民莫能挽留則相與勒石紀成勣樹而覆亭之用以誌去後之思丁己擢浙江道監察御史戊午領查理兩廣福建之命弊叢蠹穴剗抉殆盡竣事還報先皇帝謂御史信才可復巡按西粤粤在嶺徼外夷獠雜處兵革調發無寧時君至摶擊強宗俾屏息不得逞所屬吏多以賂彰廉得之無倖免者展采錯事足示久遠諸所興革若清兵

食汰宂員去宂派類皆惠利疲民鮮所忌惜至於會哨之立營堡之設壺關之費築軍政則視昔一新矣迺復塞柳州之徑路以蠲繁供驪舞文之流徒以肅法紀更積役之交通以去釁端止門庫之兜收以實儲餉公私蓋兩利之先是安南進貢使以稽覈領襲補易儀物之故久客粵中積十五年未遣前後多物故而存者無幾君具奏俾得畢事還楚藩例有歲供入于粵逋緩因仍動以風波盜賊爲解君知衡永長沙諸郡近在隣壤俾徑達則實省徵解轉發之勞且可無涉洞庭太湖諸險也且奏爲定例兩藩交稱頌之巡歷既滿一歲候來代者忽念董夫人春秋高寢餗語言乖常時卽以病請告歸侍董夫人一年果違養君既親湯藥躬含斂無餘憾矣君三奉使命道路疲瘁神氣困以潛耗既承重服憂戚繼之未及禫竟疾作不可起惜哉君爲政持大體而平易無苛繁遵承者率稱便猶不喜矯矯獵名譽識者自以其賢爲莫及也其

意度愷直曠朗無溝壑城府之設而凜凜潔清終其身一不溺于欲所至恆存恤衣冠家若夫刻轢齊民以媚悅巨室固其所弗忍也事至能立辨微曖剸理裁決一準於法吏不得並緣爲奸以私謁者卒囁嚅不能出一語去方請告時督撫張公某爲具題有文章典蔚操履嚴明貞度繭紀遐陬改觀之語蓋實錄云始金華公以孽息豢孤所得產微幾單瘠不能生乃爲富室塾中師資館穀以養董夫人至君名起膠庠間游從者既衆則跪而請曰兒可以代大人養大母耄盍優游自怡毋徒窮年兀兀句讀人童稚爲也金華公是其言卒謝主人歸日以文酒自娛樂展舊所藏書博綜之客至輒具盤飧歘盡醉一取諸君所得于從游門生金華公不知也君既領鄉薦金華公益自寬未逾年公以痺疾死君痛其父之生坎坷摧折備嘗之也而未逮祿養慘痛哀號毀瘠不自支見者蓋心傷焉金華公瀕屬纊其意若有所未竟欲吐一語囑君

君逆得之抱持言曰大人得無以八十之祖母未婚嫁之弟妹爲念乎即不諱此兒事也言未畢而公目瞑矣時傍立聞者謂君他日踐言實難既乃卒能分祿之餘以養董夫人迨考終棺殮窀穸誠信無悔而軒鑣顯奕弔奠巹集鄉人及今猶豔羨之至婚嫁弟妹尤謹前諸其弟曾學曾約皆君教之成共爨十餘年無幾微一言之隙末悉以金華公所遺讓之友于師模兼濟並任以故始若待之嚴繼喜其克自樹也于于融融相得極歡仲氏曾學先君卒君哭之哀殫力營辦喪葬一不煩其孤嫠仲所逋負于人復身任之人於是謂君善體先公之遺意嗚嗚床下數言不一爽也大都君敦重彝倫而眇薄世味嘗自言古人祿足以仁三族今吾既弗逮矣顧力之所可能則胡以自諉故自入官至終其身宗族姻黨即無問疎親遠近咸受君栟庇或成其身或保其業或罹于禍讁困于訕抑顛危于淩奪則援振維植引爲已責問遘貧落不能

婚葬者必推所有濟之使及時無廢舉然于孤寡煢弱則軫恤有加觀其所命名于族之子姓曰宗曰家曰成曰就者其屬意良在斯矣居常以儉約自將既顯庸布衣糲食無改寒素其於紛華綺靡之習宮室服御之侈恢宏張詡雖所在莫不然而君固視之泊如也其與人率眞而愿不作俯仰籧篨容顧獨伉於意氣言必傾底裏與之謀必竭忠每怪世交鮮存誼概故竣絕非義之干而恆多不平之感解紛直枉挺躬大言靡所嫌避其嫉惡嚴而崇奬善類則不啻若其口出里中某素恣肆不自檢數爲陳利害救正之弗悛後竟以事坐戍當行則乞憐于君君曰我嘗數警汝不一省固知有今日尚復何言謝絕之其人瘐死而獄未解上官將株連竟致其子君聞之愀然曰此何辜明日棹扁舟抵公庭白免之幷所坐逋賄悉除弗贖蓋其子實未嘗求君君固無俟其求且不責其報也其在宦途尤明出處取予大致嘗謂仕在不失已得喪

顯晦固默定匪人所能爲即濡足權貴以倖進而免于禍吾不忍厚自辱也至夫垢吾躬以博籯金爲子孫計吾又何能爲故其家耕織之外寂無他營稍稍以俸入買田園務公平交易得之侵牟漁獵之圖了不入意想人或逃征徭或罹憲網干君釋者因有所獻納必嚴拒之曰毋汙我毋汙我惟還復祖宗舊業其族人持契劵來售則弗靳厚値得之蓋以承先志云君在京師當道某以縣治棄地若干令其家人佃之君歸竟謝去不受里中縉紳家以墓中華表石求市君君不忍得之曰吾得之而吾後人復如之其如天道好還何石逮于今得不廢承重服時近藩鄰郡一二巨豪家獲重譴謂非君無可爲當道言者乘暮夜各持千金裝奉爲壽君方鄙夷其人視千金裝若敝屣擲之無少徇也此隱懿潛德皆叔世所難能其子狀中所未載者方君翺翔要津屢取道還省末復以病在告恆抑畏歛縮輿從減冷約飭諸子姪下逮僮僕毋矜

揚故里中不知御史歸或以是讓君嬌君應之曰吾性固然且勢何能久長君試數先後赫奕輩安在哉歲有田畝之稅必先期輸之官催科吏未嘗一及門余嘗謂君抱踔越之才而負氣輘轢不屑猥瑣碌碌遇事當迅發則勃勃不可奪至所巽避若過葸者其皎皭不緇之操又似於狷而厚倫樂施恩澤旁洽其得仁之分量尤多蓋仁義剛柔隨感互發持身理家服官秉政此其大凡胥可師倘初以金華秩滿得贈封之典貽書誡其子曰我廿年苦辛至有今日既竊榮祿復褒輝先世下及爾母朝廷之恩渥矣昕夕兢兢守官箴以自儆尚未能報稱萬一也爾勉自愛惜毋增吾慼戾幸矣在昔日又屢迪諸子眼前光景倏忽駒隙易變幻也讀書履善務本力穡庶幾可綿世澤不爾以今日所遭釀習驕惰狎昵輕佻行即自底弗類矣慎之哉而語當易簀泣請曰大人無一言及家事奈何君張目視曰以吾得勉愧怍死即死耳有爾在無憾

斬一脈善事爾祖母嫁爾妹教爾弟而婚娶之如吾曩昔時復何遺言之有嗟嗟觀君之所訓誡其子者若是是可以識君之生平矣齒不足以符德位不足以究用僅僅未及艾而死天何厭棄善人之酷邪抑吾黨之不幸鄉邦之不幸邪余於國家良亦有餘慨矣君生于正德十三年十二月十七日卒于嘉靖四十五年七月二十四日享年四十有九配朱氏封孺人子男五而語邑庠生娶陸氏太學生胥屏延枝女而訓娶毛氏進士達菴圖南女而誠聘吳氏即余弟太學生邦棐女而詔聘楊氏少山道通女而謀聘劉氏培橘承宗女女一適太學生徐岩石履中之子永錫孫男三祖範聘吳氏即余姪太學生承光女祖武未聘而語出祖模未聘而訓出君爲文俊潔詳雅所著有西粵疏草詩文多散軼未輯自君之亡也狐號鼯舞態狀層疊未遑卜吉壤以襄大事因循至今三月二十四日權厝君柩於室境字圩之塋側余取狀中言揭其

大者敍列如右俟太史公裁擇之賜進士出身亞中大夫行太僕寺卿前湖廣按察司副使年眷生吳邦楨謹狀

史龍灣暨配吳孺人合葬墓志銘

龍灣史君予内之從兄也其配吳孺人予季父維石公之女也君曾祖西邨公抱道隱居名動江左與予祖立齋公交甚綢而君之祖贈刑部主事南園公與立齋公又有師生一日之雅既而君之考南湖公又聯維石公第於鄉交又甚綢故交綢婚焉予少時見君頭角嶄然意氣飄飄淩雲已知爲跅弛士及與上下議論則又能證據古今而諸子百家之言無所不通間示予詩若文詞渢渢然有先秦氣而翰墨清勁彷彿右軍因深敬服之以爲行且離壁水而攀台階矣居無何南湖公以剛直竣監司奸事相搆有仇君固氣俠而性孝乃直前往報之監司亦報君君遂被譴不得以其文章顯予因深悼惜之顧綿力莫相拯耳繼又

時時過君覘君頭角意氣猶夫昔也而議論問學詞翰日益高德行日益純植孤弟於髫年歛友人周鳳池於逆旅捐逋粟若干以贈族人穆溪之孤讓祀田若干畝與弟弟不受則散諸宗人諸所行莫匪仁義之則焉予於是敬君益深而悼惜君益甚嗟乎使君而得膺一命效一職移孝爲忠以報父仇者而敵國愾必不泄泄保榮祿而已也古之人若伍子胥呂不韋所行皆已甚然皆得享高爵重祿如君者豈當錮之嚴壑爲哉然而君卒錮之嚴壑以老徒有其具而不得其用悲夫予姊配君亦有令德婉順孝敬以事上慈惠寬和以逮下代君含殮其姑而盡禮相君撫育其叔氏而有成贊君守其先業而不墮君客京師十許年始歸而無怨早失怙恃終身慕之而弗忘諸所爲莫匪聖善之則焉姊雖天性純淑姆訓有素而君之型于者豈其微哉君享年六十四以年月日卒姊亦享年六十四以年月日卒予旅食於外聞訃皆爲位而哭

之慟予之慟也豈特親親之情哉悲君不遇過半矣君諱長字伯兼其先浙之秀水人元季有號東軒名居仁者始卜徙於吴江之黄溪自東軒五傳而至西郇先生鑑鑑生封工部主事永錫永錫生雲南參議臣是爲南湖公娶陶氏實生君姊之世不暇詳述父維石公諱巖仕爲四川參政好直諫有大聲時君子男四人姊出其長曰學詩娶金氏側室口氏出其次曰世本娶申氏又其次曰索隱聘顧氏其季曰藏室聘周氏孫男若干人長曰載道聘王氏餘幼孫女若干人皆許士人之子將以年月日合葬於翳字圩之新阡學詩抱所自爲狀來請銘予義不得辭遂銘之銘曰

才則豐文則郁仇之復身斯伏刑於爾家德則淑

吴承燾字仁甫邦楨兄子嘉靖三十二年癸丑進士官廣西右布政使

南京水軍衛經歷一齋汝公象贊

嶷嶷特立，難干以私。仰止端人，戎幕素絲。述厥祖德，家政以釐。老成典型，百世式之。

鈕仲玉字貞父，號鼊溪，又號五浮山人，十七都人。有鼊溪漫藁，未見。

五浮山人集四卷，今存一卷。

游蠡澤應天寺詩引

余每遊雞羣，喜瞻龍像，適盛君至自洞庭，同游蠡澤，訪惠遠於東林，問湯休於西界，禮佛三參，談空浹日，開玉海之瑤觴，結白蓮之玄社，可謂會心景物之外，振衣埃壒之表者矣。乃記數語，用志雅游。

汝世忠，字誨之，號一齋，泰族子，太學生，南京水軍左衛經歷司經歷。

立祭役田記

凡人之無後而憂者，憂之如何？爲其絕先祖祀也。今爲子孫者不體此義不祀先祖使先祖爲無祀之鬼於心安乎若夫每歲分至四祭於廟而清明十月朔拜掃於墓是吾祖宗報本追遠之深意而爲後世子孫立法詳密如此且吾家行之已久一旦世變風頹子孫有消長之別而有祭與不祭者遂使祖宗盛典漸墜於地幸而伯父九檜石齋者出與吾父日夜不安議擬空閒公共田貳拾畝立爲祭田以爲子孫長久之計不及三載復有里役之艱而伯養正者以爲祭先祖乃吾子孫分所當爲之事安用祭田爲而里役之艱宜將此田供之也此固爲急先務而於大義不爲不乖矣是以愈使祭祀之事蕩廢無遺嗚呼惜哉忠雖不才思之誠有所危懼欲有以繼伯父之志述伯父之事仍將此田壹拾陸畝立爲祭田或賢能者主之或四支更代當之聊供一歲祭祀之用雖薄爲祭猶愈於已餘田貳拾畝作爲役田使服役者掌之以周其費其田稅糧均徭并水旱之故悉遵伯父前所議者行之如此則二者

不惟不相廢而且得以兩全於心庶乎少安也忠之愚意若此未審諸尊長暨諸賢昆弟以爲何如乞高明裁處示下奉而行之則不惟祖宗尊靈欣慰於九垓而子孫不孝之罪庶可逭焉嘉靖元年仲冬孫男世忠頓首百拜謹書

看守墳塋記

古者擇地治葬皆因孝子之心致慮深遠恐吾親肌體罹夫殘毀發掘之患故必求土厚水深之地而葬之使吾親得以久遠安寧耳奈何世之子孫不明此理不體此義乃將祖宗墳墓視爲遊樂場圃非惟不加修葺抑且妄意樵牧深爲可慨吾家墳墓僅二百年標欄亭樹及麗牲之碑秩秩可觀吾祖宗營建之善在子孫悠久守之也愚等罔克副祖宗之厚望今日遠日衰廢墜零落恐殘毀口口之患他日未免故架屋一楹購田數畝屬付宗子竭力照管務期松檜鬱蒼垣墉整飭子孫永

遠保守抑或房屋傾圮樹木凋零即行修治灌植不可坐視而不加意此法傳貽子子孫孫永爲定規勿許更變願吾子孫無負我今日立規之意爲宗子者尙惟勗哉嘉靖三十四年仲冬十世孫世忠立

分授田產書

我仰賴天地祖宗之德承受父業惟不肖弗堪勝任每以勤儉勿欺爲先愛敬容忍自勉並不敢苟且爲非有違祖父之訓屢有徭役之累尤以戰兢勞苦應之僅得保存家業今生三子俱已婚配本當同居以全睦族之道奈時俗衰薄分析勢所不免乃將所守田屋房產及一應器皿什物之類標撥吾兒掌管願兒輩各務勤儉各安本分於祖宗遺訓是則是效無怠無荒務俾昌大門閭光裕前後以副我拳拳厚望之意倘肯篤志嗜學獲遂功名則非惟爾等榮於一身而於爾祖爾父亦垂顯於無窮矣可不勉諸可不勉諸嘉靖二十二年九月一日父一齋立

補捐羅漢寺田記

黎里羅漢寺建于晉予曾祖竹隱公於正統間捐田六百步式資常住之需蓋出於心之好善非所以徼福也後爲所廢惜哉予嘗蓄念有年乃今仍捐已田六畝五分將段圩坵開具常住僧收照永爲世守用續香燈之儲千百年之後毋變更爲幸嘉靖四十二年歲次癸亥孟夏吉旦汝世忠重立

卷二十六 完

女兒緜祥校錄

卷二十七　邑後學　陳去病　纂輯

明一八

袁仁字良貴號参坡顯孫贈兵部主事有尙書砭蔡編一卷春秋鍼胡編一卷一螺集八卷存大易心法毛詩或問三禮要旨三禮穴法紀年備攷紀年類編庭闈雜錄天文圖注三卷地理異同辨一卷本草正譌一卷活人本旨一卷参坡醫案八卷韻府羣玉補遺四十卷未見

運氣總論

天地立則運氣生焉此造化自然之理也康節邵先生謂五運六氣乃術之至妙者内經一書談運氣者十之四余伏而讀之豈徒術哉蓋進乎道矣經云通天者生之本天地之間内而九竅外而九垓蠛蠓之育

根蒂之發，靡不通乎天氣者，所謂壽命之本也。經旨深奥，粗工昧焉。世所傳運氣之説，多附會不經。癸未南還，因暇考正之，一以古經爲主，辨其謬者，闕其疑者，世有尊生明理之士，幸誨其不逮，而使此道大明，則至願也。

論五運

經云：甲己之歲，土運統之；乙庚之歲，金運統之；丙辛之歲，水運統之；丁壬之歲，木運統之；戊癸之歲，火運統之。此十干化氣也。五運不從本氣而從化氣者，岐伯所謂物之生從干化也。黄帝問其所始，岐伯曰：臣覽太始之元冊文，丹天之氣經於牛女戊分，黅天之氣經於心尾己分，蒼天之氣經於危室柳鬼，素天之氣經於亢氐昴畢，玄天之氣經於張翼婁胃。所謂戊己分者，奎壁角軫，則天地之門戶也。夫候之所始，道之所生，不可不通也。按：丹者，深沉赤色也。牛女癸分，奎壁戊分，古之候天者見有赤氣橫於牛女故戊與癸合而爲火運黅者黃色也心尾甲分角軫己分有黃氣橫於心尾角軫故甲與己合而爲土運蒼者乃薄青也危室壬分柳鬼丁分有蒼氣橫於危室柳鬼故丁與壬合而爲木運素者白也亢氐乙分昴畢庚分有白氣橫於亢氐昴畢故乙與庚合而爲金運玄者黑色上微見紫紺而黑爲多也張翼丙分婁胃辛分有黑氣橫於張畢婁胃故丙與辛合而爲水運此五運之所自始也不獨占時爲然凡五運交司之日如戊癸歲必有赤氣橫於牛女奎壁之分此天氣發見之道占候者所共睹也但太過則先期不及則後期而見耳

論主運客運

按丁壬木運其音角壬爲大角丁爲少角戊癸火運其音徵戊爲太徵癸爲少徵甲己土運其音宮甲爲太宮己爲少宮乙庚金運其音商庚爲太商乙爲少商丙辛水運其音羽丙爲太羽辛爲少羽主運以木火

土金水爲序歲歲不易者也客運則以當年之干爲初如壬年卽以太角爲初壬之下有癸則二運爲少徵甲次癸則三運爲太宮乙次甲則四運爲少商丙次乙則五運爲太羽此主運與客運相同者也其詳具六元正紀大論中每年細列客運凡角皆注初字卽主運之初也凡羽皆註終字卽主運之終也四音皆不變而角之太少則變如六戊年戊爲太徵已次戊則爲少宮庚次已則爲太商辛次庚則爲少羽壬次辛當爲太角今不爲太角而爲少角蓋變太爲少也所謂有餘而往不足隨之也又如六甲年甲爲太宮乙次甲則爲少商丙次乙則爲太羽丁次丙宜爲少角而反爲太角者所謂不足而往有餘從之也獨丁壬二年自角音始中間無木五音皆不變故經於此二年各註正字也今謂主運陽年起壬陰年起丁謬也又或謂歲前二干爲客運之初皆非也經所謂甲己之歲土運統之者統一歲也此主客二運又就一歲中各

有五運每運分主七十二日有奇耳

論六氣

經曰子午之歲上見少陰丑未之歲上見太陰寅申之歲上見少陽卯酉之歲上見陽明辰戌之歲上見太陽巳亥之歲上見厥陰少陰所謂標也厥陰所謂終也厥陰之上風氣主之太陰之上濕氣主之少陽之上相火主之陽明之上燥氣主之太陽之上寒氣主之所謂本也是謂六元按手足各有三陰三陽乃十二經之在人者此三陰三陽乃天地之陰陽也帝曰願聞陰陽之三也何謂岐伯曰氣有多少異用也釋之者曰太陰爲正陰太陽爲正陽次少者爲少陰口口口爲少陽又次爲陽明又次爲厥陰口口也以三陰三陽配寒暑燥濕風火六氣而分主歲焉三陰三陽爲標六氣爲本寒暑燥濕風火此氣之盛者所謂本也故子午年卽以少陰君火司天司之爲言直也以陽明燥金在泉在察

也亦司之義不曰地而曰泉氣不遺深也經曰數之始起於上而終於下歲半之前天氣主之歲半之後地氣主之故少陰司天則隔三位取陽明在泉丑未歲太陰濕土司天太陽寒水在泉寅申歲少陽相火司天厥陰風木在泉卯酉歲陽明燥金司天少陰君火在泉辰戌歲太陽寒水司天太陰濕土在泉少陰司天則太陰爲司天左間厥陰爲司天右間陽明在泉則太陽爲在泉左間少陽爲在泉右間餘氣皆然

論氣運交司之日

按經言主歲者紀歲間氣者紀步每步六十度而有奇是初氣六十日八十七刻半一歲六氣共三百六十五日四分日之一成一朞之數甲子歲初之氣天數始於一刻終於八十七刻半二之氣始於八十七刻六分終於七十五刻三之氣始於七十六刻終於六十二刻半四之氣始於六十二刻六分終於五十刻五之氣始於五十一刻終於三十七

刻半六之氣始於三十七刻六分終於二十五刻所謂初六天之數也乙丑歲初之氣天數始於二十六刻終於一十二刻半二之氣始於一十二刻六分終於水下百刻三之氣始於一刻終於八十七刻半四之氣始於八十七刻六分終於七十五刻五之氣始於七十六刻終於六十二刻半六之氣始於六十二刻六分終於五十刻所謂六二天之數也丙寅歲初之氣天數始於五十一刻終於三十七刻半二之氣始於三十七刻六分終於二十五刻三之氣始於二十六刻終於一十二刻半四之氣始於一十二刻六分終於百刻五之氣始於一刻終於八十七刻半六之氣始於八十七刻六分終於七十五刻所謂六三天之數也丁卯歲初之氣始於七十六刻終於六十二刻半二之氣始於六十二刻六分終於五十刻三之氣始於五十一刻終於三十七刻半四之氣始於三十七刻六分終於二十五刻五之氣始於二十六刻終於一

十二刻半六之氣始於一十二刻六分終於百刻所謂六四天之數也戊辰歲初之氣亦始於一刻常如是無已

大易心法序

天壤間品物流形新新非故靡一時無易也學者仰而觀俯而察遠而稽近而取孰非易理哉若必挾策玩爻尋文索象則其於易也淺矣吾祖吾父世精易演吉凶談休咎時時中窾俗人心異口譁之然而非其至也至者乃在神會玄機手握造化終身用易而天地鬼神有不能測不能違焉宋儒談易謂有交易變易之義而以陰陽爻象當之陋矣大父嘗語余曰養吾之眞任彼之假守吾之正礪彼之邪而交相化焉此交易之義也凶者轉而爲吉咎者轉而爲祥此變易之義也是故易者聖人有憂患而作君子履之詎可一日廢哉余自十五受易取先世遺文熟究之茫然若秦越人之不相識也二十而僅達其詞又十年始通

其意偶有所得筆記之歲久成帙命之曰大易心法卮言靡當詮敘無倫而蠡測管窺時有至者如曰善易者不言易則主臣不敏皇恐死矣

去病案大易心法毛詩或問三禮穴法紀年備考等今俱未見故録其序以見一斑

毛詩或問序

余聞之先人詩必以三百篇爲準云漢魏之五言唐人之近體詩也乎哉余友徐昌穀孫太初輩弈弈騷雅可與訂古人之逸韻校時髦之聲律揮麈雌黄頗可解也及談毛詩則訓詁外不能措一詞矣豈諸公智弗及歟非然也就六經而譚他經可理測而詩則不落理路他經可意會而詩則不涉意想三千在門獨許商賜可與言詩者以其各有悟門耳悟則如醉者之忽醒如仆者之忽起而超然於學識象數之上故曰興於詩宋儒輩盡去孔門序説而以意自爲之解盲人摸象豈不揣其一端然而去象遠矣余讀詩不廢序説亦不純主序説會之以神逆之

以志反之性情之微窺之美刺之表其求之而未得也若魚吞鉤若龍養珠一語在膺萬妄俱息及瞿然惺恍然得也言思莫及理解俱融不知我之爲古人古人之爲我也舉其所服膺者設爲或問以發之詩之精微心欲緣而慮忘口欲談而調喪況形之副墨之迹乎余且睢睢欲唖之矣

書經砭蔡編序

襄兒就塾師習尚書專求通蔡氏傳爲案據余考國朝令甲書主古註疏兼蔡傳初未嘗專主蔡也學者以註疏繁而難閱遂棄不觀然而非制矣余弱冠時曾誦壁經正文至是始取蔡傳閱之則悖理者種種也因傳考先儒舊說參以己意正其謬誤揭之家塾襄乎勉矣

春秋鍼胡編序

左氏公羊氏穀梁氏皆傳春秋者也傳未必盡合乎經故昔人詩云春

秋三傳束高閣獨抱遺經究始終卓哉宋胡安國憤王氏之不立春秋也承君命而作傳志在匡時多借經以申其說其意則忠矣於經未必盡合也況自昭定而後疏闊尤多歲中不啻十餘事止一傳或二傳焉其間公如晉公如齊公會吳於鄫之類皆匪細事皆棄而不傳則非全書也明矣我祖菊泉先生以春秋爲仲尼實見諸行事之書不可闕略也潛心十載別爲袁氏傳三十卷校之胡氏傳幾五倍之吾父怡杏府君復作或問八卷以闡其幽釋春秋者於是乎有完書矣虛心觀理靡恃己長故不爲訶斥之論折衷羣說理長則從亦未嘗有意擊胡余謂世業春秋者所尊惟胡而胡多燕說不可不闡發以正學者之趨夫春秋大一統吳楚僭王孽庶奪嫡皆其所深誅也主傳而奴經信傳而疑經是僭王也是奪嫡也烏乎可作鍼胡編

三禮穴法序

儀禮經也禮記傳也周禮聖人見諸行事之書也古聖人所以敘彝倫範民物者所存惟此耳予謂乾坤既列禮制斯行聖人因民之𡸁𡸁而列爲章服物采以敎之其儀章可陳也其制度可測也其精神統會若藏之有穴者則不盡于是也懸崖峻嶺千里獻奇而其穴乃在一席之地前不可後不可左不可右不可深不可淺不可一得其中正而千里氣脈舉括無遺矣是禮也經于五倫散於萬物極之三千三百之繁豈無要會哉竊謂三禮之穴總在一中中者何喜怒哀樂未發者是也聖人因喜而爲吉禮因怒而爲軍禮因哀而爲喪禮因樂而爲賓嘉之禮然皆末也非所謂未發也識情未動廓然太虛斯爲未發之中故不着喜怒哀樂之情然後可以行吉凶軍賓嘉之禮予彙三禮爲一帙隨文演義頗涉支離而總之以中爲本領世之人忘禮之所自起徒見先王所制之迹遂執章服物采目之爲禮既已大謬矣沿習既久典禮盡湮

舉章服物采之粗迹亦倒置泯滅不可復識則三經所存者乃空谷足音可喜不可厭也雖隨文演義亦烏可以支離少之

紀年備考序

夫紀年非古也然易世更號自漢以來未之有改也世運穰穰往而不復大君建號詎宜相襲哉宋藝祖開國紀年命宰臣毋襲舊而乾德之號蜀實先之我朝永樂既沿舊名今天子改元正德復非新號宰相須用讀書人豈虛哉余謂一統紀元具載正史班班可考獨閏位僭位幷草昧竊據者繁僿難稽因旁搜博采彙成是編上下數千年微稱隱號靡不畢錄柄國者觀之可永永無襲也

賀二尹潘侯膺憲司奬勞序

潘侯丞嘉善有年矣甫下車淸譽輒翕然起久之名實益孚自下而上靡不重其賢而服其才者會浙江諸大府有供倘方水衡武庫之需省

臣檄君爲總輸官其物則金箔鹿革之屬當中官驗收先是輸者一失應對區劃中官非直不受輒取其物而碎壞之既不可復售償官更無所措往往淹滯客邸數年坐累免官者踵相接也初侯得檄衆爲危之侯則欣然率綱就道卒能濟其事而還凡留京師僅歲餘耳弘治癸卯五月部使者不深知侯乃賞不酬勞而以細故下浙江憲司按侯侯至杭將繫時有三隸倚憲司牙爪求賄焉不遂侮侯侯叱曰若等何爲者吾平生不與人通一錢而連年在外妻子御饘粥今不幸至此而欲我賄乎手縛一隸而二隸逸出竟讒於憲司收侯侯請罪且以實對於是廉訪山東李公視事欲以激勸廉能喟然曰夫官卑而不阿憲司之隸被逮而能拒求賄之惑與乾沒脂韋者殊科亟釋君繫杖其三隸梏之通衢遍告郡邑誇君能支嘉興府官錢置禮幣遣官簪花以觴勞之潘侯其榮矣哉夫不患無位而患立不患莫知而可知者聖訓也故身卑

立雖位不滿望而勝于居尊實可見知雖偶爾汨沒而終必聞達其潘侯之謂乎且潘侯向無立身之清則一隸之縛適以生怨而非安位之計使無縛隸之雄則平素之清亦歸於迂闊而非有用之廉矣雖然潘侯不可能也李廉訪亦不可能也何則郭子儀禁甲士無撓高陵令之清此汾陽所以稱大也段德秀除暴卒之擾有吾戴頭來之慷慨此太尉所以爲名臣也今李廉訪方且大用使持旌別之心而明不蝕則汾陽之儔也乎潘侯雖沉下僚使充縛隸之爲而清不懈則段公之漸也乎是舉也廉貪立懦實大有功于名教矣邑之僚寀皆與有光諸文學來徵序於是乎書

送太白山人歸隱苕溪序

太白山人孫姓一元名太初其字秦人也居關中時常棲太白之巔故稱太白山人山人善詩有俊才嘗遊湘漢躡衡廬逾河涉泗登岱岳南

適吳會止焉山人抱奇傲睨一世世人未之奇也獨吳越人善山人又善山人之詩爭禮遇數數致餽山人初瘱虎林往來南屏靈隱之間名馳海內操觚者悅其雅逃禪者悅其放經世者悅其通余頑鈍無所知識山人獨善余時時過武塘輒棲止余家菜羹蔬食久留不厭也友人施徵君爲山人聘室置田結廬茗溪之傍于是山人有定止矣建業劉生龍生咸徙居湖與湖吳陸二生結社號茗溪五隱初山人與余輩緖詩社歲强半駐余家今湖社方新余載酒送之舉觴屬之曰吾完吾性吾任吾情纔有雕鏤便虧本色爲吾謝諸君袁生已不能詩矣

沈甥科改字子進說

沈甥名科既冠塾師字之子登鄉之人羣然而子登之十餘年於茲矣予竊陋之呼而語之曰汝以登科爲丈夫之偉事乎對曰然余曰否否國家之設科取士也不以行而以文其登名者未必賢而黜者未必不

肯故有志者不屑就也我家自王大父以來生子多奇慧於書無所不讀而不敎習舉子業豈非以咫尺之樊籠不足以羈彌天之翼耶汝爲吾甥豈不聞袁氏家法哉名科而字登鄙哉靡足尙矣起曰請更之余詔之曰水之行於地中也出於山習於坎盈科而進始乎一勺卒乎千里而浩然歸於大壑焉此可喩學矣君子爲學基於方寸澤於事爲洋溢於四海而流光於萬世惟其進而不止也然進有不同有累寸積尺而進者有一日千里而其進無涯者有冥然坐進而不自知其益者循途而入傍矩而行自近而遠日企月深此累寸積尺而進者也以玄解爲入門以神會爲實詣卽始見終一齊貫徹此一日千里而進者也窺之不見其蹤行之莫測其際不疾而速不行而至此冥然坐進者也不知其進進斯深矣雖然草木之生不日榮則日枯無中立者君子之學不日進則日退無中止者吾字汝以子進子其勉之寧累寸積尺而求

進毋一日千里而或退也科起再拜曰命之矣

應舉說示襄兒

吾祖宗忿元以夷主華戒子孫不得應選而高皇帝起淮甸汎掃腥羶中國河山復舊矣然初年獨懼峻法惴惴伏巖穴雖抱經濟閎材不輕出也茲聖天子在上世路清夷因遣汝備弟子員習時藝爾其愼諸夫應舉者匪以徼榮也欲汝明經適用舉祖宗數百年來所鬱抑而未暢者乘時而布之天下扶持人極潤澤生民世道永有賴焉耳其定而志精而業昌而氣達而詞得亦惟有司失亦惟有司毋躁求毋詭遇粹然一出於正則於道也不遠矣如其勦說雷同峨談立異得則揚揚焉喜失則戚戚焉悲以塵世之浮榮累吾虛白之靈府則進退兩失有不爲誹優所笑者幾希襄乎勉之科第可不得身心不可玷也而父德薄姑不論而祖何如人哉而曾祖又何如人哉毋貽愧焉可也

辭魏子材相召書

仁之少也氣豪腸肥竊有志於斟酌元氣壽國壽民因不屑雕蟲細業遂託迹於岐黃期救民疾苦登一世於春臺不意韓康知名犇走吳越而足下亦因而物色之側聞足下義至高咄咄嚮往所以不即應召者欲以道自重而不欲以藝相售也乃煩從者三顧矣敢以直請今而後足下倘以心疾召仁仁當吹咀道德炮治禮義而醒先生之沈痼暢先生之精神如以身疾召則負笈躡技豈少而人奚必仁耶雖使者十至不能來也

與譚舜臣論文書

承示大篇據梧讀之言班如意淵如法森如可以傳矣然而僕竊有所未滿也摹擬極工猶乏生色詞情兩暢終落言詮蓋似寶而非眞寶也所謂眞寶者無意於文而盎然出之詞不待修而麗意不待鑄而圓江

上芙蓉風前楊柳觸目皆是文境兄不之法而必鑽研於殘編斷簡中宜其失之遠矣

與錢允彰

承諭欲拉羣甥刻先子遺文且謂片言隻字皆南金楚璞不可不傳之世世此情此義上薄雲天矣夫諸甥於外祖尙勤一體之思而珍其遺教僕獨何心敢忘其父耶所以不即付之剞劂者有說也近世談文之士神窺者少而皮相者多擬閥閱爲曹劉指簪纓爲李杜雖有百鍊之金連城之璧不籍達人之譽不階左右之容置之通都大市過者接踵不顧也汝外祖身爲布衣而學高宇內疇能窺其籬哉況吾父原不欲以文章名世而其可傳者亦不專在文也如以其文即譽薄曹劉名齊李杜亦不足蠢汝外祖之高如以其實則醇篤之行燦於詞章而錦衣闇然固千古不朽矣奚必洛陽紙貴而後稱奇哉

送裳兒從文徵仲學書書

弟一籌莫展藏拙江湖迹逐蓬飛心隨灰槁少年曾學書家有松雪遺墨習之三年遂酷肖焉今吳下售趙字者大半皆仁筆也長學時文遂濫竽藝圃然弟雅不欲以雕蟲小技取憐儕輩惟思共正人君子訂千古心期而一攄此憒憒耳裳兒頗聰慧弟不敎習舉業而遣就門下學書願老丈先正其心術而後敎之執筆夫道貴龍蛇得時則駕不得時則蓬累而行今天下類重科目而輕實學弟謂科場競進最壞心術故姑敎之尊德遊藝爲蓬累中人知老丈必有合也小作奉懷聊以道舊耳然性靈所發言言皆實幸斤正之

與陸繡卿書

舉世蚩蚩頹風靡靡江湖下趨勢不可返足下卓然砥柱力障狂瀾存古人之心行古人之事而獨不甚開古人之口師世覺民將焉賴之豈

以今天下舉無可告語者耶昨撥冗登堂實欲竊聆緒論坐多俗客譚塵難揮肥鮮在案釀酒在巵脈脈不能下咽日暮西歸憮然如有失也足下且束裝北上未有還期敢以書請昔孔子以用舍行藏許顏淵豈徒以其能安所遇哉人無學術則用之而無可行舍之而無可藏惟回有之故足賢也足下岳州之政庶幾三代循良十年不調可以占時今聖天子且下詔親徵矣人不知我其責在人人知我而我無以副之其責在我江南之租賦太重何以輕之北方之荒土甚多何以闢之奸倖滿朝何以袪之賄賂公行何以清之造作不息醮祭日繁何以止之賢人在野何以進之四夷未靖邊費日增何以省之嚴介溪未遇時足下豫識其奸而遠之今且儼然當國矣足下將見之乎抑不見乎不見則勢相睽而道不行見則舉二十年惡惡之明而盡棄之矣傳云凡事豫則立諒足下胸中必有前定之畫肯告我否如其未定則千慮之一愚

者或有微長不可弗詢也謹懸短榻以俟高軒（案緒卿名垹號賓齋官至副都御史）

怡杏府君行狀

余上世自陳州徙江南散居吳越間八代祖富一公由語兒溪徙居嘉善之淨池歷三百餘年至我祖菊泉先生始入贅吳江之蘆墟里承徐氏故業居焉生三子長諱禎次即吾父諱祥字文瑞怡杏其別號也生四年祖母徐孺人沒與菊泉先生同臥起晨夕提攜遇物寄誨即能領略大旨偶出武塘見邑侯饋殳恆軒以鹿隨至其家縱觀之恆軒見其岐嶷問誰家子傍人指曰袁菊泉仲兒因指鹿令對應聲曰龍殳稱賞曰故家兒固應爾耶先君曰公家之鹿惟龍可以對之若論其類雖羊足矣恆軒故無子大奇之遂謁吾祖乞爲養壻六歲鞠於殳氏延師授之書過目輒成誦日記萬餘言然性亦易忘上自五經下至左國史漢老莊列楊韓非呂覽之屬皆通册誦記者恆軒總舉而試之惟近所讀

書自首至尾無一字遺誤而遠者不復記憶矣世年十五恆軒大怒以爲不肖杖之先君去潛匿蕭寺閉關一載取舊所讀書且溫且繹恆軒蹤跡而訪之問曰匿此何爲對曰溫舊業耳問舊所讀書曾溫遍否對曰熟矣試之則背誦如響固邀之歸謝曰吾徒記其詞未能悉其理也又留數月一日晨起刷髮梳墮地作聲恍然有省歎曰眞珠萬斛吾自完具何乃沿門覓寶作乞兒態乎遂束書而歸是冬婚畢月一歸省吾祖丁亥年三十一吾祖以爲能讀父書呼回盡授以家傳學術居蘆墟者三載寒不附火暑不揮扇閉戶潛思夜則張燈默坐常有達旦不寐者時出武塘省恆軒及視吾母歲不過十餘日而已由是天文地理曆律書數兵法水利之屬靡不熟諳各有論撰論畢輒呈吾祖正焉今所存惟天官紀事六卷彗星占驗一卷樂律通考八卷而已徐武功有貞係外家族子與吾父爲兄弟行夙曾受象緯之學於吾祖歸時數乘扁

舟扣門質所疑菊泉謂曰世間閒技倆忘都盡矣君有所疑試扣吾兒

武功扣吾父吾父隨疑辨析詞甚略而旨甚明武功驚服因締忘年交

因歎曰父子之間舉千古絶學自相授受遂使旋乾轉坤之略輔世長

民之蘊盡在蓬門斗室中亦奇事也殳恆軒獨不悦告菊泉曰男子負

奇稟靈上之不能腰金策肥顯當世建鴻猷次之猶當執一藝以成名

二郎汎濫若萬頃波一無所就吾醫君亦醫也盍教之業醫爲治生計

菊泉曰恆軒言是也促之就學殳氏閉門閲醫經不數月盡通其旨又

不肯執業豪氣勃勃數從諸名士遊諸名士亦數數尋訪户外之轍常

滿殳孺人賢每以私貲具酒食待賓客不使恆軒知也未幾孺人卒冠

蓋絡繹勞費頗繁恆軒滋不悦府君知其意既不可久留又不忍遠去

遂就殳氏下涯僦室以居時蘆墟之産悉讓吾伯叔而先孺人生一女

僅數歲恆軒擇錢蓴爲壻殳産悉推與蓴毫無所取煢煢一身瓶無斗

粟更折節爲恭儉布袍蔬食有客過門糜粥菜羹欣然共飽始賣藥於市日得百錢即閉門謝病者雖强扣之不出也然服者輒效扣門者日益衆四方豪貴相邀或贈逾常額先君惟裁取百錢之數餘者擲而還之有直指使者病呼用藥投方七立愈使者喜曰吾患此二十餘年服藥無算卒莫效子用藥不多而輒奏功何也應之曰公有積水在脾去之則病源拔矣何難之有使者檄本府酬之以五十金先君計往來止七日受七錢而返其餘者故時人或目先君爲癡先君留心世事數閲國家典故見革除之際忠臣駢首就戮慘焉傷之又念建文在宥五年不修實錄謂高皇帝禮義德澤入人甚深故諸臣感奮視死如歸竟拘於時諱而使我明完節之臣泯泯無傳非所以揚國美而勵人心也遂往留都博詢遺事諸部院殘文舊案靡不翻閲下至軍司之册教坊之籍亦旁求而筆記之逾二年而歸勒成三書一曰建文遺事二曰革除

編年三日忠臣錄歸而吾祖閱之見中多微詞扣之對曰季氏實逐昭公春秋書曰公孫於齊晉文實召周天子春秋書曰天王狩於河陽非特爲尊者諱不如此則心不安也且文見於此起義在彼評閱之儘明備矣吾祖頷之因謂曰汝無子不可不娶平湖朱學博心衡行誼迥出常流聞有女我已遣人請婚矣遂聘我母婚焉朱故巨室資送甚厚我母又勤劬善料理家大起遂卜地於東亭橋之滸既築正寢庖庾館舍靡不備矣又於正堂之東植杏數十株構軒其上題曰怡杏軒後有園四圍栽竹種藥草三十餘種於中曰種藥圃壘石爲山對山爲樓曰雲山閣閣後爲雪月窩園中鑿池種蓮養魚曰半畝池池上架小橋曰五步橋沿池植芙蓉而虛其北曰芙蓉灣園之南悉植薔薇以木架之曰薔薇架晨夕與良朋勝友絺會賦詩其中菊泉翁沒弔者數郡畢至室不能容艤巨舫於湖以待客遵遺命三月而葬兄弟同廬於墓所墓去

祖宅不數武故伯叔或時歸家而吾父則三年不返私室自先祖亡後吾父抱遺書獨坐一室不復入内仰而讀俯而思有得即筆之簡册時有王鍾廉者自負博洽聞先君名不遠數千里杖策相訪坐定問曰見夜來星變乎先君曰視之足下以爲其應云何曰彗出井度色不紅而白意者秦地有兵乎先君曰不然彗雖在井其衝在斗凡彗之出重尾所指變不在秦而在吴也白雖主兵然白而黯黯則近黑矣又出之日在壬申也江南今年其大水乎王不謂然去遊新安未幾果大水復踵門謝曰君所言不出占書其應如響何也曰善弈者不執譜善醫者不執方君何見之晚也王又出其所著兵法陣圖請正先君閲之以爲無當於用因取案間圍棊子布八陣之勢縱横六十四變攻擊備禦各有玄機王不覺拜伏卒稱弟子先君以菊泉所著春秋傳有獨得其奥而人不易明者因著春秋疑問四卷以發其微旨邑人周天雨裒其詩文

序而將梓之大略謂公詩絶句法樂府古風法漢魏五言律法盛唐七言律渾雄典雅更出唐人之上至其本之性情繩之禮義則汎汎乎三百篇之遺旨也其學醞酣六籍雋飫百家故其爲文精邃閎深蔚曕醞蓄蒼然有西京風骨又非法不言言則有關世教陳義甚高寓意甚遠非徒作也先君得之封而藏諸篋中語不肖曰渺哉末耳吾衰弗事此也久矣歛英沃根猶慮其侈況的而招射乎小子識之勿輕出也甲子歲八月十五日晨起盥體不快更衣坐正寢以沒生男一卽不肖生女二長前母出適錢夢次今母出適沈揚擬以今歲十月殯於新塋聊狀其行事請銘於大方惟不棄而賜之銘不肖孤死且不朽

朱學博傳

學博姓朱氏名鳳字文瑞嘉善思賢里中人也以外家故寄籍嘉興弱冠補邑弟子員旋入貲遊國學博聞强記自負甚奇睥睨一世無所當

意者初自歙請告回與予會於大勝禪房談諸傳記商略是非瞪目語予曰僕閱人多矣如君者千萬人中無一也吾生己卯君生己亥實長君二十歲當與君定交吾死君必誌吾墓正德辛巳之臘學博終於官所明年正月訃聞余爲位而哭之及葬其子若孫不請銘余亦不得越俎而銘之然公之隱衷逸行余知之最深有狀誌所不能悉者是不可泯也公爲諸生時事親孝與人信衷腸耿耿不作依阿態性頗戇常以剛直忤人因自號忍庵發憤修業本習尙書以書多傳訛起予者少獨易義精玄讀之可以畏天命飭人事詩詞微婉諷之可以涵泳性靈故兼習二經一日朗誦論語朝聞道章瞿然有惺由是始不專爲章句之學謁選應得有司公謂生平酣溺詩書有陶鑄六幕之意而乃沈伏下僚仰人鼻息何能展布萬一因引先例以請得授興化府訓抵官律已以正飭人以和專務接引後學而躋之大道弟子扣門即延之坐或一

魚或一菜出而共食自號一味主人有繼至者卽增一器自旦至暮坐客常滿席間惟談詩書說禮樂有言及俗事或談人過失者輒浮巨觥罰之公蓋寓教化于樽俎間也聞者莫不洗心易慮蒸蒸進德受益甚閎久之仙遊缺諭本學固有訓也上官捨之而檄公往署學事公辭不獲應命而往輒捐貲修其祠宇弟子愛公者微諷止之公曰任一日事卽當盡一日心豈可視爲傳舍哉後平海缺諭相隔稍遠乃其弟子輩素聞公賢白直指使者願領公一日教故公又署平海學事歷九載報政於京遷欽諭欽爲人文淵藪公爲立約數條大意謂士子修業以行爲本行以孝弟爲先作文須根極理要句句從肺腑中流出不許勦襲餖飣以圖詭遇且爲訂會分上下二班上班朔日下班望日悉呈課公親爲批校次月發還俾相傳閱士子翕然興起督學黎公素精舉子業號知人考徽照常額取應試士以欽才多額少正數外復取備卷一十

五名公請增試額黎曰知弟子者莫如師有堪應試者試以名聞公應口舉之黎檢卷卽備卷第一名也又報卽第二名三報卽第三名黎大奇之令悉舉所知則一十五人皆在備卷中無一謬者黎下座執其手曰眞良師哉因徧行各學以爲楷範云時恤刑使者莆人乃公門下士受恩素深者歙民汪貴犯死刑在獄其子夜謁公以千金公峻辭任滿陞邵武授時浙代巡係歙人初下車卽遣禮致公之廬本邑富民王君恩以非罪罹極刑欲得公手書以解託余見其父翠岩公爲道其意翠岩曰吾兒素執恐不從但其人誠寃吾甚憐之兒素與若厚若試以書達吾意予卽爲書公家蒼頭走邵武公不聽報予曰我與君生平所勵者節義也奈何棄之時御史審錄察君恩之寃竟從末減君恩往戍公適以憂歸遇諸途具薄禮稱賻公復不受服闋補太平授未幾以內艱歸喪終復補邵武諸生色喜曰吾師復來矣郡有淫祠素靈異鄉民宰

牲養祭無虛日公至以杖擊之曰上帝好生神明慕淨奈何血肉淋漓腥穢薰天邪越明日像傾神不復靈矣泣任數載教化大行辛巳冬十月寓書于余備述其生平心行謂庶幾無忝所生余方期與公相砥礪而不虞其竟不起焉爰略其蹟細者謹摭其大故爲之傳

野史氏曰天之報施蓋不爽哉舜五臣皆有大功於天下禹爲夏契開商稷開周益之後爲秦獨臯陶之後不顯止有英六又不嗣信乎刑非美器也其間類感類應錙銖不謬禹之功最大當其身卽履天位臯陶用刑而其後英布亦黥而後王益掌虞而其後非子以養馬封於秦稷爲農官而公劉復以田事興契司教而生孔子爲萬代師血食不替然則種德者信當擇術而教尤術中之最貴者也文瑞前後司教凡三十年茹冰嚙柏無愧神明意其後必昌其爲人廉而不阿直而不婉藎已而不狥物其後嗣必賢而或不饒於貨財蓋清白傳家其素所蓄積也

然公律已雖淸而宅心甚厚其支庶必蕃而相傳必遠無惑已

譚處士傳

處士名稷姓譚字舜臣世居武塘鎮之西滸幼有慧性塾師出課應聲輒對若宿構者稍長讀書不尋行數墨獨窺其大旨而已又不屑爲舉子業汎濫百家出入史傳尤精於字學聲韻點畫細析牛毛身居市廛超然遠覽短屋數椽西開小牖朝霞遠砌夕陽在山公手一編晏坐其間蕭然適也因自號西窗居士嘗從市友貨縑雲間遂升斗之餘以養親主人文之謂曰君殆非廛市中人時朱子文新登第請告遠雅工詩文與其主人有舊訪之卽席賦詩見公賡章大驚曰靑蓮不能過也遂邀之歸訓其子弟凡六年盡讀其所藏書於是學益博造益深而吳越間人人稱說譚西窗矣余家自祖父以來世喜藏書奇編逸帙其積充棟公數數從余借觀因館余家相與擇良朋訂詩社公爲會約其略曰

詩非小物也內關性靈外關王化以言忠爲準以無邪爲要不落理路不涉言詮而微婉精玄之旨使人悠然而得恍然而悟故可以興美刺合轍善惡昭然故可以觀用意忠厚發語和平故可以羣佳人被擯賢士遘讒引咎寓言哀而不怒故可以怨至於七子流離惟知母氏之聖善文王在縶惟感天王之聖明何其溫柔敦厚也正始既頹淫哇迭作競一字之奇一言之巧而性情理義蕩然不知爲何物鑿之使深而益淺抗之使高而益卑殫精疲神使寸心欲嘔修髯盡枯而終不能彷彿於古者婦人女子征夫楚老矢口成聲之萬一删後無詩非虛語也然至理現前切忌道着眞規宛爾尤忌說破今須本之以性情而猶潤之以丹彩止之以理義而又出之以虛玄如水中之月鏡中之花可玩而不可即乃爲妙境後又立約數條相與遵守故一時吾黨之詩斐然極盛眞可上薄風騷下陵李杜實公爲之倡也公淸介絕俗非其人不交

非其力不食好事者遺以腆儀祈一言爲譽縠然絶之即交遊中憐其貧餽以斗粟亦不苟受敝終其身蓬門甕牖麻鞋布袍澹然安之無羡心也嘗授徒西亭菴中卞生璐自負名士意頗輕之公面加訶誚卞不能當因摘僻書隱義故相詰問欲以窮之而公應答如響卞始心服沈生科未第時公奇其標格贈以詩有昨日杏花壇上見分明一鶴在雞羣之句遂觸通邑諸生之忿又撰竹林鄉試錄譏世之登科者空無所有類竹之虚中也擬題撰文曲有風人之致所著金鈴子一卷言近指遠有關世教西窗集若干卷存於家

野史氏曰人情不廢喜怒而和樂爲真性作詩不廢美刺而善善宜長公風裁太峻嫉惡太嚴其爲詩也刺多於美愁多於樂感慨多於悟賞白首羈栖蓋其宜哉竊謂概公以當世之士則博學不減楊用修宏詞不減徐昌穀求之古人其孟郊賈島之倫乎

記先祖菊泉遺事

大父菊泉先生名顯字孟常世居陶莊之淨池宣德五年析嘉興東北境爲嘉善縣王大父杞山翁博學善談論胡大理初擬設縣治西塘鎮謀之諸父老父老咸委計於杞山杞山老且病不能出使菊泉應命時方弱冠先乘小舫徧閱地利謂西塘水勢傾斜不若武塘平正遂獻策曰創邑開治最上論國計次論人情又次論地勢西塘僻處一隅非阨塞要會武塘東通海上爲府境之藩屏地方有警可以阨亢且商旅往來亦易成聚胡大然之遂挾與偕行每事詢焉既定治武塘敍鄉列都宜永七爲首余家在淨池屬下保東區胡謂曰邑新建供役任事宜屬能者因首下保東而僉吾祖爲一册一甲里長明年出贅蘆墟徐氏杞山以田房授伯祖故所蓄書萬餘卷悉授先生先生發篋伏讀至忘寢食初讀易作周易奧義八卷次讀書讀詩讀禮咸能洞其閫奧最後讀

春秋嘆曰仲尼實見諸行事惟此書耳杏壇一會儼然未散也作春秋傳三十卷先生之學自象緯輿地以及三式九流之屬靡所不窺謂醫賤業可以藏身可以晦名可以濟人可以養親遂寓意於醫作脈經鍼經各一卷叩門求胗者輒托以太素脈懸斷禍福勸其積德祈天所言多驗人皆懼而自戢然先生實精皇極數得邵子正傳不欲顯名而祇言於脈也有王氏子素不孝先生胗之曰心脈爲己身肝脈爲父母今心脉弦急凌其肝脈子殆未能順親乎急更之不更後三日且有火厄至期果因爐覆炭炙其手急詣齋頭叩首請曰君言驗矣當無恙乎先生爲極論親恩罔極子職難供亹亹數百言皆諄切語王氏子心動泪潸潸下改節力行卒爲孝子蘇州胡倅能吏也而居官不廉聞先生神於胗微服求胗先生謂曰心脈圓而清公殆貴人乎曰然曰肺金爲財而脾土生之脾脈滾滾且沉且浮公得毋有羨心乎胡面赤不語先生

復謂曰察君之脈官當至三品有二子登科能茹冰嚙柏則驗不然壽且不永胡起再拜曰予某官某人也敬奉教有犯天且戮我胡後竟以廉名官與子皆如其言此類甚多不具論先生婚十五年祖母徐氏卒感其淑順不復娶堂後搆一室曰杞菊山房左圖右書焚香晏坐初十年客至惟談名理不輕爲人胗遠方來懇者遣吾伯父代之又十年不復接客惟閉戶著書又十年屏書籍不閱交遊尺牘皆不啓封然猶時出庭中盤桓松菊下最後不出戶者凡十有三年生三子仲即吾父也出贅武塘殳恆軒所先生以其博洽醖粹能讀父書甲寅歲九月朔日遣人呼至榻前悉以先世遺書授吾父如杞山先生故事越九日沐浴更衣出坐正寢親友畢聚相與訣別無幾微悽愴態懽然而逝蓋自我祖母沒後塊然獨處者垂四十三年余恐先人遺行久而泯沒因紀而藏之余垂齠時常侍左右見其語默動靜端閒安適應之若無心而運

之若有法終日危坐若槁木死灰而問難酬機又若圓珠活矢追而思之思而紀之所可述者皆土苴粗迹耳其睿思之淵微涵養之深厚固不得而測其萬一也爲吾子孫者奚必遠慕能紹家庭學術可無忝爾生矣朱與均也豈皆庸流哉惟不能肖堯舜耳嗟嗟爲常人之子孫易爲賢人之子孫難存沒同途祖德如見纖毫不類是謂不肖倘不自緝且睢睢愧死矣

嘉禾記

余性少嗜好世之金葩豔質郁郁姱姱可以悅衆目而供欣賞者視之若嚼蠟然舉無當於懷者交遊間不諒素心間以盆花相餉余不忍逆其意受而陳之廡下不加緝藝未幾槭萎花萎而盆之積者以什計予又惡其棄於地也取禾植之日呼童灌之時而壅之手耨之俯視庭除生意鬱鬱池蓮籬菊曷以踰之使茂叔淵明坐吾室玩吾禾當恍然自

失矣迨秋霜露既降萬寶告成驗盆中而知宇內之豐登也就而察之則一莖五穗者二四穗者六三穗者十有九二穗者無算間有單穗者亦長而密碩而肥勝凡禾數倍吾友沈一之氏閱而奇之作詩贈予譚舜臣又演爲長篇於是賡和成帙觀者日數十人衡門如市老妻厭之謂尤物足以勞人有不如無也屏而藏之未幾府大夫聞而索之予不能隱自府至縣官獻一盆凡九盆時嘉靖癸巳歲也客有朱生永和者善望氣七月至余家謂瑞氣葱鬱當有善徵及嘉禾生朱生復至余指謂曰此非所謂吉祥善事耶爾言驗矣朱曰慶色方新更有進于是者十二月十一日生第四子是日朱生適自雲間返笑謂余曰此足慶矣因字之曰慶遠然嘉禾實兆之爰追紀其顛末他日兒子有知當務秋實毋務春華也

新築半村居記

吾父卜築西菖蒲涇上有圃可藝有池可泳有閣可登有橋可涉有軒可偃息有紅杏青松芙蓉薔薇可寓目而笑傲余承而居之自謂金城玉署之榮不能奪衡門考槃之樂而九市百廛之塵亦無由入清淨虚白之境也嘉靖癸巳四子慶遠生舊廈隘不能容爰築室於其南中爲堂三楹堂之前爲門門臨溪卽所謂魏塘河也由堂而東又折而北爲庖爲廪爲廇爲寢種種備焉題曰半郵居由居之西南可以入市由東北可以入野悠然有半郵之象焉然余意不謂是也郵者樸野之稱也人心不樸野則不返古不返古則視崇基廣廈深池茂林皆長傲移情之物非所以樂吾天而全吾眞也雖然樸者不能不離野者不能不飾吾姑取半焉醖素爲基禮法爲輔彬彬乎庶矣哉兒子識之

詩賦 有序

昔陸士衡作文賦曲盡鉛槧之微旨其謂詩緣情而綺靡則其所諳者

僅六朝之詩而非三代之詩矣詩出乎性情止乎禮義其用甚大正欲脫綺靡之習而升醕雅之堂者也近世學者琢詞狀物畢力追新敝盡精神去詩轉遠僕所諷咏必以六義爲宗四始爲骨而譽髦如雲賞鑒殊寡即今三吳俊士豈不喧然譽僕哉究其所會心者不過聲響形似間之耳詩果如斯而已乎何以王迹息而詩亡也因作賦一篇以道詩之本旨有志者倘于此求之其辭曰

大矣哉詩之爲義也情感天地化動鬼神聲被絲竹氣變冬春其得意而咏物也遊寸心于千古收八埏于一掬漱芳藻采遺穀志翼翼以凌雲心兢兢而刻鵠擬去浮而肖形期得髓而遺肉其因咏而成詩也選文入象就韻摹心發新聲于奇磬謝落葉于故林詞即近而寓遠意沿淺而入深至于聖皇在宥負扆臨軒覲羣后兮雍雍碧玉貢八蠻兮濟濟青旃迹朝會之盛事被聖德于管絃宜肅雝而淵廣殊不取乎新姸

或虎觀春筵承明夜讌淑女提壺美人侍饌紀公會兮樂易而典醕歌房中兮和平而感戀欲崇正而獻箴亦戒淫而忌絢若九廟獻歌南郊設頌欲正欲嚴欲莊欲重誇則爽眞疎則鮮用乃至元戎出境萬騎屯雲出馬鐃歌旋師凱文詞宜壯兮不宜忘警氣貴嚴兮猶貴撝循若夫楚臣被放漢妾辭宮羈客衰倣孀閨泪窮孤孽遭謗無路自通或以短韻而鳴隱志或以長篇而寫幽衷怨而不怒微而若蒙履患難兮如素處憂戚兮靡恫或秦楚兮異國復窮達兮殊陟行子斷腸居人能食風蕭蕭而興悲草萋萋而變色欸欸贈言瀝肝吐臆敘生平之雅情勗佳人之令德箴而不訣婉而不直春草兮始生秋月兮正明炎威侵簟寒雪滿坪遵四時而歎逝感萬物而若驚勿徒流連乎光景宜留邃意于新聲乃若故宮黍茂別殿鶯啼空山遠眺緑埜俄睇覽古跡兮發今凄㢱前事兮開後迷言不盡意意不局題又若南山祝年標梅賀婚思賢

悼往臨喪慨言志喜兮樂以則茹哀兮傷以惇樂不蕩志傷不斷魂詞有美之而帶勵語有抑之而愈尊此詠言之雜態亦藝圃之紛菁也是以抱碩德秉精忠脉閒情兮遠賡聖功鋪王化兮近指草蟲詞能動物兮色象俱空美刺無迹兮斯謂之風正語是非莊言眞假文而不靡質而不埜言關世教斯謂之雅肅雝布聲清廟展誦揚休功而信徵贊祀德而情洞不詭不浮若勸若諷形容曲盡斯謂之頌情見乎詞志觸乎遇微者達於宏遯之使者悟隨性情而敷陳覘禮義爲法度衍事類而逼眞然後可以爲賦假幻明眞因人喻已或以卷石而況泰山或以濁涇而較清濟或有義而可尋或無情而難指意在物先斯謂之比感事觸情緣情生境物類易陳衷腸莫罄可以起愚頑可以發聰聽飄然若羚羊之掛角悠然若天馬之行徑尋之無蹤而味之愈勝斯謂之興六義既陳淑慝攸分如其情存魏闕汎脉楚雲心纏鮑臭慮逃蘭芬既眞

靡宰之相違縱華靡而不文倘餘榛之未剪類偏絃之獨撐宮唱而商應金調而石未平苟絲毫之有虧雖成文而不精性靈未協心氣多魔失溫柔之家法象急管之偏頗恨湍流之迅激故雖精而不和詞如合璧意不貫珠篇有死句句無活膚首尾不屬聲調多迂惟生理之不完文雖和而實枯是以内騁心靈外闡物精振之則山立蓄之則淵澄運之則行雲流水飾之則簇錦飛霙或濃如醴酒或淡若太羹或急如躍矢或緩若調箏或始徐而終促或似謠而實貞或外槁而中腴或言險而意閎或化腐而彌新或因奇而造平詩體多途詩情萬疊修詞者迷根倘理者棄葉擬華實之兼收庶二妙之相接曹劉聞之而魄喪李杜遇之而氣懾回大雅于狂瀾振頽風于百刼樂疾案此文見嘉善楊志誤爲袁黄作今從一螺集

家居八景賦 有序

余家世居陶莊之淨池宣德間王父菊泉先生贅蘆墟徐氏遂推祖居

讓伯兄暨我父怡杏公贅武塘殳恢軒所復讓祖居于兄弟而以殳氏所分之房授壻錢萼自築室於亭橋之滸堂之東復築一廳植杏於庭而以軒臨之曰怡杏軒東北有園植藥草三十餘種曰種藥圃軒之東起小樓樓前有山曰雲山閣閣後有堊室曰雪月窩窩北有池植藕其中曰半畝池池上有橋曰五步橋繞池皆植芙蓉而虛其南曰芙蓉灣灣之南植薔薇而周圍以木架之曰薔薇架讀書撫景徜徉自適客至則對酒賦詩評花詠月陶然有忘世之趣吾父既歿余承遺業思前慮後愁腸如織爰作家居八景賦以貽之子孫其辭曰

粤武塘之東滸兮余正考其棲遲皇運晉余于穰穰兮肇錫余以丕基剪宿莽而胼胝兮搴木蘭以爲陲紛南窔（音要）與北宧（音夷）兮亦委委而夷夷豈余居之容膝兮懼雕牆之易危植文杏之九畹兮對閶風而作軒閱嘉萼而神怡兮樂素絃與清尊倚南盈以寄傲兮吸沆瀣于九閽指

董公以爲則兮何施濟之頻繁也余既樹木于新吠兮復滋荼于古松畦茉莒與卷耳兮雜杜若與門冬冀衆芳之鞠茂兮願俟時乎我將庸雲在天兮山在埜吾有閣兮山之下邀嘉賓以遨遊兮醉不辭夫玉斝雲飄飄而出岫兮吾獨不得陞于廣廈也山岌岌而參天兮余不忍爲此態也雪潔白而善融兮在物理而固然月皎皎而易闕兮何皓魄之能全合雪與月而爲窩兮擎太素以爲甍棟繽紛其飛絮兮簷邀娉于嬋娟苟余情其信瑩兮雖索漠其何嫌余有一畝之花疆兮鑿其半以爲池荷紛紛而出水兮波微微而動漄下以濯余之足兮上以濴余之棊搖蘭槳以乘鷺兮溘緒風余上馳吾令神人驅石兮跨短虹于幽渚長不越數武兮覩兩崖其延佇擬題柱而自愧兮獨鬱悒其誰與語吾將濟此靈璞兮雖巨川其奚阻嘉秋氣之凜烈兮植芙蓉以揚芳樹屈曲而委蛇兮播春華于淸霜進比馨于蘭蕙兮退羞毀有椴音殺楊人生

各有適志兮余獨堅晚節以爲常余植又悲薔薇之柔靡兮立高篵以爲闌幸蔓草之得託兮若下士之登壇羌枝葉之長青兮馮玉架以舒丹歌白雲而愉適兮信落英之可餐惟八景之層列兮寶皇考之厭居睇牖戶之綢繆兮情殷殷其授余紛吾既有此奧區兮又重之以詩書潤屋其猶可說兮思潤身其難儲子子孫孫其未央兮尚其睠此故廬木有本兮水有源願事亡兮其若存及德行之可礪兮升堂其必由藩道媞媞其可重兮白屋何愧于朱門指杙（音亦）檝（徒潔反）于淨池兮路修長以難遠眺摝（音虔）堊于蘆墟兮心憰（音蚤）憰而不能飛勿謂靈棵（於回反）爲可恃兮羌有實而祈祈惟茲居之足貴兮石韞玉而垂暈德綿綿其如在兮歷百世而可依躋雲蒐（音曬）其若茲兮又況連簃（文知反）之霏霏悲美人之遲莫兮恐年歲之不吾待惜白駒而遻逜（音寤）兮企前修而作配衆皆馳騖鷙鹹（古獲反）穧（才細反）兮非余心之所賴荃肯諒余之中情兮棲櫟（音竭）堨

音時其奚慭思蓌音參榮其五葉兮孰及前人之踵武懇規矩而措步兮諒下民其誰敢侮念瓜瓞其繩繩兮競修禋以自樹學儚儚亡崩反而難精兮志慔慔音暮而自強亦肯堂而肯搆兮復希麟而希皇展伊周之勳業兮法孔孟之文章惟德修而名立兮長偃蹇亦奚傷睠八景之懕懕於占反兮余只涉而忘反湎清露而玩卦兮聆八音而彌遠彼元愷之忠貞兮既遵道而謇謇嗤南朝之達士兮酖麴蘖而繾綣羅八荒于一闉兮對靈府而開慮世清白以相沿兮固前賢之所欽吾有此姱節兮時披石而懷琛芝蘭生於窔谷兮孰能掩此馨也豈其有他故兮夫惟好修之深也喟蒿目以遠盼兮歷千秋如一日紹聖哲以茂行兮修繩墨而常怵余考既陳疆以裕後兮敢蒿艾之不銍衆溷濁而獨清兮爰逃名而卽實度余後其必振兮聊寄詞乎茲室亂曰沐椒湯兮啜蘭羹集縣圃兮服荔英燦昭昭兮星斗橫與日月兮齊明謇將騰兮鵬程朝馳騖

兮青坪夕弭節兮瑶京倚閶闔而遠望兮又何負夫經營

七喻 有序

漢枚乘作七發蓋亦賦之變也厥後傅弈張衡崔駰曹植之徒紛紛有作或云七激或云七辯或云七依或云七啓詞俱美麗意實鄙庸余有慨於中爰作七喻以反之內有裨于學術外有關于世風非徒文焉爾也

衡門主人抱浴日之才隱棲豹之谷擘蕙成幃誅茅爲屋恬淡寡營披褐懷玉洒洒焉訥訥焉日惟侶木石而友麋鹿有燕都貴賓過而詢之曰覩子之貌卜子之心追風軼塵玄漢難尋八埏不足喻其廣九淵不能並其深僕將啓道藝之玄鑰發名理之幽馨演文明之雄辨投顯會之神鍼子肯虛中受之乎主人曰唯唯吾子樹軌礪世繩枉極迷俯憐幽蔀照以青藜敢滌瓦缶敬頌金鏡賓曰河淸難俟浮生幾何庶哉榮

名金石不磨曳瑤華之履上承明之坡出入禁闥雍容玉珂紫綬橫紆朱顏半酡乘肥服輕膾鱗臛鳧九州一士千諸一呼蜚聲霄漢馳燿山河薄五侯之紈綺綈八座之絲蘿此達人得意之期也子能從我遊乎主人曰名爲身累榮與辱隨有形必毀無勢不頹塵寰好爵久矣心灰賓曰官不必臺省事不必職守姱志陳言慕鳳鳴而效獅吼白簡霜飛皂囊夜奏結黨爲援詆君爲紂威攝百僚譽喧九有一疏成名終身祿厚月旦任心雌黃在口能使賢士鬱襟忠臣掣肘縉紳爭欲附其聲銓衡不敢議其後此立言立名之俊所託迹而飛騰也子寧願之乎主人曰有忠腸斯有諍言先勿欺然後求犯是以古人慎言先聖諷諫假疏賈名是謂善宦焉有君子居卑肆訕賓曰咀六藝之精英習不朽之盛事粹擢麟角華抽鳳翅凌轢風騷主盟叔季揮毫則風雲動色洒墨則天地驚悸回大雅之狂瀾樹詞壇之赤幟使屈宋汗顏曹劉爽志韓柳

避席歐蘇稱贊此文人之奇節而處士之上軌也子能遊其藩而闖其室乎主人曰華能穢性浮能蕩眞頌則不懽而笑嘆則無疾而呻待文而顯豈曰至人賓曰値淸夷之世事明聖之君邊塵息警王澤如雲百度不待糾而正九官不待敎而馴萬卉不待春而茂四境不待酒而醺廷有來鳳野無遺芹國富民醕暐暐訢訢棠陰起頌麟閣勒勳當朝讓美百代垂芬此伊周所以大行而孔孟之所扼腕者也吾子抱非常之略寧不建欲非常之功乎主人曰堯舜事業浮雲太虛仁義德澤總屬蘧廬無緣卽卷有緣卽舒舒而非通卷而非淤苟無慚於實德又何藉于虛車客曰咀醕和之液遊懿美之鄉以通明爲闔以道德爲裳乘一眞而作御架萬善而成梁量宏江海節湛冰霜揭大經于日月回末俗于羲皇精進若礪憂勤靡惶胸涵禮義動中柔剛皎乎爲麗天之璧卓乎爲人中之凰此聖賢之玄修乃曠世而一覯者也子寧無意乎主人

曰技止此矣至矣盡矣子雖有說無以復加矣然而非吾志也吾之志在絶學無爲廢業不競效無知之民習不齒之行救世則爲喪家之狗出世則遊闡提之境蒙惡名以沒世而吾無絲毫悔也賓喟然疑瞿然駭洒然變色作而言曰志期高蹈行惡下流吾子不習勤而習懶不慕聖善而慕欲尤此下士之所羞稱而鄙人之所大惑也豈亦有說乎主人曰縛脫无二眞妄同情本緣性具豈假修成无學无證是謂至精失則修千善而皆病得則行十惡而常惺殺佛殺祖行固非人斬蛇斬貓事亦甚達慧劍行慈縱横與奪九界萬形電光一抹彼本无生我爲有殺登大道之垣入本來之奥發祕密藏奪眞如旋拾德拾勳竊法竊敎取之无禁盜亦有道叶盜以同情相攝以物欲爲鉤基王化於袵席覓彌勒于青樓以此行淫抑又何求稱聖法爲矢指黄葉爲金或向空說有或對寂談音或稱頓漸異軌或言安勉同林綺語成文妄言皆眞兩舌

一義惡言非嗔欲仁無厭嗜道若馳無所求中吾故求之慕而不染貪亦非私以訶斥爲佛事卽煩惱爲菩提怒獸恖之自局嫌外道之多欲示現威猛攝伏羣雌不斷嗔心是謂大悲七竅不鑿萬緣不思妍媸誰辨緘口杜機渾渾默默終日如愚藏慧于癡舉世實希以此弼聖而宣敎以此入魔而破圍但求有益於衆生吾不知其孰是而孰非賓避席而拜曰靑黃誰號善惡難憑目不見纖毫粹白之相豈有賢智可尊胸不留一介鄙穢之形焉有凡俗可憎今而後始知極惡可稱懿行戾士卽爲神人苟有實益何藉虛名請事斯語終身服膺

箕山操 有引

李季和作箕山操世稱奇絕其詞曰箕山之陽兮其木蓼蓼箕山之家兮白雲幽幽彼世之人兮孰能遺我以憂雖欲從我兮其路無由朝有人兮來飲其牛楊廉夫從而和之其詞曰箕之山兮可耕而樵箕之水

兮可飲而遊牽牛何來兮飲我上流世豈無堯兮應堯之求吾與堯友兮不與堯憂說者謂二詞爲敵國手竊謂意果如斯則避世者爲賢而救世者爲不肖矣是不明聖賢出處之心事者也

箕雲濢濢兮箕水悠悠我心匪石兮亦有隱憂彼既得人兮吾何爲不休舉世清夷兮抑又何求九鼎非輕兮一瓢非優如何牽牛兮來飲上流

履霜操 有引

尹吉甫之子伯奇爲後母譖而被逐自傷而作此操其詞曰朝履霜兮採晨寒考不明其心兮信讒言孤恩别離兮摧肺肝何辜皇天兮遭斯愆痛沒不同兮恩有偏誰說碩兮知此寃楊氏謂使是詞果出伯奇則伯奇不得希于舜矣余謂張子厚作西銘以穎考叔比禹以申生比曾參以伯奇比舜皆非其倫禹也參也舜也所謂天之君子而彼三人者

人之君子也是伯奇原非舜匹但其詞如此不可爲訓因反其意而補之

佇立中野兮風颸颸晨履清霜兮霜亦愁吾母至慈兮感格無由吾父至明兮祇事未周相彼乳燕兮猶棲玉樓諒予不德兮獨宿埜丘吁嗟蒼天兮天何尤

精衛操 有引

按述異記炎帝女溺死化爲精衛鳥口銜西山木石以塡東海怨溺死也古人咏精衛者惟王建意庸庸無足道者

磊磊西山石茫茫東海波口血離離柰海何精衛心如鐵海水不乾誓不輟誰道人心波浪終難竭誰道人心波浪終難竭

介山操 有引

琴操有龍蛇歌世傳以爲介子詞楊廉夫嫌其多懟演爲介山操然亦

未爲絶唱也

汾陽江上落芙蕖秋雲黯黯龍爲魚一龍失所五蛇噓龍既升天兮吾

願已紓山有室廬朝有弓車各適其適亦何如

卷二十七 完

同邑 柳秉琰 鄭 校錄